Ralph Skuban

Der Energiekörper

Ralph
Skuban

Der Energiekörper

Die Aktivierung der feinstofflichen Kraftfelder

Aquamarin Verlag

ISBN 978-3-89427-935-6

Deutsche Originalausgabe
2. Auflage 2026

Voglherd 1 • D-85567 Grafing
www.aquamarin-verlag.de
Kontakt: kontakt@ aquamarin-verlag.de

Umschlaggestaltung: Annette Wagner

Druck: 1A Media • Stuttgart

Wenn Du einsam bist und in Dunkelheit,
da wünschte ich, Dir dies zu zeigen:
Das überwältigende Licht Deines
eigenen Wesens.[1]

Hafiz, persischer Mystiker, 14. Jahrhundert

Inhalt

Vorwort

Robert Monroe (1915–1995), ein moderner Pionier des Westens in der Erforschung erweiterter Bewusstseinszustände, gab seinen Schülern regelmäßig eine Affirmation mit auf den Weg. Sie sprachen sie immer dann, wenn sie sich auf die innere Entdeckungsreise begaben. Diese Affirmation beginnt mit einem einfachen und kurzen Satz, der lautet: „I am more than my physical body – Ich bin mehr als mein physischer Körper." Alle Religionen und spirituellen Wege der Menschheit verweisen darauf: Wir sind mehr als bloß ein Wesen aus Fleisch und Blut, mehr sogar als ein Wesen, das denkt und Gefühle hat.

Diese Botschaft ist viel konkreter gemeint, als es den Menschen auf dem Wege der institutionalisierten Religion vermittelt wird. Man vertröstet uns da nur allzu gerne auf eine vermeintliche Glückseligkeit, die nach dem physischen Tod auf uns warten soll. Woher, so habe ich mich oft gefragt, können die selbst ernannten „Gralshüter der Wahrheit" (Priester, Pharisäer, Imame, Brahmanen und so weiter) das wissen? Waren sie schon „auf der anderen Seite"? Haben sie persönlich einen Blick hinter den Vorhang des Diesseits geworfen? Einfach nur zu *glauben,* was andere sagen, das ist, wie ich finde, ein dürftiges Fundament für einen *Lebensweg.*

Die spirituelle Philosophie und Praxis im Allgemeinen und der Weg des Yoga im Besonderen zielen nicht darauf ab, dass wir an irgendetwas glauben. Vielmehr wollen sie, dass wir *konkret* und *praktisch* überprüfen und erfahren, dass wir viel mehr sind als die begrenzte Vorstellung, die wir von uns selber haben; und dass wir durch die Selbsterforschung über Körper und Geist hinausgehen können, dahin, wo die *Quelle* des individuellen Bewusstseins sprudelt, die alle Erfahrungen erst möglich macht. Die Beschäftigung mit der *Lebensenergie,* die uns durchflutet, ist ein zentraler Teil dieses Selbsterforschungsprozesses: Die „Energiearbeit“ sucht die Transzendenz unserer gewöhnlichen Alltagserfahrung. Es geht um das wirkliche, erfahrungsbasierte Erkennen der Richtigkeit dessen, was Robert Monroe sagte: Um das Betreten und Erforschen unseres inneren Raumes und die Erfahrung der feinstofflichen Dimensionen unseres Seins. Letztlich geht es sogar um das Loslassen auch unserer Feinstofflichkeit, um so zur Erkenntnis unserer wahren Natur zu gelangen. Diese ist, so das Versprechen der Mystiker aller Traditionen, eins mit allem, was ist – unsterblich und ohne Grenzen.

Die Beschäftigung mit der spirituellen Philosophie und Psychologie des Energiekörpers, wie auch mit den konkreten Methoden zur Aktivierung seiner Kraftzentren oder -felder, führt uns vom Glauben zum Wissen. So können wir selbst überprüfen, ob es *wahr* ist, dass wir mehr sind als bloß unser Körper. Ein wenig vom Wissen und den Methoden, wie sie vor allem aus der Bewusstseinswissenschaft des Yoga kommen, will ich in diesem Buch zusammenführen in der Hoffnung, dass dies die Flamme der Neugier nährt – die Flamme, die bereits in Ihnen brennen muss, sonst hätten Sie dieses Buch nicht in die Hand genommen.

„Du solltest ein brennendes Verlangen nach Befreiung haben“, schreibt Swami Rama, ein bekannter Mystiker aus der himalayischen Tradition des Yoga.[2] Auch Patanjali – der Verfasser des *Yogasutra,* einer der wichtigsten Grundlagentexte des Yoga – sagt, dass wirkliche Erkenntnis umso leichter erreichbar ist, je intensiver man ein inneres Drängen verspürt. Wem die äußere Welt allein schon Sinn und Ziel ist, der wird sich kaum auf einen inneren Weg machen wollen. Doch spätestens dann, wenn er mit Leid oder Sterben konfrontiert wird, ganz konkret und hautnah, bei seinen Nächsten oder sich selbst: Dann wird er sich Fragen stellen. Er kann sie natürlich auch verdrängen. Doch damit ist sicher nicht viel gewonnen. Ist nicht die schiere Vergänglichkeit unseres Seins schon Grund genug, Fragen nach Ursprung und Ziel unseres Lebens zu stellen?

Neugier sollte man also schon mitbringen, wenn man tiefer in seine eigene Wirklichkeit eintauchen will. Und außerdem die Bereitschaft, eine tägliche Praxis der Energiearbeit, Selbsterforschung und Meditation in sein Leben zu integrieren. Einige Angebote hierzu finden sich in diesem Buch.

Zum Schluss dieses Vorworts möchte ich ganz in diesem Sinne nochmals Swami Rama zitieren, einen Menschen, der wie nur wenige in die Erforschung dessen gegangen ist, was jenseits seines Körpers liegt:

> „Wenn du Fortschritte machen willst, dann übe. Ja, Dein Geist wird Hindernisse auftürmen: ‚Ich habe nicht genug Zeit' oder ‚Ich habe nicht genug Energie' oder ‚Ich verfüge nicht über die Mittel' oder ‚Ich habe kein Vertrauen'. Die Antwort auf alle diese Hindernisse ist immer dieselbe: *Praxis* und *Philosophie.* Beide müssen Hand in Hand gehen. Fasse einen Entschluss und widme ihm einen Monat lang nur zehn Minuten täglich, was immer auch passiert, und du wirst anfangen, einen Fortschritt zu erkennen."[3]

Philosophie und Praxis also sind die beiden Beine, auf denen wir stehen sollten auf dem Weg. Von beidem gibt es reichlich zu entdecken, und beide sind Gegenstand dieses Buches. Bei alledem sollten wir aber eines nicht vergessen: Das Eintauchen in unser feinstoffliches Wesen muss nicht anstrengend, nicht quälend sein, vielmehr sollte es ein spannendes und Freude spendendes Abenteuer werden!

1.

Grundlagen

Ein rein verstandesmäßiges Weltbild
ganz ohne Mystik ist ein Unding.[4]

Erwin Schrödinger, Nobelpreisträger für Physik 1933

Wirklichkeit West – Die Zersplitterung des Lebens

Der moderne Mensch ist ein zerrissenes Wesen. Enorm viel Wissen über den physischen Körper hat er angesammelt, über seinen Aufbau und seine Funktionsweise. Wir sind heute mit einer hochgerüsteteten Medizin-Technologie in der Lage, unglaubliche Eingriffe und Manipulationen vorzunehmen. Doch unser Geist und die Seele: Sie sind wie Ausgestoßene in einer kalten, wissenschaftlichen und bloß aufs Äußere gerichteten Welt. Wie aber Körper, Geist und Seele – diese scheinbar getrennten Wesenheiten – zusammengehen und ein Ganzes bilden: Das kann die Wissenschaft des Abendlandes nicht recht erklären.

Es ist dies ein Problem, das seinen Ausgang schon vor langer Zeit nahm. Es geht nämlich am Anfang des 17. Jahrhunderts ganz wesentlich auf einen Mann namens René Descartes (1596–1650) zurück, jenen Philosophen und Mathematiker, von dem der weltberühmt gewordene Ausspruch „*Cogito ergo sum*" stammt: „Ich denke, also bin ich." Der denkende Mensch in einer Körpermaschine.

Eines freilich konnte Descartes nicht erklären, und dieses Problem besteht bis heute fort: Wie ist es möglich, dass ein Automat denken und fühlen kann? Wie kommt der Geist in die Maschine? Diese Frage ging als das so genannte *Leib-Seele-Problem* in die Geschichte ein. Descartes vermutete, dass Gott da seine Finger im Spiel haben müsse. Er sei es, der dafür sorge, dass Körper und Geist gemeinsam funktionieren. Wenn zum Beispiel dem Körper etwas zustoße, so würde Gott im gleichen Moment den Geist darüber informieren. So erfahre der Mensch die Welt. Das ist doch irgendwie ironisch: Der Materialismus eines Descartes braucht am

Ende Gott, also die Idee des Immateriellen und Transzendenten, um einen Ausweg aus seiner selbst verursachten Erklärungsnot zu finden.

Dieses Denken erzeugte noch ein weiteres Problem, eines, das ethischer Natur ist und auch bis in unsere Zeit reicht: Nur der Mensch, so dachte man fortan, könne denken und fühlen. Der ganze Rest der Schöpfung aber bestehe nur aus nichtdenkenden (also dummen) und gefühllosen Automaten. Dies gab den Startschuss für ein gewaltiges wissenschaftliches Unternehmen. Im großen Stil begann man mit der Lebendsektion von Tieren, um die Körpermaschinen besser zu verstehen. Wenn man sie lebendig auseinandernähme wie Uhrwerke, so die Idee, dann würde man um ihre Funktionsweise wissen. Das Wehklagen der armen Wesen war der Wissenschaft nur das Quietschen einer mechanischen Apparatur. Gandhi sollte dies später als das schwärzeste Kapitel der Menschheit bezeichnen.

Das Problem der Zerrissenheit von Körper, Geist und Seele wird heutzutage eleganter gelöst als noch zu Zeiten von Descartes. Man bedarf heute keines Gottes mehr, um zu erklären, wie die Dinge zusammenwirken, denn eigentlich wirkt da gar nichts zusammen. Eine Seele kann man nicht wiegen und messen, man kann sie auch nicht sehen. Also kann es sie in einem wissenschaftlichen Sinne nicht geben. Ein Problem weniger also. Und was den Geist, die Gedanken und Gefühle angeht: Sie sind der modernen Wissenschaft bloß „Nebenwirkungen" der komplexen Körpermaschine, eine Art „Kollateralschaden" des Gehirns gewissermaßen. Biologische Automaten wie der Mensch seien so komplex, dass eben ein Bewusstsein daraus entspringe – wie der berühmte *Dschinn*, jenes Geistwesen, das der Flasche entsteigt. Doch wie genau das zugehen soll, dass aus einer Maschine Denken und Fühlen kommen, weiß auch heute noch niemand. Es ist das alte Leib-Seele-Problem, bloß umgekehrt: Wo man früher nicht erklären konnte, wie der Geist *in* die Maschine kommt, so kann man heute nicht erklären, wie er *aus* ihr herauskommt.

Das moderne wissenschaftliche Denken beseitigt Geist und Seele kurzerhand aus seinem Koordinatensystem, weil beide ins Reich des Unwissenschaftlichen gehören. Um die ausgestoßenen Seelen sorgen sich dafür die Kirchen; und um das „Nebenprodukt" Geist kümmern sich Psychologen. Für die „handfesten" Dinge aber – für das Physische als vermutete Grundlage all dessen, was ist – interessieren sich Biologen, Ärzte und Physiker. Auch hier treffen wir auf eine gewisse Ironie, denn in den Grenzbereichen ihrer Forschungen berühren sie das Unerklärliche und Wunderbare – das Transzendente, das sie nicht mehr zu erklären vermögen. Kein Biologe versteht das dynamische und intelligente Kooperationsverhalten unendlich komplexer Zellverbände oder die perfekte Koordination riesiger Vogelschwärme. Ärzte können die von Menschen millionenfach gemachten Nahtod- oder außerkörperlichen Erfahrungen nicht deuten, sie gelten ihnen bestenfalls als Einbildungen. Die Physiker sinnieren heute über eine Schöpfung, in der sie Ursache und Wirkung als tragende Pfeiler begreifen, deren Beginn sie aber in einem ursachlosen Punkt sehen, den sie *Singularität* nennen, ein Wort und eine Idee, die verdächtig an den spirituellen Gedanken der *Einheit des Seins* erinnert, der im östlichen Denken eine so große Rolle spielt.

Wenn hier übrigens von „Ost" und „West" die Rede ist, dann meint das nicht so sehr eine Himmelsrichtung, sondern eher eine *Denkungsart.* „Das Westliche" steht dabei für die Ideen des Materialismus und Rationalismus, für eine Außenbezogenheit, die als real nur anerkennt, was sich in das gültige materialistische Weltbild fügt und mit den gegenwärtig zur Verfügung stehenden materiellen Methoden untersucht werden kann – also nur das, was sich anfassen, anschauen, ausrechnen, messen und wiegen lässt. Es ist eine Welt der Vielheit und Zersplitterung. „Das Östliche" hingegen meint hier das Ganzheitliche und Organische, das auch und vor allem die *Dimension des Bewusstseins* mit einschließt und so zu ganz anderen Erkenntnissen über die Wirklichkeit kommt. Wir könnten das Östliche hier auch das *Mystische* nennen. Es lebt ganz entscheidend nicht vom Denken allein, sondern vom eigenen Erfahren. Der Zerrissenheit des Westens stellt das östliche oder mystische Verständnis von der Welt und vom Menschen die *Idee des Kontinuums* gegenüber.

Wirklichkeit Ost – Die Idee des Kontinuums

In der Weltsicht des Yoga wird der Körper als die äußere Schicht eines ungebrochenen Kontinuums verstanden. Er ist Teil einer Ganzheit, die sich vom Feinstofflichen zum Grobstofflichen hin entwickelt. Um einen essenziellen oder spirituellen Kern – Atman, Purusha oder das innere Licht reinen Gewahrseins – entfaltet sich in Schichten die Vieldimensionalität unseres Wesens. „Durch rechtes Unterscheiden“, schrieb der geniale indische Mystiker Shankara im 8. Jahrhundert, „soll man das reine, innerste Selbst von den Schichten trennen, die es verhüllen, so wie man ein Reiskorn von der Spreu trennt, indem man es mit einem Mörser bearbeitet“.[5] Die Idee der Schichten, Hüllen oder *Koshas* geht auf die Upanishaden zurück, jene inspirierten Schriften, die den mystischen Kern der indischen Spiritualität ausmachen. Die *Taittiriya-Upanishad* stellt den Menschen als ein Wesen aus fünf Hüllen dar.

DER PHYSISCHE KÖRPER

Die äußere, grobstoffliche Hülle bildet *Annamaya-Kosha.* Das heißt wörtlich so viel wie: „Die Hülle, die aus Nahrung aufgebaut ist.“ Gemeint ist natürlich unser physischer Körper. Wenn wir zum Körper sagen, er sei „außen“, um ihn damit von einem Inneren abzugrenzen, dann müssen wir etwas genauer hinschauen, damit wir das nicht falsch verstehen.

Der physische Körper ist *außen* in einem Sinne, dass er uns am leichtesten zugänglich und erfahrbar ist. Wohl die meisten von uns erleben sich in erster Linie als ein Wesen, das einen Körper „aus

Fleisch und Blut" hat, der Körper, mit dem wir uns identifizieren – so sehr sogar, dass wir nicht nur davon ausgehen, einen Körper zu *haben*, sondern annehmen, einer zu *sein*.

Außen ist der physische Körper auch aus der Perspektive des Entstehens der Welt und der Dinge darin. Die Kosmologien Indiens, wie wir sie in der Sankhya-Philosophie, der Grundlage des Yoga, und im Vedanta, dem mystischen Teil der Veden, vorfinden, beschreiben das Werden der Welt *von innen her*, vom Feinstofflichen, zu dem auch das Mentale gehört, hin zur Materie. Der Geist oder *feine Stoff* geht der Materie, dem *groben Stoff*, voraus. Die Materie bildet in der Evolution lediglich das letzte Glied, die äußerste Verdichtung und Vergröberung des Seins. Zugleich steht sie für die größte Entfernung vom Ursprung: Der Geist, der „ins Fleisch hinabgestiegen" ist, oder der „verlorene Sohn", weit weg von seinem eigentlichen Zuhause, das spiritueller Natur ist.

Außen bedeutet also nicht, dass der physische Körper die anderen Hüllen umschließen würde, es meint nicht, wie im Bild der Zwiebel, die räumlich äußere Haut. Es ist vielmehr umgekehrt: Die *feineren Schichten greifen weiter aus*. Der Energiekörper ist größer als der physische. Unseren Geist (Wahrnehmung, Denken und Fühlen) mögen wir zwar innerlich erleben – manchmal regelrecht räumlich anfassen, wenn wir nämlich fühlen, dass das Denken im Kopf stattfindet –, doch tatsächlich ist er viel weniger begrenzt als die gröberen Schichten. Schwerkraft, Zeit oder Raum sind keine Hürden für ihn, denn er geht weit über das Körperliche hinaus und hat sogar die Möglichkeit, sich zeitweise ganz vom Körper zu lösen. In der *Taittiriya-Upanishad* lesen wir über den physischen Körper:

> „Welche Lebewesen auch auf der Erde leben: Sie sind geboren aus Nahrung. Sie bleiben am Leben allein durch Nahrung. Und in gleicher Weise kehren sie am Ende zu Nahrung zurück."[6]

Darin klingt die Idee an, dass wir in physischer Hinsicht sind, was wir essen. Der komplexe Zellverband, den wir „Körper" nennen, wird aus Nahrung aufgebaut. Die vertraute liturgische Formel „Erde zu Erde, Asche zu Asche, Staub zu Staub" erinnert daran. Besonders schön bringt das übrigens *Zhuangzi,* ein Weiser aus dem alten China, zum Ausdruck: „Alle Dinge, die erblühen, sind geboren aus der Erde. Und zur Erde kehren sie zurück."[7]

Der Buddhismus sieht den Körper als ein *Fahrzeug,* die Hindus nennen ihn *Wagen,* der indische Mystiker Kabir (1440–1518) bezeichnete ihn als *Gefäß* und Jesus nannte ihn *Krug.* Fahrzeuge stellen irgendwann den Dienst ein, Krüge und Gefäße zerbrechen, wie sehr wir sie auch hegen und pflegen. Jeden Tag führen wir dem Körper Nahrung zu, waschen, kleiden, schmücken und schützen ihn. Er ist Fixpunkt und Fokus unserer Welt. Doch er ist nur *eine* Dimension unserer Wirklichkeit; und es gab keinen, der diesen Körper nicht irgendwann hätte aufgeben müssen.

LEBENSENERGIE

Die zweite, feinere Schicht im Modell der fünf Koshas bildet den Hauptgegenstand dieses Buches: *Pranamaya-Kosha,* der Energie-, Prana- oder Vitalkörper, für den es auch noch viele andere Bezeichnungen gibt. Er versorgt uns mit Lebensenergie. Ohne Prana kann Leben nicht existieren, nirgendwo im Kosmos. Die *Taittiriya-Upanishad* sagt:

> „Was auch existiert, Götter, Menschen oder Tiere: Alle brauchen Prana, um leben zu können. Prana ist die Lebenskraft aller Wesen, deshalb gilt es als universelles Leben. (...) Man nennt es das Leben des Lebens."[8]

Da alles, was lebt, in all seinen Dimensionen von Prana durchflutet wird, ist der Energiekörper zugleich die *Brücke* zwischen dem physischen Körper und dem, was ich unseren *inneren Raum* nennen möchte, also die unterschiedlichen Aspekte des Geistes, wie Wahrnehmung, Denken, Fühlen und so weiter. Es ist diese Brückenfunktion, die den Energiekörper so spannend und hilfreich für die Übungs-Praxis macht. Er mag seiner größeren Feinheit wegen zwar schwerer zugänglich sein als unser Körper, aber doch noch viel leichter als die tiefen Schichten unseres Geistes.

Die Arbeit am und mit dem Energiekörper wirkt heilsam und ausgleichend auf Körper und Geist. Wenn die Lebensenergie frei und ungehindert fließt – was voraussetzt, dass die Kanäle oder *Nadis,* in denen sie sich bewegt, gereinigt und frei von Blockaden sind – dann schenkt uns das Wohlbefinden und Gesundheit. Und kommt dies Fließen dann einmal zur Ruhe, zum Beispiel während einer guten Atem-Praxis oder in der Meditation, dann erfährt der Übende tiefen Geistesfrieden. Das ist deshalb so, weil Energie- und Mentalkörper aufs Innigste verwoben sind.

Der Energiekörper ist ausgedehnter als der grobstoffliche und kann von klarsichtigen Menschen wahrgenommen werden. Jener Teil, der direkt den biologischen Körper umschließt, kann von jedem mit ein wenig Übung gesehen werden – als schmaler, weiß leuchtender Umriss. In seiner Erweiterung geht er dann in das über, was unter der Bezeichnung *Aura* bekannt ist und von Hellsichtigen als weit ausgreifendes, vielfarbiges Energiefeld gesehen werden kann. Die Gestalt von Pranamaya-Kosha ähnelt sehr der Form des physischen Körpers. Die *Taittiriya-Upanishad* berichtet:

> „Neben dem Körper, der aus der Essenz der Nahrung gemacht ist, gibt es ein weiteres, inneres Selbst, das aus Vitalenergie besteht. (…) Es hat, wie der Nahrungskörper, die Gestalt eines Menschen.“[9]

Der Energiekörper ist eine allen Lebewesen innewohnende und erfahrbare Wirklichkeit, so konkret fühlbar wie der eigene Herzschlag. Das hat nichts mit Glauben oder Spekulation zu tun, sondern kann von jedem Menschen für sich selbst überprüft werden.

Das schwierige Leib-Seele-Problem, mit dem das westliche Denken sich herumschlägt, existiert im Modell der Koshas nicht. Wo Descartes noch einen Gott brauchte, um zu erklären, wie die vermeintlich getrennten Dimensionen von Körper und Geist zusammenarbeiten, und wo die heutige Wissenschaft dieses Thema schon ganz aufgegeben hat, da verweist die Mystik Indiens auf den Energiekörper als das verbindende Element zwischen physischem Körper und innerem Raum.

Das Verbindende gilt dabei für alle Schichten, denn die Koshas werden nicht als voneinander getrennt oder bloß ineinander geschachtelt verstanden (wie Matroschka, die berühmte russische Puppe), vielmehr überlagern und durchdringen sie einander, etwa so, wie Wasser einen Schwamm durchdringt oder wie zwei Flüssigkeiten sich mischen. Es sind zwar unterschiedliche Dimensionen unseres Seins, aber sie wirken doch gleichzeitig, miteinander und aufeinander ein. In letzter Konsequenz werden die Koshas nicht einmal als wesenhaft unterschiedliche Dinge begriffen, sondern nur als die unterschiedlichen Ausdrucksformen *einer* Realität.

Wie der physische Körper, so hat auch der Energiekörper seine eigene Anatomie und Physiologie, bestehend aus komplexen energetischen Strömen und Netzwerken. Einige von ihnen kann man gut mit den Praktiken des Yoga erreichen, durch Körperübungen, durch Pranayama, die Arbeit mit dem Atem und natürlich durch verschiedene meditative Techniken. Die Reinigung und Ausbalancierung des Energiekörpers ist nicht nur heilsam und positiv für unser Wohlbefinden, sie kann uns zudem – wenn wir das anstreben – auch ungewöhnliche Erfahrungen erweiterten Bewusstseins schenken, wie zum Beispiel außerkörperliche Erfahrungen (AKE), die uns *aus erster Hand* belegen, dass wir mehr sind als der physische Körper. Genau dies zu erkennen, dass wir mehr sind als der grobe Stoff, ist eine zentrale Botschaft aller spirituellen Schriften.

Aber auch und gerade in einem sehr greifbaren und lebenspraktischen Sinne können wir viel durch die Beschäftigung mit dem

Energiekörper gewinnen. Er bietet spannende Einsichten über unsere Psychologie, ein tieferes Verstehen unserer selbst, einschließich der Möglichkeit, die weniger hilfreichen Seiten in uns, die immer wieder zu Schmerz führen, zu erkennen und daran zu arbeiten.

Die folgenden drei Schichten bilden nun das, was wir zusammenfassend auch *individuellen Geist* nennen können. Gemeint sind damit die Ebenen des Wahrnehmens, Denkens, Fühlens und noch weitere. Weil der Begriff *Geist* jedoch alles andere als konkret ist, und weil verschiedene Menschen an ganz unterschiedliche Dinge denken, wenn sie das Wort hören oder benutzen, weil es *keinen anerkannten und gemeinsam verstandenen Begriff vom Geist* gibt, möchte ich die folgenden Koshas zusammenfassend *inneren Raum* nennen.

WAHRNEHMEN, DENKEN, FÜHLEN

Manomaya-Kosha, der Mentalkörper oder die dritte Hülle, umfasst eine ganze Reihe mentaler Aspekte oder Funktionen, für die wir in der deutschen Sprache keinen zusammenfassenden Begriff haben. Das englische Wort *mind* trifft es da besser, es ist auch etymologisch verwand mit der Sanskrit-Wurzel *man* (denken, meinen), aus der Manomaya-Kosha sich ebenso ableitet wie das deutsche Wort *mental*. Sogar das Wort *Mensch* (englisch: *man*) kommt daher.

Wahrnehmung: Manomaya-Kosha ist die Schnittstelle zur Außenwelt. Die Sinnesorgane (*Jnanendriyas*) führen dem inneren Raum Daten zu, die dort weiterverarbeitet werden. Wir könnten das mit einem etwas technischen Begriff auch die „Input-Funktion" des Mentalkörpers nennen.

Instinkte: Die Weiterverarbeitung von Signalen oder Reizen geschieht zunächst auf einer rein biologisch-instinktiven Ebene – so schnell, dass es unterhalb unserer bewussten Wahrnehmungsschwelle liegt. Es geht dabei um das Einschätzen von Situationen, ob etwas gefährlich ist oder nicht oder vielleicht unsere Überlebens-Chancen erhöht. Die Insinktebene ist das biologische Erbe, das wir mit allen Lebewesen teilen.

Denken: Manomaya-Kosha ist auch der Bereich des einfachen Denkens. Wir könnten es „Alltagsdenken" nennen – ein Denken im übrigen, das uns oft mehr zu geschehen scheint, als dass wir es steuern: Auch das quälende Gedankenkarussel ist eine Funktion von Manomaya. Es kann sich verselbstständigen und automatisch ablaufen, was besonders dann problematisch ist, wenn es negative Gedanken sind. So sind viele Menschen geradezu mentale Automaten, gleichsam die Opfer ihrer nicht hilfreichen Gedanken. Der Mystiker Gurdjieff (1866–1949) sprach in diesem Zusammenhang von der „Mechanisiertheit" des Menschen. Das erzeugt viel Leid.

Affekte: Wahrnehmungen und Gedanken lösen immer auch Gefühle aus, angenehme oder unangenehme. Auch die Emotionen sind eine Funktion des Mentalkörpers.

Handlungen: Schließlich ist Manomaya-Kosha – und das ist nun die andere Seite der Schnittstelle, die „Output-Funktion" sozusagen – auch jener Teil unseres Geistes, der als Ergebnis der mentalen Verarbeitungsprozesse unsere Handlungen auf den Weg bringt, indem er den Handlungsorganen (*Karmendriyas*) entsprechende „Anweisungen" gibt – zum Beispiel: „Bewege den Arm."

Ego: All diese Vorgänge werden von einer Instanz zusammengehalten, die man *Ahamkara*, den „Ich-Macher", nennt, unser Ego also. Wahrnehmungen werden dadurch zu *meinen* Wahrnehmungen, ebenso Gedanken, Gefühle oder Handlungen. Das Ego integriert die Vielfalt unserer Erfahrungen und Handlungen. Seine Seile knüpfen all das zusammen, was wir in der Summe dann *Person* nennen.

In der *Taittiriya-Upanishad* lesen wir über Manomaya-Kosha:

> „So wie die zuvor beschriebene Dimension unserer selbst aus Prana besteht, gibt es eine weitere, innere Dimension, die aus Geist (mind) besteht (...) Sie hat, wie die anderen Dimensionen, die Gestalt einer Person."[10]

Die Vorstellung, dass etwas so Ungreifbares wie Geist Form haben soll, mag uns ziemlich fremd erscheinen. Doch in der Philosophie des Yoga ist Geist im Grunde Stoff: Unglaublich fein zwar, feiner noch als atomare Teilchen, aber doch Stoff: „Geist-Stoff".

INTELLIGENZ, WEISHEIT, INTUITION

Dringt man im Kosha-Modell nun noch weiter in die Feinstofflichkeit vor, dann gelangt man zu *Vijnanamaya-Kosha,* der vierten Hülle, die wir auch Intelligenz- oder Weisheitskörper nennen können (*vijnana* = erkennen, wissen). Es ist jener Teil unseres inneren Raumes, in dem sich höhere mentale Prozesse vollziehen: Komplexes Denken (logisch, mathematisch, wissenschaftlich, philosophisch), Intuition und schöpferische Impulse. Alles das ist im Übrigen ein Bereich, der schon ein Stück jenseits der kleinen Welt des Egos liegt, das immer haben und machen will – es ist der „Ort", dem die Inspiration enstpringt.

Wer künstlerisch tätig ist, kann das ganz leicht nachvollziehen. Die besten Ideen sind meistens einfach „irgendwie" da, weniger gemacht als geschenkt, aus einem inneren Quell sprudelnd. Man nennt das auch *Inspiration.* Da wird uns buchstäblich etwas eingehaucht. Die besten Einfälle und kreativsten Impulse, sei es in der Kunst oder in der Wissenschaft, kommen von Jenseits des Egos, aus einem Brunnen im Inneren, mit dem wir offensichtlich verbunden sind. Auch Vijnanamaya-Kosha wird in den Upanishaden als ein Aspekt beschrieben, der Gestalt hat:

> „Jenseits der zuvor beschriebenen gibt es eine weitere, innere Dimension unserer selbst, die aus Intelligenz besteht. Auch sie hat die Gestalt eines Menschen.“[11]

GLÜCKSELIGKEIT

Die fünfte und tiefste Schicht im Kosha-Modell heißt *Ananadamaya-Kosha* oder Glückseligkeitskörper. Überpersonale Qualitäten haben dort ihren Sitz: Liebe, Freude, Mitgefühl und Güte – und eine Glückseligkeit, die sozusagen nicht von dieser Welt ist. Es sind nicht die oberflächlichen Freuden eines Egos darüber, dass die Dinge im Leben gerade so laufen, wie man sie haben will (oder eben nicht), sondern vielmehr Qualitäten, die gespeist sind vom ungebundenen und ewig freien inneren Licht, dem spirituellen Kern unseres Seins – Atman oder Purusha. Anandamaya-Kosha, sagt die *Taittiriya-Upanishad,* „besteht aus Glückseligkeit“. Sie beschreibt auch in poetischen Worten die Gestalt dieses Körpers:

> „Die Liebe bildet den Kopf, die Freude seine rechte und die Fröhlichkeit die linke Schwinge; aus Glückseligkeit besteht der Rumpf und Brahman, das Höchste, ist sein Fundament.“[12]

Der Glückseligkeitskörper heißt wohl so, weil er unserem spirituellen Kern so nah ist. Sein Fundament ist Brahman; und Brahman, das Höchste, so sagt die Mystik Indiens, ist eins mit Purusha, dem reinen Bewusstsein, das in uns wohnt, oder Atman, dem inneren Licht, das uns belebt. Es ist also die Essenz, aus der das Leben fließt und vor deren Augen sich alles das abspielt, was sich in den verschiedenen Hüllen oder Koshas unseres Seins vollzieht.

In Anandamaya-Kosha ist nichts von „Ich bin dies“ oder „Ich bin das“. Es ist der Teil unseres Wesens, aus dem grundlose Freude quillt. Der Glückseligkeitskörper ist jenseits der Dramen, die das Leben schreibt, jene Dimension in die hinein Atman strahlt. Mystiker wie Kabir oder Mirabai, die im 15. Jahrhundert lebten, tauchten ein in diese Tiefenschicht, wo sie Sein, Bewusstsein und Glückseligkeit erfuhren: *Sat–Chit–Ananda.* In einem seiner Lieder schreibt Kabir über einen Vogel. Er meint damit sein Innerstes, die Seele, die mit dem Höchsten verschmilzt, ein Zustand, den er *Sahaj* nannte. Das ist ein Wort aus dem Hindi, das die Grundidee der Innerlichkeit transportiert, auch das Fließen, die Leichtigkeit und Natürlichkeit, die Einfachheit, Unangestrengtheit und Sanftheit, Spontaneität und Symbiose. Kabir berichtet über seine innere Erfahrung:

> „In solche Höhen stieg der Vogel auf,
> dass niemand weiß, wo er verblieben ist.
> Er verschmolz mit Ihm*
> wie der Tropfen mit dem Meer verschmilzt.
> Aufgelöst bin ich im Glück von Sahaj,
> Ich lebe in ewiger Stille.
> Als ich in meinem Körper suchte,
> fand ich dort mein wahres Selbst.“[13]

Im Innersten ruht zugleich das Größte; und die spirituelle Reise will genau dorthin, in dieses Zentrum – zum wahren Selbst.

ZUSAMMENFASSUNG

Das Modell der Koshas gibt uns einen ganzheitlichen Überblick über alle Aspekte unseres Seins:

- Wir haben einen physischen Körper.
- Es existiert ein System, das uns mit Lebensenergie versorgt: Der Prana-, Vital- oder Energiekörper.
- Wir können wahrnehmen – sensorisches System.
- Wir haben ein mentales System, das unserem biologischen Überleben dient – instinktives System.

---

* Das Höchste, Brahman, Gott

- Wir verfügen über die Fähigkeit, als Handelnde in der Welt zu wirken und uns in ihr zu bewegen – motorisches System.
- Wir haben einen Ich-Sinn – das Ego.
- Es existieren mentale Bereiche unterschiedlicher Tiefe: Vom einfachen Denken bis hin zu höchsten mentalen Aspekten – das kognitive System.
- Wir haben Emotionen – das affektive System.
- Im Zentrum all dessen, zugleich alles überschreitend, ist Atman oder Purusha, unser inneres Licht reinen Gewahrseins.

In einer noch weiter zusammengefassten Gesamtschau ist der Mensch damit ein Wesen,

- das einen *physischen Körper*
- mit einem vielgestaltigen *inneren Raum* hat,
- in dessen Zentrum ein *spiritueller Kern* ruht.

In dieser Verdichtung erinnert das Modell der Koshas an die uns vertraute Dreiteilung von Leib, Geist und Seele. Doch das Modell scheint mir viel präziser und nachvollziehbarer und macht aus der Teilung letztlich EIN GANZES.

Der Vollständigkeit halber sei hier auf das ebenfalls bekannte *Drei-Körper-Modell* der indischen Philosophie hingewiesen, das sich sehr gut in Übereinstimmung mit den Koshas bringen lässt: Annamaya-Kosha, die „Nahrungshülle“, wird dort *Sthula-Sharira* genannt, der grobstoffliche Körper. Die nächsten drei Hüllen (Pranamaya-, Manomaya- und Vijananamaya-Kosha) werden mit dem Begriff *Sukshma-Sharira* oder feinstofflicher Körper zusammengefasst. Die Schicht um den Kern, Anandamaya-Kosha, heißt dann *Karana-Sharira* oder Kausalkörper. In der folgenden Grafik sind Koshas und Shariras in einer integrierten Gesamtschau abgebildet:

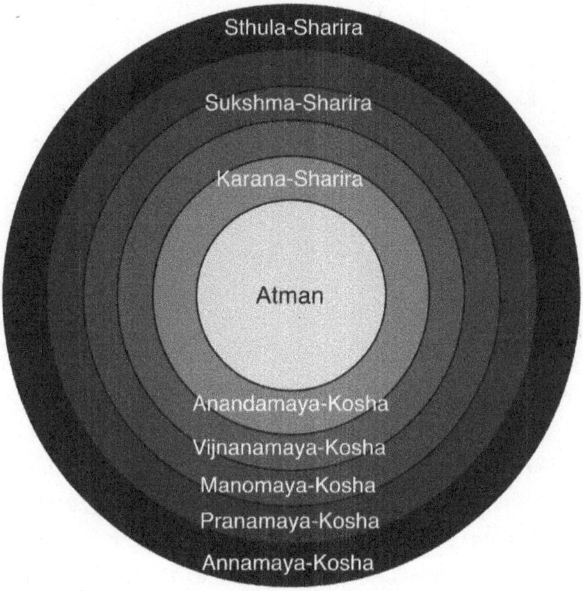

Abbildung: Die Modelle der Koshas und Shariras

Energie West – Von der Vielfalt zur Einheit

Es ist gerade einmal zweihundert Jahre her, da war die Vielfalt der Kräfte, die in der Welt wirken, dem Menschen noch ein Rätsel: Man sah die Bewegung der Himmelskörper, das Anbranden des Meeres, den Wind und die Kraft des Wassers. Da waren die Hitze des Feuers, Blitz und Donner, Vulkanausbrücke und das Beben der Erde. Man kannte elektrische, chemische und mechanische Energien. Wo man auch hinsah: Die Welt begegnete dem Menschen im *Wirken.* Doch wo war der innere Zusammenhang? Gab es überhaupt einen?

In vier Schritten vollzog sich dann innerhalb von nur einhundert Jahren eine Evolution des Wissens, die heute an einen Punkt gelangt ist, wo die Wissenschaft des Abendlandes bemerkenswert nah an die Ideen der alten Mystiker heranzurücken scheint. Es ist paradox: Wo die moderne Welt der Erforschung des Geistes den Menschen immer weiter in die innere Zerrissenheit führt, steuert jene Disziplin, die sich der Erforschung der Himmelskörper und der atomaren Welten widmet, die Physik also, immer mehr auf die Idee der Einheit zu.

ENERGIE IST ENERGIE

Der englische Naturforscher Michael Faraday (1791–1867) forschte auf dem Gebiet der Elektrizität. Er entdeckte, dass verschiedene Formen von Energie sich ineinander umwandeln lassen: Zum Beispiel kann elektrische in mechanische Energie gewandelt werden und umgekehrt. Ebenso lässt sich chemisch gebundene Energie in elektrische oder mechanische transformieren. Wir kennen Beispiele aus unserem Alltag. In einem Wasserkraftwerk ist es die Kraft des herabstürzenden Wassers, das Turbinen antreibt, um aus dieser Bewegung elektrische Energie zu erzeugen, die unsere Fernseher, Computer oder Küchengeräte versorgt. Die chemische Energie einer Batterie treibt einen Elektromotor an, dessen Kraft ein Auto bewegt; und wenn wir im Dunkeln Fahrrad fahren, treibt die von unserer Muskelkraft verursachte Reifenbewegung einen Dynamo an, der eine Lampe zum Glühen bringt.

Faraday vermutete, dass auch Licht letztlich Energie sein müsse. Die wissenschaftliche Zunft lachte ihn damals noch für seine Idee aus. Dem schottischen Physiker James Clerk Maxwell (1831–1879) gelang jedoch der Nachweis, dass Faraday richtig lag: Licht ist elektromagnetische Strahlung.

Nach Faraday und Maxwell war die unüberschaubare Welt der energetischen Vielfalt übersichtlicher und zugleich erstaunlicher geworden. Ihre Erkenntnisse verweisen auf die zentrale Idee, dass alle Energie letztlich eins ist. Die vielen Kräfte können ineinander transformiert werden. Sie sind nur unterschiedliche Ausdrucksformen *eines* Phänomens. Energie ist Energie.

MATERIE IST MATERIE

Auf dem Gebiet der Materie vollzog sich ganz Ähnliches wie im Nachdenken über Energie. Der französische Chemiker Antoine Laurent de Lavoisier (1743–1794) konnte nachweisen, dass sich Materie in andere Formen überführen lässt, ohne dass dabei Masse verloren geht. So kann man beispielsweise Wassermoleküle in Wasserstoff- und Sauerstoff-Atome aufspalten und diese neuen Formen wieder in die gleiche Menge Wasser zurückverwandeln. Bei diesen Wandlungsprozessen wird kein einziger Tropfen eingebüßt. Gemeint sind dabei nicht bloß unterschiedliche Aggregatzustände ein und derselben Substanz – wenn uns zum Beispiel Wasser einmal als Flüssigkeit, ein anderes Mal als Eis, Schnee oder Dampf begegnet und dabei doch nur Wasser bleibt –, vielmehr handelt es sich um völlig unterschiedliche Formen von Materie, um eigene, neue Substanzen also. Die Natur hat es bei der Materie offenbar genauso eingerichtet wie bei der Energie, wonach sich nämlich alles auf *ein* grundlegendes Prinzip zurückführen lässt. Materie ist Materie.

So ruhte nun am Ende des 19. Jahrhunderts alles wissenschaftliche Denken auf zwei unumstößlichen Säulen. Energie und Materie begriff man als wesenhaft unterschiedliche Prinzipien und als die ewigen Konstanten der Wirklichkeit.

MATERIE IST ENERGIE

Bald schon aber sollte auch die Idee der Trennung von Energie und Materie sich in Luft auflösen und die Annahme zweier ewiger Konstanten sich als Irrtum erweisen. Albert Einstein (1879–1955) konnte zeigen, dass auch Stoff im Grunde nichts anderes ist als Energie. Man kann das eine mathematisch ins andere überführen. Fast jedes Schulkind kennt Einsteins berühmte Gleichung: $E = mc^2$ *(Energie = Masse x Lichtgeschwindigkeit zum Quadrat)*. Das dürfte die wohl einzige mathematische Formel sein, die es jemals schaffte, gleichsam zu einer Pop-Ikone zu werden. Materie, so weiß man heute jedenfalls, ist hoch verdichtete Energie.

BEWUSSTSEIN IST KRAFT

Zu Beginn des 20. Jahrhunderts sollte die seltsame Welt der Quanten das wissenschaftliche Weltbild dann vollends verwirren. Die Forschungsergebnisse so bedeutender Physiker wie Max Planck, Niels Bohr, Erwin Schrödinger und Werner Heisenberg – wie Einstein allesamt Nobelpreisträger – stellten die bislang kalkulierbare und abgesicherte Welt der Physik auf den Kopf.

Weltberühmt wurde das so genannte *Doppelspalt-Experiment*. Es führte zu der paradoxen Erkenntnis, dass Licht sowohl Wellen- als auch Teilchennatur haben kann, also zwei völlig unterschiedliche Eigenschaften in sich vereint: Es ist das eine und zugleich ein ganz anderes. Noch verwirrender aber ist, dass es das eine oder das andere – Welle oder Partikel – jeweils in Abhängigkeit davon zu sein scheint, ob man es beobachtet oder nicht. Zwischen Beobachter und Beobachtetem, so legen es die unzählige Male wiederholten und immer wieder neu bestätigten Experimente nahe, muss ein Zusammenhang bestehen, den man in der klassischen Physik noch nie zuvor bemerkt hatte: *Der Akt des Beobachtens selbst scheint die beobachtete Realität zu verändern.* Der Gedanke drängt sich auf, dass die Anwesenheit von Bewusstsein etwas bewirkt; und wo etwas bewirkt wird, da muss wohl auch eine Kraft sein. Ohne es zu wollen, näherte sich die zersplitterte Welt des wissenschaftlichen Denkens damit Schritt für Schritt einem *Modell der Einheit,* an dessen vorläufig letztem Punkt nun die Frage aufscheint, ob auf dem Grunde des Seins nicht etwas liegen könnte, was aus der Perspektive der Mystik immer schon dort lag: Geist oder Bewusstsein. Erwin Schrödinger schrieb einmal:

> „Die Vielheit ist bloßer Schein; in Wahrheit gibt es nur *ein* Bewusstsein. Das ist die Lehre der Upanishaden, und nicht nur der Upanishaden allein. Das mystische Erlebnis der Vereinigung mit Gott führt stets zu dieser Auffassung, wo nicht starke Vorurteile entgegenstehen; und das bedeutet: leichter im Osten als im Westen.“[14]

Energie Ost – Bewusstsein ist Kraft

Über den in der Quantenphysik angedeuteten Zusammenhang von Bewusstsein und Kraft gab es im Denken der Yoga-Philosophie noch nie einen Zweifel. Seit Jahrtausenden gilt dort die ebenso einfache wie radikale Erkenntnis, dass alle Schöpfung letztlich Energie ist. Dieser Energie gab man den schönen Namen *Maha-Prana,* die „Große Energie des Lebens", oder auch *Maha-Shakti,* die „Große Kraft". Der ganze Kosmos und alle Formen darin, sogar unsere Gedanken und Gefühle, sind, so sagen die Yogis seit altersher, Kraft. Diese Kraft hat eine Grundlage, ein unveränderliches Sein, dem sie entströmt – *Bewusstsein.*

Die spirituelle Philosophie Indiens nennt dieses Bewusstsein *Brahman,* was wörtlich „das Höchste" heißt. Alles, was existiert, der ganze Kosmos mit seinen Myriaden Formen und Phänomenen darin, gilt als Ausdruck dieses *einen* Bewusstseins: „Was auch ist – das ganze All – vibriert", sagt Yama, der Gott des Todes, der über die Unsterblichkeit spricht, in der *Katha Upanishad,* „weil es von Brahman, dem Höchsten, ausgegangen ist, das an seinem Grunde existiert."[15] Damit haben die jahrtausendealten mystischen Texte der indischen Philosophie konsequent zu Ende gedacht, was sich auf dem westlich-wissenschaftlichen Weg von der Vielheit zur Einheit erst seit etwa zweihundert Jahren anbahnt: Energie ist Energie und Materie ist Materie. Materie ist Energie und auch Bewusstsein ist Energie. Bewusstsein ist letztlich alles, und sein Ausdruck ist Energie. Alles ist Eins – also auch wir, die wir aus dieser Einheit kommen. Im Tantra, jenem vielgestaltigen spirituell-philosophischen und praktischen Yoga-Weg, der sich ganz besonders mit der *energetischen* Realität unseres Seins auseinandersetzt, die zugleich als eine Realität des Bewusstseins begriffen wird, nennt man das Eine Bewusstsein, jenes Licht, das durch das Fenster eines jeden Körperwesens leuchtet: *Shiva*.

2.
Energie des Lebens

Prana ist das Leben in allen Wesen.

Taittiriya Upanishad

Ursprüngliche Energie: AUM

In der Dreiheit der indischen Gottheiten Brahma, Vishnu und Shiva symbolisert Shiva den Prozess der Auflösung – den Tropfen individuellen Bewusstseins, der mit dem Meer des kosmischen Bewusstseins verschmilzt. Dieser Tropfen ist jener Funke an Bewusstsein in uns, dem wir unser körperliches Leben verdanken. Durch das Fenster unserer Sinne schaut er in die Welt und erliegt Maya, der Täuschung. Er glaubt sich in Freud und Leid darin verloren, weil er, trunken von der Welt, sein Zuhause vergessen hat: „Dass das Eine als vieles erscheint, das Absolute als relativ, das Unendliche als endlich: Das ist Maya", sagen die Upanishaden.[16]

Die Methoden des Yoga wollen dem „verlorenen Sohn" helfen, seinen Weg nach Hause zu finden. Wenn die Upanishaden von Maya sprechen – wenn sie also die empirische, phänomenale und vergängliche Welt beschreiben und von Brahman, dem Ewigen und Wahren, unterscheiden –, dann stößt man immer wieder auf das Wort *iva,* das heißt so viel wie *sozusagen.* Die äußere Welt, alle Dinge, die Form und Namen haben, sind nur eine „Sozusagen-Welt", sie haben nur eine „Als-ob-Existenz". Im Verhältnis zum reinen Bewusstsein, dem sie entspringen, sind sie so wirklich wie eine Fata Morgana in der Wüste.

Dem Bewusstsein, das im Tantra durch das maskuline Prinzip Shiva symbolisiert wird, wohnt Kraft inne. Für sie steht das weibliche Prinzip *Shakti.* Shiva und Shakti sind ein unzertrennliches Paar. Wäre dem nicht so, dann könnten wir unseren Arm nicht bewegen, wenn wir das wollten.

Mini-Experiment zur Selbstreflexion

Legen Sie einen Arm ausgetreckt auf einen Tisch.
Kommen Sie zur Ruhe und konzentrieren Sie sich einen Moment lang auf Ihren Arm: Nehmen Sie seine Bewegungslosigkeit wahr. Sie könnten ihn bewegen, doch Sie entscheiden sich, ihn nicht zu bewegen.
Nun winkeln Sie ganz achtsam den Arm an.
Dabei fragen Sie sich:
Wer oder was bewirkt, dass der Arm tut, was er tut?

Die Tatsache, dass wir viele Bewegungen und Handlungen unbewusst machen, diese also oft mehr geschehen, als bewusst vollzogen werden, belegt nicht die Abwesenheit des Bewusst-*seins*, sondern lediglich der Bewusst-*heit*. Unachtsamkeit ist ein anderes Wort für Nicht-Bewusstheit (oder den Zustand des Nicht-Erwachtseins). Aus dem Bewusstsein jedenfalls kommt die Lebensenergie. Wäre es nicht gegenwärtig, wären wir tot.

Das Hochzeitspaar trägt viele Namen: Geist und Welt, Braut und Bräutigam, Shiva und Shakti, Purusha und Prakriti. Doch es steckt immer die gleiche Idee dahinter – *die essenzielle Einheit von Bewusstsein und Energie.* Wollen wir Shiva oder absolutes Bewusstsein erfahren, müssen wir von dort aus losgehen, wo wir gerade stehen, bei Shakti also, in der Welt, in der wir leben. Sie ist zugleich die Welt, in der das Höchste sich zum Ausdruck bringt (wie unvollkommen sie uns manchmal auch erscheinen mag). Nur die Erfahrung der Welt kann uns über die Welt hinausführen. Im *Vijnana Bhairava Tantra,* einer alten tantrischen Schrift, erklärt Shiva seiner Gefährtin Shakti deshalb:

> „Wie Raum, Richtung und Form durch die Flamme einer Kerze oder die Strahlen der Sonne erkannt werden, genauso, meine Liebe, wird Shiva durch Shakti erkannt.“[17]

In seiner ursprünglichen oder grundlegendsten Form ist die Kraft des Bewusstseins Klang oder *Schwingung*. Den alten Weisen Indiens, deren Erfahrungen und Erkenntnisse in den Upanishaden niedergeschrieben sind, wurde die Energie des Bewusstseins als der Klang AUM (OM) offenbart. Er gilt als „das Wort" und erinnert uns auch an die Schöpfungsgeschichte der Bibel, die ja ebenfalls mit der Idee des Wortes beginnt. Der höchste Geist (Gott, Shiva, Bewusstsein) schwebt über den Wassern; und die Kraft seines Willens (Shakti, Prana), die sich als Gedanke und Klang äußert, setzt den Schöpfungsprozess in Gang. Gott *sagt:* „Es werde!" Die *Mandukya Upanishad,* eine der kürzesten und zugleich wichtigsten aller Upanishaden, beginnt mit diesen Worten:

> „Das ganze All ist die Silbe AUM.
> Vergangenheit, Gegenwart und Zukunft –
> alles ist in Wahrheit AUM.
> Und was jenseits davon liegt, auch das ist AUM." [18]

AUM oder OM ist die Primär-Energie des Seins, der ursprüngliche Energieträger oder *Pranava,* wie es in Patanjalis *Yogasutra* heißt. Die Upanishaden verstehen ihn als *Setu* oder Brücke, welche die (scheinbare) Kluft zwischen dem Individuellen und dem Universellen überspannt. Auch dieses Bild trifft es gut: OM ist der Bogen, Atman der Pfeil und Brahman das Ziel. Die Primärenergie AUM verbindet uns mit der Quelle des Seins.

Die Ur-Schwingung OM ist also *spiritueller Natur.* Sie ist das zentrale Thema der Upanishaden. Sie ist, wenn man so will, die Stimme oder der Klang Gottes. Sich auf diesen Klang auszurichten, ist eine mächtige Meditationsmethode, die heilsam auf Geist und Körper wirkt. „Diesen Klang", so sagt Patanjali deshalb, „soll man sich im Bewusstsein darum, wofür er steht, immer wieder in Erinnerung rufen."[19] AUM hat die Macht, uns über Wachzustand (A), Traum (U) und tiefen Schlaf (M) hinauszuführen in die Stille jenseits seiner Selbst. Diesen Bewusstseinszustand nennt man *Turiya,* den Vierten.

Die Energie, die der Ganzheit innewohnt, deren Teil wir sind, durchflutet uns. „Das ganze All ist die Silbe AUM", heißt es in der *Mandukya Upanishad.*[20] Unser Körper ist ein „Bündel" an Energie, ein Ausdruck von Bewusstsein. Über das Mantra der Mantras, den Klang OM, sagt der tibetische Mystiker Anagarika Govinda (1898-1985):

> „OM ist der tiefe Urton zeitloser Wirklichkeit, der aus anfangloser Vergangenheit in uns schwingt und uns entgegentönt, wenn wir durch vollkommene Stillung des Geistes unseren inneren Gehörsinn entfalten. Es ist der transzendente Laut der allem innewohnenden Gesetzlichkeit, der ewige Rhythmus allen Geschehens, in dem der Ausdruck vollkommenster Gesetzlichkeit zum Ausdruck vollkommenster Freiheit wird."[21]

Übung: OM-Pranayama

Diese Übung ist so einfach wie heilsam. Setzen Sie sich in eine bequeme Position. Rücken und Nacken sollten, wenn möglich, aufrecht und gerade ausgerichtet sein. Legen Sie die Hände entspannt auf die Oberschenkel und schließen Sie die Augen.

Das Wichtigste an der Meditationshaltung ist: Sie sollte stabil sein und sich angenehm anfühlen, dann können wir uns „auf das Unendliche ausrichten", wie es im *Yogasutra* heißt.

Spüren Sie eine Minute in sich hinein. Wo sind Spannungen? Atmen Sie nun achtsam ein und tönen Sie über die ganze Ausatmung hinweg OOOOMMMMMM – nicht zu leise, nicht zu laut. Lassen Sie diesen Klang in den Körper einsinken, vor allem dahin, wo Sie Spannungen verspüren: Mit Ausat-

mung und Klang lassen Sie die Spannungen dann bewusst los. Etwa zehn Atemzüge genügen schon. Bleiben Sie sich während des Atmens und Tönens bewusst, dass Sie nicht etwa einen beliebigen Klang erzeugen, sondern eben jenen Klang, der Sie mit der Quelle verbindet, aus der Sie kommen. Experimentieren Sie etwas mit der Tonhöhe. Sie sollten die Schwingung *körperlich* spüren können. Vor allem beim „M" gelingt das relativ leicht; und es klappt besser, wenn Sie einen Ton wählen, der im tieferen Bereich Ihrer Stimme liegt. Die Ausatmung soll eine vibrierende Wohltat sein!
Nach zehn Atemzügen spüren Sie nach: Was hat sich energetisch verändert?

Es sei nochmals daran erinnert, was Patanjali sagt: Die Meditations- und Energie-Arbeit mit der Kraft des Klanges hat nicht so viel Wert, wenn man sich nicht zugleich *bewusst macht, wofür der Klang steht.* Wäre ein rein mechanisches Summen oder Brummen schon alles, worauf es ankäme, so würde es genügen, einen Lautsprecher neben uns zu stellen, aus dem ein OM ertönt, um Erleuchtung zu erlangen. Doch OM, dieser Klang der Klänge, ist eben nicht nur ein Klang, sondern auch *Information* – also Sprache und Gedanke. Das klingt deutlich auch in der biblischen Idee vom „Wort Gottes" an. „Das Wort OM ist Brahman, und dieses Wort ist das Höchste", lesen wir in der *Katha Upanishad.*[22] Dieser Text ist ein Dialog zwischen Yama, der den Tod verkörpert, und dem jungen Nachiketa. Nachiketa trotzt Yama die Darlegung der höchsten Wahrheit ab; und der Tod selbst offenbart ihm den Weg zur Untsterblichkeit. Das Instrument dafür ist die Meditation auf den Urklang OM.

„Sprache und Prana", sagt die *Chandogya Upanishad*, „sind ein Paar. Und dieses Paar verbindet sich in der Silbe OM."[23] OM ist sowohl Energie als auch die Information, die sie in sich trägt.

Wäre es anders, dann wäre auch OM nur Schall und Rauch. Doch es ist Schall und Information – Gottes Gedanke und Wort. Wo man auch hinsieht: Wir begegnen immer wieder dem Zusammenhang von Bewusstsein und Energie. Der Weise Anagarika Govinda betont, „dass die Kraft und die Wirkungen eines Mantras abhängig sind von der geistigen Haltung, dem Wissen, der Verantwortlichkeit und der seelichen Reife des Individuums".[24] Der kosmische Klang ist *spiritueller Klang*, und das Hören geschieht nicht mit dem Ohr allein.

Swami Rama, ein Yogi, der in den Siebzigerjahren im Westen einige Wissenschaftler ziemlich in Aufregung versetzte, als er ihnen die Kraft und Möglichkeiten seines Geistes demonstrierte, indem er beispielsweise *willentlich* ein Herzkammerflimmern erzeugte, schreibt über OM:

> „Wenn OM ein *Symbol* ist, dann repräsentiert es alle Aspekte des Universums, die manifesten wie die nichtmanifesten. Versteht man es als *Klang,* dann ist das ganze Weltall Schwingung. Jeder Klang erschafft eine Form. Wenn ich in meine Hände klatsche, dann vibriert dieser Klang und erzeugt eine ganz bestimmte Form. Die Schwingung OM erschafft als seine Form das ganze Universum. Sieht man OM als ein *Wort,* dann erklärt dieses Wort alles, was im Weltall existiert. Alle Möglichkeiten, Formen und Gedanken sind Ausdrucksweisen von OM. Die gesamte Lehre der Upanishaden verdichtet sich in der Erkenntnis von OM. Wer OM kennt – theoretisch wie auch praktisch, durch eigene Erfahrung – weiß alles."[25]

Übung: OM-Meditation

Setzen Sie sich in Meditationshaltung und schließen Sie die Augen. Kommen Sie zur Ruhe, indem Sie ein, zwei Minuten lang Ihren Atem beobachten. Fühlen Sie den Luftstrom in Ihren Nasenöffnungen.

Spüren Sie die Temperatur der Atemluft. Bei der Einatmung ist sie kalt, bei der Ausatmung ist sie warm.

Der Atem bewegt sich in zwei Luftströmen durch die Nase, die in der Nasenwurzel, im Punkt zwischen den Augenbrauen, zusammenfließen. Richten Sie Ihre Aufmerksamkeit auf diesen Punkt und spüren Sie hinein.

Nun blicken Sie in den schwarzen Raum vor Ihrem inneren Auge. Das ist *Chidakasha,* der „Raum des Geistes". Sprechen Sie innerlich das Mantra OM in einem gleichmäßigen Rhythmus. Konzentrieren Sie sich auf jede Wiederholung. Seien Sie sich bewusst, wofür OM steht: Für die Energie des Höchsten. Sollten Ihre Gedanken abschweifen (und sie werden das immer wieder tun), bringen Sie Ihre Aufmerksamkeit sanft zurück zu OM.

Shiva sagt im *Vijnana Bhairava Tantra* über diese Meditation: „Wer das Pranava (OM) perfekt wiederholt, während er sich für längere Zeit auf die Leere ausrichtet, erfährt die Leere, und in dieser Leere wird die transzendente Shakti erkannt."[26]

EIN INTERKULTURELLES PHÄNOMEN

Der enge Zusammenhang von Bewusstsein und Energie wurde nicht nur von indischen Sehern oder Yogis entdeckt, vielmehr weiß man um ihn seit jeher in den verschiedensten Kulturen der Welt. Er fand auch seinen Platz in der christlichen Symbolsprache, wenn auch heute die ursprüngliche Idee ganz verloren gegangen sein mag, so zum Beispiel im Bild vom Wein, der uns an den

Geist erinnert, und im Brot, das die Idee der Materie verkörpert, in welcher der Geist wirkt.

Überall auf der Welt, in allen Zeiten und Kulturen, finden sich Lebensenergie-Begriffe: Das *Chi* oder *Ki* in China und Japan, *Lung* in Tibet. Jesus sprach von *Rukha,* das aramäische Pendant zu Prana. *Mana* sagten die Polynesier und *Yesod* nennt man die Lebenskraft in der Kabbalah. Westliche Wissenschaftler prägten ihre eigenen Begriffe, zum Beispiel *Ectoplasma,* ein Begriff, der auf den französischen Arzt und Nobelpreisträger Charles Richet (1850–1935) zurückgeht, oder das *Orgon* des Psychiaters Wilhelm Reich (1897–1957). Weitere Beispiele aus moderner Zeit sind: Bioflux, Bioplasma oder bioplasmatische Energie, kosmisches Fludium, primordiale kosmische Energie – und noch viele andere Worte könnte man nennen.

Auch der Energiekörper wurde mit vielen Begriffen bedacht, zum Beispiel: Aerosoma, Ätherkörper, Bardokörper, bioplasmatischer Körper, ätherisches oder vitales Doppel, Odkörper, Vitalkörper, Energosoma – oder eben die uns schon bekannten Begriffe des Pranakörpers oder Pranamaya-Kosha.

Es ist freilich nicht so nicht wichtig, viele Begriffe zu kennen, bedeutsamer ist vielmehr, dass das Phänomen der Lebensenergie keine yogische Spekulation oder gar esoterische Spinnerei ist, und dass es dabei auch nicht darum geht, naiv an etwas zu glauben. Vielmehr verweist es auf einen *realen Aspekt des menschlichen Seins, der unserer persönlichen Erfahrung zugänglich ist.* Der Umstand, dass die Lebensenergie und der Energiekörper im zersplitterten Modell des westlichen Denkens keinen Platz haben, weil man sie eben nicht sehen kann, wenn man einen Körper aufschneidet, ändert nichts an ihrer Existenz. Auch unsere Gedanken und Träume kann kein Arzt sehen – doch wir wissen, dass sie da sind, weil wir sie erfahren. Der Energiekörper kann ebenso erfahren werden, doch es erfordert Bewusstheit und Übung. Um das zu erreichen, müssen wir unser Interesse und unsere Aufmerksamkeit auf ihn lenken.

Die Tatsache, dass Lebensenergie existieren muss, kann man übrigens allein schon daran erkennen, dass wir sie irgendwann mit einem letzten Atemzug buchstäblich aushauchen, um den physischen Körper wie einen abgetragenen Mantel abzulegen. Von einem Moment auf den anderen ist das „Gefährt der Seele“, wie manche den Körper auch nennen, dann verlassen – außer Betrieb sozusagen. Der „aufgeklärte“ (dass will sagen: rationale und materialistische) Geist nennt das „Tod“. Dabei versteht er im Grunde nicht, was ihm Leben gibt: Prana. „Die Seele“, sagte der geniale Mystiker Rumi, der im 13. Jahrhundert in der Gegend von Konya lebte, „geht in einen Körper ein, dann wieder in einen anderen. Wenn einer darüber streiten mag, dann komm in mein Haus und verabschiede dich von ihm.“[27] Mit der seltsam anmutenden Wendung ‚Komm in mein Haus’ will Rumi uns wohl sagen: Sei wie ich, du, der du erkannt hast, dass du mehr bist als diese denkende und fühlende Hülle aus Fleisch und Blut. Sei nicht traurig oder ärgerlich, dass die meisten Menschen das nicht wahrhaben wollen. Nimm vielmehr Platz in dir selbst, erschaue dein inneres Licht und höre die Musik in dir! Sei ein *Mystiker* wie ich!

Prana, die kosmische Energie

Was Prana ist, das zeigt sich schon im Wort selbst: *Pra* bedeutet füllen. Die Silbe *an* meint einen Prozess konstanter Bewegung; und der Buchstabe *a* verweist hier auf etwas, das allumfassend ist. Der ganze Kosmos, so sagt das Wort, ist angefüllt und durchflutet von einem „Etwas", das dynamisch und in fortwährender Aktion ist – Energie. Jeder Vorgang oder Prozess im Weltall ist energetischer oder pranischer Natur. Sei es die Explosion eines Sternes oder das sanfte Fließen eines Gebirgsbaches, die Rotation des Planeten um seine Sonne oder die Bewegung eines Zuges auf den Geleisen, sei es das Beben der Erde oder die Bewegung meiner Zunge: Alles ist Prana. Sogar unsere Gefühle und Gedanken und alle anderen Bewegungen in unserem inneren Raum vollziehen sich durch Prana. „Alle Wesen vereinigen sich allein in Prana, und allein aus Prana steigen sie auf."[28]

Das Aufsteigen und die Vereinigung, von denen die *Chandogya-Upanishad* hier spricht, beziehen sich auf den zyklischen Prozess von Schöpfung, Entfaltung und Untergang, auf das Kommen und Gehen aller Dinge einschließlich des Kosmos. Alles das ist energetische Transformation. Wenn von Energie in diesem großen, kosmischen und universellen Sinne gesprochen wird, nennt man sie *Maha-Prana,* „großes Prana" oder *Maha-Shakti,* die „große Kraft". Manchmal nennt man sie auch *Maha-Maya,* die „große Täuschung", um darauf hinzuweisen, dass alles, was wir mit unseren gewöhnlichen Sinnen wahrnehmen können, nicht die Wirklichkeit in einem absoluten Sinne ist, sondern begrenzt durch die Möglichkeiten sinnlicher Wahrnehmung und gefiltert durch unseren individuellen Geist. Es ist bloß unsere ganz *persönliche Wirklichkeit,* die nicht nur nicht die absolute ist, sondern sich bereits von der ganz persönlichen Wirklichkeit meines Nachbarn unterscheidet. Jeder erfährt die Dinge durch die Farbe seiner Brille.

SCHÖPFUNG ALS WILLE

Wenn es so ist, dass nämlich am Grunde von allem etwas liegt, dessen Wesen die Verbindung von Geist und Energie ist, dann bedeutet das: Die Logik, welche die Schöpfung in Gang gesetzt hat, muss auch in mir walten.

Versuchen wir, uns den Urzustand vor der Schöpfung vorzustellen, wobei hier einschränkend hinzugefügt sei: Vorstellen kann man sich das eigentlich nicht, denn das geht ja nur mit Dingen, die sich in Zeit und Raum verorten lassen. Doch der Zustand vor der Schöpfung, wie ihn die alten Yogis ebenso beschreiben wie die moderne Physik, ist ohne Raum, ohne Zeit, ohne Ursache und Wirkung also völlig unvorstellbar. Es ist ein Zustand, in dem alles kontrahiert oder zusammengezogen ist. Stille. Die sprichwörtliche Ruhe vor dem Sturm.

Doch irgendetwas geschieht, ein erster energetischer Impuls. Ein *Begehren* steigt auf, das der Schöpfungsmythos des *Rigveda,* des ältesten der vedischen Texte, *Tapas* nennt, die Hitze. Wo sich etwas bewegt, wo Energie fließt, da wird es heiß. Dieses Begehren oder Wollen kommt aus dem Höchsten selber, das sagt: *„Ekoham bahusyam“,* oder: „Ich bin eines, lass mich vieles werden.“ Es ist mithin der *Wille,* der hier den ersten kreativen, energetischen Impuls setzt. Die Idee des Willens, der allem vorausgeht, was geschieht, finden wir auch in vielen anderen Traditionen. Über dem Urwasser schwebt Gottes Geist, der *will.* Und sein Wollen manifestiert sich als *Spandan* oder Vibration – ein Klang, ein Wort, ein Gedanke. „Ekoham bahusyam!“ oder „Es werde!“

Die Quelle, die ihren Willen äußert, und die Energie, welche als Ausdruck dieses Willens aus der Quelle ausfließt, sind letztlich untrennbar, so wie das Feuer nicht von der Hitze getrennt werden kann, die sein ureigenster Ausdruck ist. Feuer und Hitze oder Bewusstsein und Energie bilden eine Einheit. Ihr beider Zusammenspiel erst erschafft *Lila,* das kosmische Drama, in dessen Glitzer unsere Sinne sich verlieren.

„Das Lametta habe ich weggefegt!“[29], ruft Kabir in einem seiner Lieder: Seine Sinne lassen sich nicht mehr täuschen von Maya, der Illusion. Er hat Gottes Spiel durchschaut und das reine Bewusstsein erkannt, das er selber ist. Er konnte das, indem er auf dem Wege der „Klang-Energie-Arbeit“ zurück zur Quelle fand. Kabir sprach unablässig von *Nam,* dem Namen, und von *Shabd,* dem Klang, der zugleich Licht ist. *Surat-Shabd-Yoga* heißt die Praxis auf Hindi, die Muttersprache Kabirs, das Eintauchen in die innere Energie-Erfahrung von Licht und Ton, die ihn in die höchsten Regionen des Seins führte. *Nada-Yoga* nennt man das innere Hören in der Sanskrit-Sprache. Viele andere Begriffe gibt es noch dafür: *Akashvani,* der Klang des Raumes, oder *Dhun,* das Lied. In den heiligen Schriften der Sikhs ist die Idee des Namens oder Klanges ebenfalls von großer Bedeutung. Pythagoras sprach von der „Sphärenmusik“, und angeblich praktizierten auch Sokrates und andere Mystiker im alten Griechenland diese Meditation.[30] Wort, Logos und Heiliger Geist sind Begriffe aus dem christlichen Kontext, die ebenfalls auf die Dimension von Geist, Klang und Energie verweisen. „Gib dich dem Namen Gottes hin, solange Atem in deinem Körper ist“, fordert der muslimische Mystiker Dadu (1544–1603) uns auf.[31] Dieses Auffordern, sich mit der Energie des Höchsten zu verbinden, um auf ihrem Strahl zum Höchsten selbst zu reiten, finden wir immer wieder geradezu drängend, denn bald schon müssen wir unser körperliches Gefährt ablegen: „Geh schnell heim“, sagt deshalb Dadu. Krishna rät in der *Bhagavad Gita* seinem Schüler Arjuna immer wieder, sich auf das Höchste auszurichten – ganz besonders zum Zeitpunkt des physischen Todes:

> „Wer an mich allein denkt, wenn er stirbt und seinen Körper verlässt, der erlangt mein Sein. Daran gibt es keinen

Zweifel. Woran auch immer man denkt, wenn man am Ende seinen Körper verlässt, dorthin gelangt man, weil der Geist darauf ausgerichtet ist."[32]

Übung: Brahmari-Pranayama

Brahmari, das „Bienensummen", ist eine der einfachsten klassischen Pranayama-Übungen. Es ist eine perfekte Vorbereitung für Nada-Yoga, das innere Hören.

Setzen Sie sich in Meditationshaltung hin. Schließen Sie die Augen und kommen Sie zur Ruhe, indem Sie ein, zwei Minuten Ihren Atem beobachten. Urteilen Sie nicht. Der Atem ist, wie er ist. Durch die Beobachtung wird er nach und nach ruhiger und tiefer.

Nehmen Sie einen tiefen Atemzug. Am Ende der Einatmungsphase halten Sie den Atem wenige Sekunden lang an. Mit der Ausatmung lassen Sie dann ein sanftes, feines Summen ertönen.

Die Schwingung dieses Summens können Sie in Ihrem ganzen Körper fühlen. Eine Wahrnehmung, die sich noch verstärken lässt, wenn man die Ohren verschließt. Die alten Yogis steckten ihre Zeigefinger in die Ohren (bequemer sind da freilich Ohrstöpsel oder Kopfhörer). Sie können direkt in verspannte Regionen Ihres Körpers hineinsummen und mit der Vibration die Blockade dort loslassen. Das summende Ausatmen ist eine Wohltat.

Machen Sie die Übung so lange, wie Sie sich gut damit fühlen. Schon fünf bis zehn Atemzüge können eine spürbare Entspannung bewirken.

Danach gehen Sie in die Stille und hören …

INDIVIDUELLE LEBENSENERGIE

Das Prinzip des Zusammenspiels von Bewusstsein und Energie im kosmischen Sinne findet sich auch auf unserer ganz persönlichen Ebene. Die *Hatha-Yoga-Pradipika* („Licht auf Hatha-Yoga"), die wohl wichtigste Schrift des körper-orientierten Yogaweges, sagt:

> „Wenn Prana sich bewegt, dann bewegt sich auch Chitta. Wenn Prana ohne Bewegung ist, dann ist auch Chitta ohne Bewegung."[33]

Chitta kommt von *chit* und bedeutet *wahrnehmen*, *bemerken* oder *erfahren* – all jene Prozesse also, die sich in unserem inneren Raum vollziehen. Chitta ist alles das, was jemals wahrgenommen, bemerkt und erfahren wurde – die Gesamtheit dessen, was unserem individuellen Geist seine unverwechselbare Struktur gibt. Unser persönlicher Geist, Chitta, und Prana, die Energie, die in uns wirkt, machen ein Lebewesen aus uns. Damit haben wir die kompakteste Definition eines Lebewesens. Die Yoga-Philosopie nennt es *Prani:*

Chitta + Prana = Prani
Bewusstsein + Lebensenergie = Lebewesen

So wie die Energie des kosmischen „Ich will!" die Schöpfung hervorbringt, lenkt die Kraft unseres *persönliches Wollens* unser Leben. Es ist dieses Wollen, das unserem Geist seinen Stempel aufdrückt in Form persönlicher Wesenszüge, Charaktereigenschaften oder *Vasanas.* Entlang dieser Wesens- oder Persönlichkeitszüge nimmt unser Leben Gestalt an. Wir erfahren, was wir sind – in den Worten des bekannten amerikanischen Zellbiologen Bruce H. Lipton: „Unsere Überzeugungen steuern unsere Biologie!"[34] Wie der Wille des Bewusstseins auf kosmischer Ebene die Energie erzeugt, aus der sich das Weltall aufbaut, so gibt unser individueller Wille unserem persönlichen Leben seine Richtung. Wie oben, so unten.

Bewusstein und Energie: Darin drücken sich auf *noch grundlegenderer Ebene* die Prinzipien von *Sein* und *Werden* aus. Das Sein als Urgrund, als ewige Konstanz, als Bewegungslosigkeit und Stille; und das gegenpolige Prinzip des Werdens als Schöpfung, Manifestation und Dynamik, das Prinzip der Bewegung. *Ruhe und Bewegung sind damit die zwei Pole einer nicht-dualen Einheit.* Musik strömt aus der Stille, und Bewegung kommt aus der Ruhe. Aus diesem Blickwinkel nun wird auch ein Spruch Jesu über das Wesen des Menschen leicht verständlich, der ansonsten vollkommen rätselhaft bleiben müsste. Im *Thomas-Evangelium* sagt er zu seinen Schülern:

> „Wenn man euch fragt: ‚Was ist der Beweis, dass der Vater in euch ist?', dann sagt ihnen: ‚Es ist Bewegung und Ruhe.'"[35]

Jesus hätte genauso gut sagen können: Die Prinzipien von Sein und Werden (oder Bewusstsein und Energie) wohnen in uns, ebenso wie sie den Kosmos bilden. Deshalb muss kosmisches Bewusstsein – Jesus nennt es *Abwun* oder Vater – auch in uns wirken. Radikaler noch: Das Höchste drückt sich durch uns aus, und insofern sind wir eins mit ihm. *Aham Brahmasmi*, „Ich bin Gott", heißt es in den Upanishaden.[36] Das ist, daran sei hier erinnert, ein eigentlich logisch hergeleiteter Satz, für den man in unserem Land früher auf dem Scheiterhaufen gelandet wäre und für den man mancherorts noch heute mit der grausamen Steinigung bestraft wird. Wenn wir letztlich „selber Gott sind", dann ist ganz folgerichtig, was die Mystiker uns versprechen: *Dass wir zum letzten Urgrund in uns selber durchdringen und ihn so erfahren können.* Man muss nur suchen oder anklopfen, wie Jesus es sagte.

DER ZUSAMMENHANG VON BEWUSSTSEIN UND ENERGIE

Kosmisches Bewusstsein	➔	Wille/ Vibration / Schöpfung
Indiv. Bewusstsein	➔	Wille / Prana / indiv. Leben
Bewusstsein	➔	Energie
Ruhe	➔	Bewegung
Sein	➔	Werden

Nach all dem wird nun klar, wie radikal die Idee von Bewusstsein und Energie tatsächlich ist. Wenn wirklich gilt, dass die makrokosmischen Prinzipien sich in den mikrokosmischen spiegeln, dann existiert im Grunde nichts, das nicht leben würde, nichts, das nicht aus dem Bewussten käme, und auch nichts, dem dieses Bewusstsein nicht innewohnen würde – welche Qualität oder Struktur es in seinem jeweiligen Ausdruck auch aufweisen mag. In jeder Körperzelle und in jedem Atom wirkt Energie, die Ausdruck von irgendeiner Art Intelligenz sein muss, die dafür sorgt, dass die Zellen und Atome eben „wissen", was sie zu tun haben. „Mich faszinierte die Idee", schreibt der Biologe Bruce H. Lipton in seinem Buch *Intelligente Zellen,* „dass es einfacher sei, die Physiologie und das Verhalten von Zellen zu verstehen, wenn man sie als ‚Mini-Menschen' betrachtet. (…) Die Zellen, intelligent und klug wie sie sind, haben Technologien entwickelt, von denen unsere Ingenieure nur träumen können."[37] Die alten Yogis waren sich dieser intelligenten Kräfte sehr bewusst; und sie wussten auch um die Wirkungen, die man erzielen kann, wenn man mit diesen Kräften arbeitet. Es ist höchst lohnenswert und hilfreich, die Energiearbeit zu praktizieren und die feinstofflichen Kraftfelder in uns zu aktivieren.

- Energiearbeit verbessert unsere Fähigkeit zur Entspannung.

- Sie klärt den Geist, macht uns achtsamer und befreit uns von Groll, Sorgen und Angst.
- Energiearbeit verbessert die Funktion unseres Immunsystems.
- Sie stärkt unsere Vitalität und die Fähigkeit zur Selbstheilung.
- Energiearbeit erhöht unsere Sensibilität im Blick auf uns selbst und in unseren Beziehungen.
- Sie steigert unser Wohlbefinden und unsere Lebensfreude.
- Sie erweitert ganz erheblich unsere Möglichkeiten innerer Erfahrungen in psychischer wie spiritueller Hinsicht. Sie lässt uns wachsen.

Übung: Nada, der innere Klang

Wer sich auf den Yoga-Weg des inneren Hörens macht, muss für äußere Stille sorgen. Die Nada-Meditation macht man daher am besten abends oder am sehr frühen Morgen, wenn die Welt noch schläft. Man sollte dazu beide Ohren verschließen und sich in Meditationshaltung setzen oder legen. Dann beginnt man, ins Innere hineinzuhören. Wenn man einen Klang vernimmt, hält man ihn nicht fest, sondern versucht vielmehr, „hinter" ihn zu hören, um einen noch feineren Klang wahrzunehmen.

Die Klänge korrelieren mit den gröberen und feineren Schichten unseres Seins. Wir könnten auch sagen: Sie sind der klang-energetische Ausdruck der Koshas oder Hüllen – von Annamaya- bis Anandamaya-Kosha und schließlich darüber hinaus. Zunächst sind es die gröberen physischen Klänge, die man hört, wie der Herzschlag, Verdauungsgeräusche oder, viel feiner noch, das „Rauschen" des Blutes. Jenseits von Annamaya-Kosha entfaltet sich dann nach und nach eine ganze Welt des Klanges, meist im hinteren Kopfbereich auf Höhe des Augenbrauen-Zentrums, wo ein Energiezentrum namens *Bin-*

du lokalisiert ist. Bindu heißt „Punkt“. Es ist der „Ort“, aus dem *Para-Nada* ausfließt, ein Klang, der nicht-physischer Natur ist, wenn man so will – ein mystischer Klang. Er kann nicht mit den Ohren gehört werden. Es ist vielmehr ein mentales Hören. Eine Vielzahl von Klängen gibt es da zu entdecken, und wir sollten offen sein für unsere Wahrnehmung in dieser Übung, die uns in einen tiefen und heilsamen Meditationszustand führen kann, ohne uns schon im Voraus darauf festzulegen, die Klänge genau so zu erfahren, wie es in manchen Texten heißt. Meist ist von zehn Klängen die Rede, die sich nach und nach entfalten:

1. Der Gesang von Vögeln
2. Das Zirpen von Grillen
3. Das Läuten von Glocken
4. Der Klang eines Horns
5. Die Musik von Saiteninstrumenten
6. Kesselpauke
7. Der Klang einer Flöte
8. Trommel
9. Trompete
10. Das Brüllen des Löwen

Den „höchsten Klang“, der Klang, der alle Klänge transzendiert, nennt man *Anahad-Nada,* den „nicht gespielten Klang“. Die Mystiker schwelgen geradezu darin, diesen unbeschreiblichen Klang, den sie in meditativen Gipfelerfahrungen hören, irgendwie in Worte zu kleiden. Anahad-Nada kommt aus unserer tiefsten Tiefe – oder aus den höchsten Höhen, das ist nur eine Frage der Perspektive – aus dem Kern unseres Seins also, der jenseits noch von Anandamaya-Kosha liegt, dem Glückseligkeitskörper.

ENERGIE UND TOD

Aus der Bewusstsein–Energie–Perspektive ist auch jenes Phänomen sehr einfach zu definieren, dem wir den Namen „Tod“ gegeben haben. In den Worten der *Hatha Yoga Pradipika:*

> „Solange Vayu (Prana) im Körper weilt, bleibt der Körper am Leben. Der (physische) Tod tritt ein, wenn Vayu den Körper verlässt. Deshalb halte Vayu zurück.“[38]

Vayu, wörtlich die Luft oder der Wind, ist nur ein anderes Wort für Prana, die individuelle Lebensenergie. In diesem Vers, darauf sei nachdrücklich hingewiesen, steht nichts davon, dass das *Bewusstsein* sterben würde, wenn die Lebensenergie geht. Energie, als ein Ausdruck des Bewusstseins, *folgt* eben diesem Bewusstsein. Zwischen den Zeilen sagt der Vers also: Wenn unser Bewusstsein den Körper verlässt, nimmt es die zu ihm gehörende Energie mit. Das bedeutet zwar den physischen Untergang, nicht aber den Tod. Der physische Körper braucht das Bewusstsein und die ihm folgende Energie, um leben zu können, nicht aber umgekehrt: Bewusstsein braucht keinen Körper, um sein zu können. Einen Tod, wie wir ihn meinen, kann es als solchen also nicht geben. „Wenn die Seele in einen Körper eingeht oder ihn verlässt“, lehrt Krishna seinen Schüler, „dann nimmt er die Sinne mit sich, so wie der Wind den Duft der Blüten fortträgt.“[39]

Um diese Behauptung weiter zu stützen, müssen wir gar nicht die alten Schriften bemühen. Die unzähligen Fälle dokumentierter Nahtod- und außerkörperlicher Erfahrungen der heutigen Zeit sprechen für sich. Auch das Phänomen des Träumens bestätigt uns die Unabhängigkeit des Bewusstseins vom physischen Körper. Unsere Erfahrungen im inneren Raum sind ganz offensichtlich auch dann sehr reich, wenn der Körper vollkommen inaktiv ist. Es sind die verschiedenen Aspekte unseres inneren Raumes, welche die Aufgabe haben, die Vitalkräfte zu stützen und so die Aufrechterhaltung des physischen Lebens sicherzustellen.[40] Der Geist ermöglicht das physische Leben, nicht umgekehrt.

Übung: Durch die Hand atmen

Eine ganz einfache Übung in Gewahrsein kann uns in Verbindung mit unserer Lebensenergie bringen:

Zur Ruhe kommen: Setzen oder legen Sie sich beqem hin und kommen Sie zur Ruhe. Entspannen Sie sich. Der Körper sollte sich während dieser Übung überhaupt nicht bewegen, weil seine grobe Bewegungsenergie die Wahrnehmung feinerer Energien überlagert. Schließen Sie Ihre Augen.

Die Aufmerksamkeit lenken: Bringen Sie ihre Aufmerksamkeit nun zu Ihrer rechten Hand. Versuchen Sie, die rechte Hand zu spüren, ohne sie dabei auch nur im Geringsten zu bewegen. Erforschen Sie Ihre rechte Hand. Das Lenken der Aufmerksamkeit, die Konzentration und das Spüren werden unterstützt, wenn Sie die Teile Ihrer Hand im Geiste benennen:

Handgelenk … Handfläche … Handrücken … Daumen … Zeigefinger … Mittelfinger … Ringfinger … kleiner Finger … alle Finger zusammen … die Fingerspitzen … Versuchen Sie, Ihre Fingerspitzen wahrzunehmen … die ganze Hand … die ganze Hand … die ganze Hand … die ganze Hand …
Das Spüren der Hand kann als Wärme oder Pulsieren geschehen, vielleicht als ein Kribbeln oder als innere Bewegung. Vertrauen Sie Ihrer Wahrnehmung. Bleiben Sie noch ein wenig beim Erspüren der Energie – ein Spüren, das allein dadurch ausgelöst wird, dass Sie Ihre Aufmerksamkeit oder Bewusstheit – und damit auch Energie – in Ihre Hand lenken.

Durch die Hand atmen. Nun atmen Sie, als würden Sie durch Ihre Hand ein- und ausatmen. Machen Sie Ihre Hand zur „Lunge“, und atmen Sie durch sie ein und aus. Natürlich ist das zunächst nur eine Vorstellung. Doch mit etwas Übung werden Sie spüren, dass sich da „etwas“ bewegt, dass Energie fließt.

Natürlich kann man durch jeden Teil seines Körpers atmen und so seinen ganzen Körper tief entspannen. Diese Übung ist Teil einer yogischen Praxis, die *Pranavidya* heißt: Das Erkennen der Lebensenergie. Das ist zu verstehen im Sinne eigener Erfahrung, sie also zu spüren, zu fühlen oder zu sehen (im Kapitel über das Ajna-Chakra wird eine Prana-Vidya-Übung vorgestellt).

ENERGIEFELDER

Die Vayus sind unterschiedliche Aspekte unserer Lebensenergie. Wir könnten sie auch „pranische Felder“ oder einfach nur Energiefelder nennen. Jedes Vayu steht in Zusammenhang mit einem bestimmten Bereich unseres Körpers und vitalen physiologischen Abläufen. Weil Energie und Bewusstsein immer zusammengehören, stehen sie natürlich auch in Verbindung mit mentalen Funktionen.

Fünf dieser Energiefelder, die *Pancha-Vayus*, sind besonders wichtig; und drei von ihnen spielen in der yogischen Praxis eine herausragende Rolle, vor allem in der Atemarbeit. Es gibt auch noch fünf untergeordnete Vayus, die so genannten *Upapranas*. Sehen wir uns diese Energiefelder nun im Einzelnen an.

PRANA-VAYU

Das erste Feld heißt *Prana-Vayu* oder einfach nur Prana. Man nennt es auch *Sthula-Prana* (grobes Prana), um es von Prana im allgemeinen Sinne zu unterscheiden. Prana-Vayu wirkt in der Brustkorb-Region. Vom Zwerchfell aus bewegt es sich aufwärts hin zur Nackenbasis. Seine wichtigste Aufgabe ist es, die Atmung aufrechtzuerhalten.

Der energetische Zugang zu einem Vayu ist immer auch ein Zugang zu den Energiezentren oder Chakras, die in seinem Wirkungsbereich liegen, hier also Herz- und Halszentrum (Anahata- und Vishuddha-Chakra).

Prana-Vayu ist die Energie, die Herz, Lungen, Atmung und Blutkreislauf in Gang hält. Auch das Schlucken gehört in seinen Einflussbereich. Die Aufgabe von Prana-Vayu ist es, die Lebensenenergie in den Organismus hineinzubringen, also die *Absorption*. Ohne Atmung, Herztätigkeit und Durchblutung können wir nur wenige Minuten überleben, und so ist Prana-Vayu das wichtigste unter den Vayus. Die anderen Energiefelder beziehen ihre Energie daraus.

Anstrengende körperliche Aktivitäten erfordern ein Ansteigen der Energie im Thoraxbereich, also eine forcierte Atmung, einen schnelleren Herzschlag und eine höhere Durchblutung. Störungen im freien Fluss dieses Energiefeldes beeinträchtigen Herz, Lungenfunktion und Durchblutung und führen zu entsprechend reduzierter Aufnahme von Sauerstoff. Dauerhafte Störungen führen zu Erkrankungen im Herz-Kreislauf-System.

Der Prozess der Absorption findet nicht nur auf physicher Ebene statt, sondern ebenso auf mentaler. Wir nehmen eine Vielzahl von Eindrücken und Ideen auf. So besteht ein Zusammenhang zwischen Prana-Vayu und psychologischen Eigenschaften. Auch in der abendländischen Kultur bringen wir positive Wesenszüge mit dem Herzen in Verbindung, so zum Beispiel das reine Herz mit Wahrhaftigkeit und Güte, das tapfere Herz mit Mut, oder das weite, großzügige und liebende Herz mit Weisheit und menschlicher Größe. Auch für die negativen Seiten im Menschen kennen wir Herzbegriffe. Das kalte Herz steht für einen Mangel an Mitgefühl, das enge Herz für den Geiz, das harte Herz für emotionale Abschottung. Wo die Dinge kalt, eng, hart und unbeweglich werden, da herrschen ungünstige energetische Verhältnisse vor. Es wird lebensfeindlich im physiologischen wie auch psychologischen Sinne.

Interessanterweise betrachtet Yoga den Herzbereich auch als Sitz des Mentalen. Das *Yogasutra* sagt ganz klar, dass die mentale Ausrichtung auf das Energiefeld des Herzens uns Wissen über die Natur des Geistes offenbaren kann.[41] Doch auch wenn wir nicht gleich die höchsten Ziele anstreben: Die Meditation auf das Herz-Zentrum bringt uns in bewusste und heilsame Verbindung mit diesem so wichtigen Energiefeld.

Übung: Meditation auf das Herz-Zentrum

Das Atmen durch das Herz-Zentrum ist eine mächtige Übung. Gleichzeitig ist sie extrem einfach. Selbst wenn sie nur fünf Minuten am Tag praktiziert wird, kann sie nachhaltig zur Entspannung und zum Abbau von Stress beitragen. Zudem hinterlässt sie uns mit einem klaren Geist und heitert unsere Stimmung auf. Sie verbessert also unsere emotionale Situation.

Das Atmen durch das Herz-Zentrum ist auch eine anerkannte Bio-Feedback-Methode. Wissenschaftler bringen nämlich das Herz mit dem Mentalen in Verbindung. Man spricht in diesem Zusammenhang von „Herzintelligenz“ (mehr dazu im Kapitel über das Herz-Chakra).

Setzen Sie sich in Ihre bevorzugte Meditationshaltung. Richten Sie ihre Aufmerksamkeit auf die Mitte der Brust. Atmen sie, als würden Sie durch Ihr Herz ein- und ausatmen. Verändern Sie Ihre Atmung nicht, erlauben sie ihr einfach, im Moment zu fließen, wie sie das will. Bleiben Sie aufmerksam in der Beobachtung: Sie atmen durch Ihr Herz ein und aus.

Machen Sie diese Übung fünf bis zehn Minuten und spüren Sie nach. Was hat sich verändert? Wie fühlen Sie sich?

APANA-VAYU

Das zweite Vayu heißt *Apana* und entfaltet seine Wirkung in der Beckenregion. Zwischen Nabel und Perineum (das ist der Bereich, der zwischen Anus und Genitalien liegt) folgt es einer Abwärtsbewegung und unterstützt die unteren Bauchorgane, die Nieren, die Blase sowie die Ausscheidungs- und Fortpflanzungsorgane. Energetisch wirkt Apana primär zwischen den beiden unteren Energiezentren, also Sakral- und Wurzel-Chakra (*Svadhishthana* und *Muladhara*).

Apana-Vayu kommt die Aufgabe der *Exkretion* zu, es ist also verantwortlich für alle Ausscheidungsprozesse: Gase, Urin, Stuhl, Samen, Scheidenflüssigkeit, auch Schwitzen und Erbrechen. Natürlich liegt auch die Sexualenergie in Apana-Vayu.

Auf der mentalen Ebene steht Apana für „geistige Ausscheidungsprozesse", also das Loslassen nicht hilfreicher Gedanken und Emotionen.

Im unteren Wirkungsbereich des Apana-Energiefeldes liegt auch jene besondere Kraft, die man *Kundalini* nennt, symbolisiert durch eine schlafende, dreieinhalbfach eingerollte Schlange (eine Symbolik, der wir später noch etwas auf den Grund gehen wollen). Apana unterstützt den Prozess des Aufwachens von Kundalini, die energetische Seite des spirituellen Erwachens.

Wenn der Energiefluss in Apana gestört ist, funktionieren die körperlichen und mentalen Entgiftungs- und Ausscheidungsprozesse nicht mehr gut. Man wird schwer und fühlt sich sprichwörtlich nach unten gezogen: Schwermut und Negativität sind typische Symptome.[42]

DIE BEWEGUNGSRICHTUNG VON PRANA UND APANA UMKEHREN

Yoga, sagt Patanjali, ist der befreiende Zustand, in dem alle mentalen Regungen (*Chitta-Vritti,* die „Wellen" oder Bewegungen des Bewusstseins) zur völligen Ruhe *(Nirodha)* gekommen sind. Die Aufmerksamkeit ist dann nicht mehr auf die energetischen Phänomene gerichtet, also Handlungen, Wahrnehmungen, Gedanken, Emotionen und so weiter, sondern das Bewusstsein wird auf sich selbst zurückgeworfen. Purusha, reines Gewahrsein – der Beobachter oder Seher, wie Patanjali es auch nennt – ruht *in sich selbst.*[43] Wenn Bewusstsein nichts anderes wahrnimmt (wenn das Subjekt kein Objekt mehr hat), wird es seiner selbst gewahr: Wir erkennen das „Medium", in welchem alle individuellen Erfahrungen sich vollziehen.

Wenn wir an die enge Verbindung zwischen Bewusstsein und Energie denken, dann ist es naheliegend, einen Zustand innerer Ruhe auf dem energetischen Wege erreichen zu wollen, nämlich indem man die Aktivität der Energiefelder gezielt beeinflusst. Die *Yoga Chudamani Upanishad* erklärt:

> „Wie ein Ball, der von Hand geworfen wird, nach oben und unten springt, ebenso springt der individuelle Geist (Jiva*) durch das Auf und Ab von Prana und Apana und bleibt nicht still."[44]

* Jiva wird oft mit „Seele" übersetzt, was missverständlich ist. Das Wort meint die Verbindung von spiritueller Essenz (Purusha, Atman) mit unserem individuellen Geist (Mind) und Prana. Es ist Purusha, der sich an die Welt gekettet hat.

Es ist genau das, was in der Praxis des Pranayama angestrebt wird; und Prana und Apana spielen dabei die Hauptrollen. Die *Shiva Samhita*, eine wichtige tantrische Schrift, die irgendwann zwischen dem 15. und 18. Jahrhundert von einem unbekannten Autor verfasst worden ist, sagt, dass von den zehn Pranas (die fünf Vayus und die fünf Upapranas) die ersten fünf am wichtigsten seien. „Unter diesen widerum sind Prana und Apana die Hauptakteure.‘“[45] In der yogischen Atemarbeit ist der stille Moment zwischen Ein- und Austatmung, *Kumbhaka,* die eigentliche Phase des Pranayama. Der Atem wird nach der Einatmung gehalten, und ergänzend werden *Bandhas* oder „Verschlüsse“ gesetzt: *Mula-Bandha* ist eine Muskelkontraktion im Perineum, welche die Abwärtsbewegung von Apana umkehrt. *Jalandhara-Bandha*, der Halsverschluss – er wird gesetzt, indem man den Kopf senkt und das Kinn in Richtung Brustbein führt –, wirkt der Aufwärtsbewegung von Prana entgegen. So werden die Bewegungsrichtungen von Prana und Apana umgekehrt. Prana bewegt sich nach unten und Apana nach oben. Beide Vayus vereinigen sich dann in *Samana,* dem dritten Vayu, wo auch der dritte Verschluss über das Einziehen der Bauchdecke gesetzt wird: *Uddhiyana-Bandha.*

In dieser Phase wird besonders viel Prana assimiliert, und man kann es mit einiger Übung sogar sehen – nämlich als Licht im Augenbrauen-Zentrum, das besonders sensibel für die Wahrnehmung von Prana ist. In eben diesem Moment kommt auch der Geist zur Ruhe: „Die Vereinigung von Prana und Apana, sagt Swami Niranjanananda Saraswati, „ist eines der wichtigsten Ziele des Yoga. Bis der Übende fähig ist, diese beiden Kräfte zu kanalisieren, bleibt er unter dem Einfluss der Dualität dieser zwei Kräfte und der Geist bleibt zerstreut.‘“[46] Die große Bedeutung der bewussten Atempraxis und das Zusammenspiel von Prana und Apana spricht auch die *Bhagavad Gita* an:

> „Jene, die Pranayama üben, kontrollieren die Bewegung der Vitalkräfte: Prana, die Kraft der Einatmung, wird Apana,

der Kraft der Ausatmung, dargebracht; und Apana wird an Prana gegeben."[47]

Eine regelmäßige Pranayama-Praxis reichert uns mit Lebensenergie an. Sie flexibilisert und „lockert" den Energiekörper, so dass die Energie wieder freier fließen kann, gelöster ist. Sie kann uns so Vitalität schenken, Anspannungen und energetische Blockaden lösen und unseren Geist beruhigen.

SAMANA-VAYU

Samana, das dritte Vayu, liegt im Bauchbereich zwischen Nabel und Zwerchfell. *Saman* heißt so viel wie „gleich" oder „ausbalanciert" (das englische Wort *same* kommt daher). Es ist die ausgleichende Kraft zwischen den gegensätzlichen Energien von Prana und Apana. Seine wichtigste Funktion ist die Verdauung oder *Assimilation.* Wir sagen auch „Verbrennung" dazu, ebenso wie die Yoga-Philosophie, wenn sie von *Jatharagni* spricht, dem „Feuer der Verdauung". Samana reguliert die Hauptorgane der Verdauung, also Leber, Magen, Milz und Darm, und sorgt für einen funktionierenden Stoffwechsel. Energetisch betrachtet, gehört Manipura, das Nabel-Chakra, in seinen Einflussbereich. Samana macht die Lebensenergie, die wir aufnehmen, für unseren Organismus verfügbar, und so steht es für Lebenskraft, Vitalität und Dynamik.

Auch „mentaler Stoff" – die Ideen und Eindrücke, die wir aufnehmen – wollen „verdaut" oder verarbeitet werden. Wenn Samana nicht ordentlich funktioniert, ist nicht nur die körperliche Verdauung gestört, sondern auch der Geist. Er erfährt Unruhe und Agitiertheit. Nicht richtig zu assimilieren, zu verdauen oder zu verarbeiten, bedeutet: Wir setzen zu wenig Energie um. Das schwächt uns, und wir scheiden das Unbrauchbare nicht genügend aus. So lagern sich Giftstoffe an. Mangelnde Vitalität, körperliche Dysfunktionen und psychologische Blockaden sind die Folge.

UDANA-VAYU

Udana-Vayu strömt in den außen gelegenen Regionen des Körpers, also in Kopf, Armen und Beinen, und koordiniert deren sinnvolles Zusammenwirken. Zudem unterstützt dieses Energiefeld Prana-Vayu bei der Atmung und der Aufnahme von Nahrung. Alle Funktionen des Mund- und Rachenbereichs gehören zu seiner Domäne.

Wenn wir sagen, dass Udana unter anderem im Bereich des Kopfes aktiv ist und zugleich Prana-Vayu unterstützt, dann verweist das ganz offensichtlich auf eine energetische Verbindung zwischen Herz und Gehirn, die von Udana aufrechterhalten wird.[48] Das Stichwort „Herzintelligenz" ist ja schon im Zusammenhang mit Prana-Vayu gefallen. Auch hier begegnet uns dieses Thema wieder. Das Herz ist gewissermaßen ein „Zweites Gehirn", was wir im Kapitel zum Herz-Chakra noch genauer anschauen wollen. Beide, Herz und Hirn, sind jedenfalls aufs engste miteinander verbunden. Genau das drückt sich auch auf einer energetischen Ebene in der engen Kooperation zwischen Prana und Udana aus.

Im Bereich des Kopfes liegen die Sinnesorgane, die uns die äußere Welt vermitteln; und mit Händen und Füßen, unseren Aktionsorganen, handeln wir, reagieren wir auf die Welt. Ebenso natürlich mit dem Mund, dem Aktionsorgan des Sprechens. Auch er gehört in den Wirkungsbereich von Udana-Vayu. Es ist diese Energie, die es uns ermöglicht, mit der Außenwelt in Verbindung zu treten.

Udana werden die höheren, über dem Hals-Zentrum liegenden Energiezentren zugeordnet, also Augenbrauen-Zentrum (Ajna) und Kronen-Chakra (Sahasrara). Udana-Vayu ist von großer Bedeutung auch im Hinblick auf die fünf untergeordneten Energiefelder oder Upapranas. Alle beziehen ihre Energie aus diesem Vayu.

Störungen in Udana manifestieren sich in mannigfacher Form: Atemschwäche, Leistungs- und Koodinationsprobleme, unklare

Wahrnehmung und Selbstausdruck, auch eine mangelnde Fähigkeit, sich sprachlich präzise auszudrücken. All das schränkt uns offensichtlich ein, klar und angemessen mit unserem Umfeld in Verbindung zu treten: Es stört die Qualität unserer Kommunikation. Daher wirkt sich ein mangelnder Fluss in Udana auch auf unsere Lebensfreude aus: Sie nimmt ab.

Das *Yogasutra* erwähnt Udana-Vayu im dritten Kapitel, wo es um die Siddhis oder paranormalen Fähigkeiten geht, die sich auf dem Weg des Yoga entwickeln können. „Durch die Beherrschung von Udana", so Patanjali, „bleibt der Yogi unberührt von Wasser, Sumpf und Dornen und erhebt sich über sie."[49] Wenn wir diesen Satz wörtlich nehmen, vermag er nicht so richtig zu überzeugen. Von fliegenden Yogis hat man zwar schon gehört, allein gesehen hat sie noch keiner. Eher schon mögen wir dabei an die Bewegungen im inneren Raum denken, an die astralen, mentalen und kausalen Ebenen, wie wir sie zum Beispiel in unseren Träumen, in Nahtod- oder außerkörperlichen Erfahrungen machen können. Aber auch und gerade in einer psychologischen Betrachtungsweise ergibt dieser Hinweis von Patanjali einen guten Sinn. Udana ist die Energie, die uns mit der Außenwelt verbindet, die zu tun hat mit unseren Wahrnehmungen und Reaktionen auf sie. Wenn wir sie beherrschen – und das will sagen, wenn wir uns ihr nicht ausliefern, uns also nicht zu sehr von unseren Wahrnehmungen dominieren lassen und in der Folge nicht so intensiv auf unsere Eindrücke reagieren – dann lebt es sich viel gelassener, losgelöster und freier. Wir erheben uns über die Sümpfe und Dornen, die manchmal schmerzhaften Herausforderungen, die das Leben an uns stellt.

VYANA-VAYU

Vyana-Vayu ist das fünfte Energiefeld. Im Gegensatz zu den anderen Vayus, die nur in bestimmten Bereichen wirken, durchflutet es den ganzen Körper. Auf physischer Ebene ist es vor allem für die Koordination der Muskeln zuständig. Eine besonders wichtige Funktion ist die Energiereserve. Die meisten Menschen erleben immer wieder einmal ihre Wirkung: In Momenten, da wir uns total erschöpft und ausgelaugt fühlen, aber dennoch gefordert sind, in Zeiten also, wo wir an unsere scheinbar absoluten Leistungsgrenzen gelangt sind, diese aber überwinden müssen, da kann es vorkommen, dass wir einen ganz überraschenden Energiezufluss erfahren. Wir fühlen uns plötzlich stark und leistungsfähig wie nie zuvor, manchmal sogar euphorisch, was auch problematisch sein kann. Euphorie ist (ebenso wie ihr Gegenteil, die Depression) ein Bewusstseinszustand, der einer klaren Wahrnehmung mit entsprechend angemessenen Reaktionen entgegensteht. Das ist der Preis, den wir dafür zahlen müssen, um den „Extra-Boost" zu bekommen, der im Grunde eine Ausnahmesituation darstellt. Und klar ist auch: Wenn das zu oft geschieht, laugt es uns energetisch aus.

Vyana kommt auch die Aufgabe zu, die Zusammenarbeit der anderen Vayus zu koordinieren und ihnen, wenn nötig, Energie zuzuführen. Die Tatsache, dass Vyana die anderen Vayus energetisch auflädt, zeigt, inwiefern Energie gleich Energie ist, und das gilt auch für unsere Lebensenergie. Vyana kann in jede Form von Lebensenergie transformiert werden. Die unterschiedlichen Vayus bezeichnen in erster Linie die verschiedenen Wirkungsbereiche der jeweiligen Energiefelder, essenziell aber sind sie dasselbe – Prana.

Vyana, unsere eingebaute „Bio-Batterie", muss immer wieder mit neuer Kraft aufgeladen werden. Entspannung, Körperübungen, Pranayama, positives Denken und Meditation können dabei wertvolle Dienste leisten.

DIE FÜNF UPAPRANAS

Die fünf Upapranas oder untergeordneten Vayus sind in ihrem Wirkungsbereich spezifischer und begrenzter als die fünf großen Pranas. Sie heißen *Naga, Kurma, Krikara, Devadatta* und

Dhananjaya. Zwar sind sie nicht wichtig für die praktische Arbeit mit dem Energiekörper, seien der Vollständigkeit halber aber dennoch kurz erklärt:

Naga-Vayu ist für das Rülpsen und den Schluckauf zuständig. Wenn es angeregt wird, versucht es, überschüssige Luft aus dem Körper zu treiben.

Kurma-Vayu verursacht das Blinzeln der Augen und hält sie feucht und gesund. Es ist wichtig für das Sehen. Kurma ist eine Energie, die unsere Meditation unterstützen kann, indem wir zum Beispiel *Trataka* praktizieren, das meditative Schauen in ein Kerzenlicht, ohne mit den Augen zu blinzeln. Trataka ist zugleich ein *Kriya,* also eine Reinigungstechnik. Es säubert die Tränenkanäle.

Krikara-Vayu löst Gähnen, Hunger und Durst aus, allesamt Reaktionen auf Mangelzustände (Sauerstoff, Nahrung und Flüssigkeit). Es unterstützt auch die Atmung und hilft, die Mangelzustände zu überwinden.

Devadatta-Vayu bewirkt das Niesen und ist ebenfalls ein Hilfs-Vayu für die Atmung. Es tritt in Aktion, wenn wir scharfe oder irritierende Gerüche erfahren. Jeder weiß um die schmerzhafte Schärfe, die wir in der Nase erleben können, wenn wir beispielsweise sehr scharfen Senf oder Wasabi essen.

Dhananjaya-Vayu schließlich wirkt, wie das große Energiefeld von Vyana, im gesamten Körper und steht in Verbindung mit unserem Berührungssinn. Es beeinflusst Muskeln, Gefäße und die Haut. Wenn bei entzündlichen Prozessen das Gewebe anschwillt, so geht das auf Dhananjaya zurück. Es ist auch das letzte Vayu, das den Körper nach seinem physischen Tod verlässt. Es löst den Verwesungprozess aus.[50]

DIE ZUSAMMENARBEIT DER VAYUS

Zwar wurden die Vayus hier getrennt behandelt, denn jedes hat seine spezifischen Aufgaben; dennoch ist es wichtig, im Hinterkopf zu behalten, dass alle Energiefelder im Grunde ein gemeinsames, wenngleich differenziertes, Feld darstellen. Alle Kräfte arbeiten miteinander und synchron. Wäre das anders, so könnten wir als Lebewesen gar nicht „funktionieren“. Das lässt sich am Beispiel der Nahrungsaufnahme und beim Stoffwechsel leicht sehen.

Prana-Vayu nimmt die Energie auf, indem es die feste Nahrung durch die Speiseröhre in den Körper bringt. Samana verdaut diese Nahrung. Die herausgelösten Nährstoffe zirkulieren dann mit Hilfe von Vyana im gesamten Organismus. Die nicht verwendbaren Abfallprodukte werden von Apana ausgeschieden. Udana nutzt die bereitgestellte Energie, um physische Aktivitäten auszuführen.

Die größten Energieverbraucher sind übrigens nicht die körperlichen Aktivitäten, sondern die mentalen. Das zeigt sich auch auf der physiologischen Ebene. Das Gehirn benötigt, obwohl es nur etwa 1,3 Kilogramm wiegt (also etwa ein Fünfzigstel einer achtzig Kilogramm schweren Person), zwanzig Prozent der Energie. Besonders schlimm wird es, wenn die mentalen Vorgänge negativer Natur sind, wie Ärger, Sorgen, Stress und so weiter. Sie verbrauchen ein Maximum an Lebensenergie, laugen uns aus, lassen uns ganz buchstäblich ausbrennen. Sie machen uns müde, beeinträchtigen die Verdauung und die Durchblutung, im Grunde alle physiologischen, mentalen und psychologischen Prozesse. Negative mentale Muster können uns sogar umbringen. Herz-Kreislauf-Erkrankungen, Depressionen, Krebs, Diabetes und viele andere lebensbedrohliche Erkrankungen sind mental-energetischer Natur.

Energiearbeit kann uns hier helfen, unsere Batterien wieder aufzuladen, die Vayus auszubalancieren, ihren freien Fluss zu ermöglichen und in ihrer Wirkungskraft zu optimieren. Pranayama, die yogische Atempraxis, und Prana-Vidya, die meditative Arbeit mit Energie, sind wichtige Werkzeuge hierzu.

DIE AUFNAHME VON PRANA

So wie negatives Denken, Stress und eine ungesunde Lebensweise uns energetisch ausbluten lassen, verbessern positive Gedanken, erhebende Gefühle und Übungen wie Pranayama, Tiefenentspannung und Meditation unsere Vitalität. Sie laden uns mit Prana auf und machen uns leistungsfähiger und gesünder – sie erhöhen also unser Prana-Level. Unser Prana-Status wird zudem auch ganz entscheidend davon bestimmt, welchen Elementen wir ausgesetzt sind und was wir aufnehmen. Unsere Umgebung, Nahrung, Wasser, Licht, Luft – alles das besteht aus Prana und beeinflusst unseren Lebensenergie-Haushalt.

Prana in der Nahrung

Es gibt eine einfache Faustregel, was den Prana-Gehalt in der Nahrung angeht: Je natürlicher und frischer die Nahrungsmittel sind, desto mehr Lebensenergie enthalten sie. Sehr viel Prana steckt in Obst und Gemüse, in Vollkornprodukten, in hochwertigen Pflanzenölen und Seefisch. Mittlere Mengen finden sich in Eiern, Nüssen, Öl, Wein, in gekochtem Gemüse und naturbelassenem Zucker. Sehr wenig Lebensenergie dagegen ist enthalten in Fleisch und Wurst, in Kaffee, Tee, Süßigkeiten, Käse oder Weißmehlprodukten.

Wir dürfen hier Prana natürlich nicht mit dem physiologischen Brennwert – ausgedrückt in Kilojoule (kJ) oder Kilokalorien (kcal) – verwechseln. Zwar enthält fettes Fleisch einen hohen Brennwert, doch es ist unserer Gesundheit nur wenig zuträglich, es enthält kaum Lebensenergie. Ein Mehr an Körpergewicht bedeutet nicht gleichzeitig ein Mehr an Gesundheit, Vitalität, Leistungsfähigkeit und Lebensfreude, sondern oft das Gegenteil.

Die meiste Energie benötigt das Gehirn. Prana-Mangel äußert sich hier in Form von innerer Unruhe, Gereiztheit, Kopfschmerzen oder Schwächegefühl. Das sind jene Phänomene, die häufig bei Hunger und Krankheit anzutreffen sind, also bei Energie-Mangelzuständen.

Prana in der Luft

Besonders wichtig ist die Luft, die wir atmen. Auch hier gilt eine einfache Grundregel, im Kern die gleiche wie bei der Nahrung: Je natürlicher die Umgebung, desto mehr Lebensenergie gibt es dort, die wir aufnehmen können. Gefilterte, gereinigte, aufbereitete und klimatisierte Luft ist denaturiert und enthält nur noch sehr wenig Prana. In der freien Natur dagegen, an Seen und Flüssen, in Wäldern oder Bergen, finden sich große Mengen an Prana.

Es gibt einen Zusammenhang zwischen Prana und den Ionen, den elektrisch geladenen Molekülen in der Atemluft. Man weiß heute, dass negativ geladene Ionen unseren Organismus positiv beeinflussen und ihm Lebensenergie zuführen. Hohe positive Ladungen dagegen beeinträchtigen unsere Gesundheit. Sie erzeugen Müdigkeit, Lethargie, Schlafstörungen, Konzentrationsschwäche, Kopfschmerzen und reduzieren unsere Widerstandskraft. Positive Ladungen entstehen vor allem in künstlichen Umgebungen, im Umfeld elektrischer Felder, zum Beispiel durch Computermonitore, durch Umweltverschmutzung, Zigarettenrauch, Küchendünste, Staub und Ruß. Hohe Anteile negativer Ionen finden sich dagegen in Gebirgsregionen, an Gewässern oder in Wäldern. Besonders in der Nähe von Wasserfällen kann die Zahl negativer Ionen extrem hoch sein. Die heilsamen negativen Ladungen in freier Natur übersteigen die schädlichen Mengen in manchen Büros, wo gefilterte Luft, elektrische Felder und künstliches Licht – also unnatürliche Bedingungen – an der Tagesordnung sind, oft um ein Mehrtausendfaches.

Übung: Eine Minute Achtsamkeit

Um uns mit Lebensenergie aufzutanken, müssen wir nicht unbedingt intensive oder fordernde Praktiken durchführen. Eine energetische Regeneration lässt sich auch mit ganz einfachen Mitteln erreichen. Hier eine heilsame Übung, die nicht mehr als ein oder zwei Minuten Zeit erfordert:

Setzen sie sich bequem hin, und schließen Sie Ihre Augen. Richten Sie Ihre Aufmerksamkeit auf den Atem. Nach drei oder vier Atemzügen sprechen Sie innerlich folgende vier Sätze. Das Wichtigste dabei ist: Gehen Sie in die Wahrnehmung dessen, was Sie sagen:

1. Ich fühle den Luftstrom in meinen Nasenöffnungen.
2. Ich nehme die Bewegung von Brust und Bauch wahr, während ich atme.
3. Ich bin mir in diesem Moment meines ganzen Körpers bewusst – von der Krone des Kopfes bis zu den Zehen und von den Zehen bis zur Krone des Kopfes.
   Schließen Sie diese wertvolle Minute energetischer Selbstwahrnehmung ab, indem Sie eine positive Affirmation sprechen:
4. Ich lasse Vergangenheit und Zukunft los und trete ein in den gegenwärtigen Augenblick.

Machen Sie noch ein paar Atemzüge, und öffnen Sie dann achtsam die Augen. Blicken Sie um sich. Spüren Sie kurz nach. Was hat sich verändert?

Die Affirmation am Schluss können Sie natürlich durch einen beliebigen anderen positiven Gedanken ersetzen, durch alles, was Sie aufbaut, erhebt, durch etwas, das Sie in genau diesem Moment benötigen. So wird diese Kurzmeditation zu einem wunderbaren und vielfältig einsetzbaren „Energie-Tool", das Atmung, Körperwahrnehmung und positives Denken miteinander verbindet.

Die Kultivierung positiver Gedanken empfiehlt uns übrigens Patanjali als Mittel, um negatives Denken und die ihm folgenden schmerzhaften Emotionen zu überwinden. Im *Yogasutra* heißt es wörtlich:

> „Wenn uns negative Gedanken oder Gefühle umtreiben, sollten wir gegenteilige Gedanken kultivieren."[51]

Hinter diesem Satz steckt viel mehr Weisheit, als man auf den ersten Blick meint. Wir können die Negativität in unserem Geist nicht bekämpfen – so wenig wie man die Dunkelheit überwindet, indem man sie anbrüllt. Gedanken können nicht gegen Gedanken kämpfen. Doch positive Gedanken können negative ersetzen, wie das Licht, das die Dunkelheit vertreibt.

PRANAYAMA

Wir nehmen die Lebensenergie nicht nur aus der Umwelt, über Licht, Luft und Nahrung, zu uns. Wir können Prana auch selbst erzeugen, es fühlen, kontrollieren und lenken. Pranayama, die Arbeit mit dem Atem, spielt hierbei eine wichtige Rolle. Im Wort *Pranayama* steckt *Yama,* die Kontrolle. Der Begriff kann aber auch gebildet werden, indem man Prana und *Ayama* zusammensetzt, dann meint er das Ausweiten oder Ausdehnen, auch das Zurückhalten. Es sei in diesem Zusammenhang nochmals an die *Hatha Yoga Pradipika* erinnert, die sagt, dass der Körper am Leben bleibt, solange Vayu

(Luft, Prana) darin weilt. Der Tod tritt dann ein, „wenn Vayu den Körper verlässt. Deshalb halte Vayu zurück.“[52]

Kontrolle, Ausweitung, Zurückhaltung: Alle diese Aspekte haben eine Bedeutung im Pranayama und haben zu tun mit unserer Lebendigkeit. Darin verborgen ist übrigens nicht zuletzt die Idee, dass uns eine gewisse Anzahl an Atemzügen „mitgegeben“ wird, wenn wir auf die Welt kommen. Wir haben eine Art „Atemkonto“, das wir im Laufe unseres Leben aufbrauchen. Mit einer ersten Einatmung beginnen wir unser Leben, mit einer letzten Ausatmung beenden wir es. Wer schon einmal jemanden hat sterben sehen, der weiß um die tiefe Wahrheit, die in dieser Beobachtung liegt. Es ist dieses letzte Ausatmen, oft nach langem Kampf und Agonie, das in den Tod führt, in jenes unbekannte Land, das wir alle bald betreten werden. Die Atemzüge zwischen der ersten Einatmung und der letzten Ausatmung sind unsere Lebenszeit in Annamaya-Kosha, dem physischen Körper. Bewusster zu atmen, den Atem zu verlängern und zu verfeinern – also seine *Qualität* zu erhöhen – das muss sich ebenso auf die Länge und Qualität unseres Lebens auswirken. Patanjali beschreibt die Praxis und das Ziel von Pranayama wie folgt:

> „Die drei Vorgänge Ausatmung, Einatmung und das Anhalten des Atems werden hinsichtlich der Dimensionen Ort, Zeit und Zahl reguliert mit dem Ziel, sie zu verlängern und zu verfeinern.“[53]

Einatmung *(Puraka)*, Ausatmung *(Rechaka)* und die Zeit zwischen beiden *(Kumbhaka)* sind die drei Phasen, die einen Atemzyklus bilden. Fortgeschrittene Pranayama-Techniken widmen Kumbhaka besondere Aufmerksamkeit. In dieser Phase, wo Prana- und Apana-Vayu sich in Samana begegnen, wird der Assimilation von Lebensenergie zusätzliche Zeit ermöglicht. Zugleich intensiviert sich auf der grobstofflichen Ebene der Gasaustausch.

Der Atemprozess korreliert mit einer Vielzahl physiologischer

Prozesse. Es ist jedoch wichtig, sich darüber im Klaren zu sein, dass Yama und Ayama, die Kontrolle und die Ausweitung, sich nicht auf die grobstofflichen Aspekte der Atmung beziehen, wie zum Beispiel die Atemkapazität, das Luftvolumen, den Sauerstoff und so weiter; denn um den grobstofflichen Atem geht es der Pranayama-Praxis nicht eigentlich, sondern eben um Prana, die feinstoffliche Lebensenergie, wie das Wort bereits aussagt. Der Atem ist nur ein Mittel, das verbindende Element zwischen grobem Stoff und Energiekörper. Die „wichtigsten Wirkungen des Pranayama äußern sich im Nervensystem und im feinstofflichen Körper. Die Kontrolle des Atmes ist nur ein Mittel, um diese feineren Prozesse zu manipulieren."[54]

Die Atemtechniken im Pranayama bringen uns in direkte Verbindung mit unserer Lebensenergie. Sie sind zugleich eine Vorbereitung auf die Meditation. Die berühmten acht Glieder *(Ashtanga)* im *Yogasutra* verstehen die Pranayama-Praxis als unmittelbare Vorbereitung auf die Ausrichtung nach innen, wo wir unser Bewusstsein von den äußeren Eindrücken abziehen *(Pratyahara)*, um uns dann der Konzentration *(Dharana)* und Meditation *(Dhyana)* widmen zu können, um also Erfahrungen im feinstofflichen, inneren Raum zu machen und schließlich den Schleier von Maya zu zerreißen. Tirumular, ein Yogi aus dem 12. Jahrhundert, dichtet voller Begeisterung über die Praxis des Pranayama:

> „Schneller als ein Vogel fliegt das Pferd, wenn man es kontrolliert, viel berauschender als Wein sind die Freuden, die es schenkt. Es bringt Vitalität und vertreibt die Trägheit."[55]

Übung: Nadi Shodana

Nadi heißt Strom. Und *Shodana* bedeutet Reinigung. Aus der traditionellen chinesischen Medizin sind den meisten Menschen die Nadis als Meridiane bekannt, die bei der Akupunktur eine wichtige Rolle spielen. *Nadi-Shodana-Pranayama* will zwei Dinge: Erstens, die Energiebahnen unseres Körpers reinigen, damit die Lebensenergie besser darin fließen kann, und zweitens, den Energiefluss balancieren. Das wird erreicht, indem man abwechselnd durch die rechte und die linke Nasenöffnung atmet. Wie das bei den Ohren auch der Fall ist, sind unsere Nasenöffnungen „über kreuz" mit den beiden Gehirnhälften „verdrahtet". Das linke Nasenloch korrespondiert mit der rechten Gehirn- und der linken Körperseite, das rechte Nasenloch mit der linken Gehirn- und rechten Körperseite. Nadi-Shodana regt die zentralen Energieströme direkt an.

Nadi-Shodana gibt es in vielen Varianten, mit und ohne Atemanhalt, auch in Verbindung mit Mantras und Visualisierungen. Hier ist eine einfache, kurze und rein wahrnehmungsorientierte Form aus der Himalaya-Tradition des Yoga:

Setzen Sie sich in Ihre Meditationshaltung. Achten Sie darauf, dass Rücken, Nacken und Kopf gerade ausgerichtet sind. Machen Sie ein paar normale, ganz natürliche Atemzüge, bis Sie etwas zur Ruhe gekommen sind. Dann beginnen Sie mit der Übung:

Atmen Sie 1 x durch beide Nasenöffnungen ein. Vor der Ausatmung verschließen Sie das linke Nasenloch mit den Fingern der rechten Hand (sehr gut geht das mit den Mittel- und Ringfingern). Atmen Sie nun durch das rechte Nasenloch aus. Jetzt wiederholen Sie 3 x folgende Sequenz:

Sie verschließen das rechte Nasenloch mit dem Daumen und atmen links ein, dann verschließen Sie das linke Nasenloch

mit Mittel- und Ringfinger, öffnen das rechte Nasenloch und atmen wieder aus. Dann verschließen Sie wieder das rechte Nasenloch, öffnen das linke und atmen links ein: 3 x links einatmen, 3 x rechts ausatmen.
Nach drei Atemzügen kehren Sie die Sequenz um: Sie atmen 3x rechts ein und 3 x links aus.
Die Übung schließt mit drei achtsamen Atemzügen durch beide Nasenöffnungen. Spüren Sie nach: Wie fühlen Sie sich?
Nadi-Shodana ist eine hervorragende prä-meditative Übung, die nicht viel Zeit in Anspruch nehmen muss. Man kann sie auch ohne Zuhilfenahme der Hände praktizieren, also rein mental, was die meditative Qualität noch erhöht. Sie heißt dann *Prana-Shuddhi* und wird weiter unten in diesem Buch vorgestellt.

VOM RECHTEN MASS

Pranayama ist der Gesundheit sehr zuträglich, vorausgesetzt man geht nicht in die Übertreibung – auch das ist ein Zug, der im Yoga immer wieder anzutreffen ist. Wie bei allem im Leben, kommt es auf das richtige Maß und die Balance an. Gesundheit und Wohlbefinden sind dann die Früchte, die man auf dem Weg ernten kann. Doch dem Weg selber geht es um so viel mehr, letztlich um die größte Frage des Lebens: Wer (oder was) bin ich? Einer Antwort kommen wir näher, wenn wir aktiv und bewusst mit der Lebensenergie in Kontakt treten. Pranayama ist ein gutes Instrument dafür.

Ich möchte im Verlauf dieses Buches noch ein paar weitere, einfache Pranayama-Übungen vorstellen, die wohltuend, entspannend und hilfreich sind. Es sind ausschließlich sanfte Praktiken, die keine längeren Atempausen beinhalten. Für eine in dieser Beziehung fordernde Praxis, die auch das Setzen der schon erwähnten Bandhas oder Verschlüsse einschließt, sollte man die direkte Anleitung eines erfahrenen Pranayama-Lehrers suchen. Natürlich gibt es auch eine Vielzahl von Büchern zum Thema.

Ein Wort an dieser Stelle noch zu Kumbhaka, dem Anhalten des Atems im Pranayama. Viele klassische Schriften betrachten es als den eigentlichen Kern und das Ziel der Pranayama-Praxis: „Kumbhaka ist Pranayama und Pranayama ist Kumbhaka“, sagt zum Beispiel Niranjanananda Saraswati, der Leiter der bekannten *Bihar School of Yoga* in Indien. Ein- und Ausatmung dagegen werden in dieser Betrachtung lediglich als die natürlichen Phasen der Atmung betrachtet.[56] Die *Shiva Samhita* sagt, dass Pratyahara, das Zurückziehen der Sinne, dann erreicht sei, wenn man den Atem für drei Stunden anhalten könne.[57] Wenn man bedenkt, dass wir normalerweise sterben, wenn wir nur ein paar Minuten ohne Atem sind, dann ist das – zurückhaltend ausgedrückt – ein ambitioniertes Unterfangen. Der Mystiker Kabir hielt, ganz anders als der Autor der *Shiva Samhita*, von schwierigen Praktiken nicht sonderlich viel – sei es nun Pranayama oder andere übertriebene Praktiken:

> „Manche bleiben nackt sogar bei Regen und Sturm.
> Manche laufen herum und alles ist ihnen egal.
> Manche sind schwach und ausgehungert
> durch umständliche yogische Übungen.
> Doch sie werden niemals eingehen in den Namen Gottes.
> Manche geben alles auf und werden Bettler.
> Manche verteilen Almosen, um Verdienste zu erwerben.
> Manche werden Kalapis und nehmen Drogen.
> Manche nutzen Mantras, manche Medizin.
> Manche kontrollieren den Atem
> und erlangen wundersame Kräfte.
> Doch sie werden niemals eingehen in den Namen Gottes.“[58]

Mit *Kalapis* meint Kabir Asketen, die in Gemeinschaften leben und durch die Einnahme von Drogen nach ihrer inneren Wahrheit suchen. Übrigens sagt ja auch *Patanjali,* dass die Einnahme bestimmter Kräuter zu *Siddhis,* also außergewöhnlichen Fähigkeiten des Bewusstseins, führen können.[59] Swami Satyananda Saraswati (1923–2009) hält die Einnahme von Kräutern sogar für die mächtigste und schnellste – gleichwohl auch gefährlichste – Methode, das spirituelle Erwachen auszulösen.[60] Auch der Psychiater und Bewusstseinsforscher Stanislav Grof berichtet von intensiven Erfahrungen durch die Einnahme von Drogen, vor allem von LSD. Als Grof nicht mehr mit Drogen experimentieren durfte, erkannte er, dass Zustände erweiterten Gewahrseins sich auch ohne Drogen herstellen lassen, zum Beispiel durch intensive Atemtechniken.[61]

Ich fühle mich bei alledem Kabir sehr nah: Extreme Praktiken, welcher Art auch immer sie sein mögen, sind sicher nicht notwendig, um in die tieferen Schichten unseres Seins vorzudringen. Pranayama ist eine hochpotente Praxis zur Meditationsvorbereitung oder auch ein Teil der Meditation selbst, nicht aber ein auf Hochleistung angelegter Lungensport, der zum Selbstzweck wird. Das Atmen dient *letztlich* dem Ziel, das Körpergewahrsein loslassen zu können (Pratyahara), um so in die innere, feinstoffliche Wahrnehmung zu kommen. Es gibt natürlich noch viele andere Methoden, die ins Innere führen. Dass aber der Atem dabei eine große Hilfe sein kann, haben so gut wie alle meditativen Traditionen der Menschheit entdeckt. Extreme in irgendeiner Form sind aber nicht nötig.

DEN KÖRPER LOSLASSEN

Pratyahara, das schon angesprochene Zurückziehen der Sinne nach der Atemarbeit, kann mit etwas Übung zu einem Gefühl totaler Körperlosigkeit führen, ein Vorgang, den auch andere Techniken des Yoga gezielt anstreben, zum Beispiel *Yoga-Nidra,* eine wirksame Tiefenentspannungsmethode, oder *Surat-Shabd-Yoga,* die Meditation auf die Klänge im eigenen Inneren, die Kabir und viele andere Mystiker praktiziert haben. Es ist dies ein Weg, der direkt in die astralen, mentalen und kausalen Ebenen führen will. Auch *Pranavidya,* eine Praxis, die sich den Zugang zur Lebensenergie rein meditativ erschließt, sowie viele andere Übungen verlangen das Loslassen des Körpers. Das ist nicht im Sinne einer weltfremden Lebensverneinung gemeint, welche den Körper und seine Bedürfnisse unterdrücken will; auch nicht in einem nur metaphorischen Sinne, um symbolisch auszudrücken, dass wir mehr sind als der physische Körper.

Das Loslassen des Körpers meint, ihn ganz *konkret* und praktisch zur Induktion erweiterter Bewusstseinszustände loszulassen, weil wir anders nicht in die Feinstofflichkeit vordringen können. Sri Ramakrishna (1836–1886), ein Yogi, der in Indien als Heiliger verehrt wird wie Jesus im Abendland, ist da ganz unmissverständlich, wenn er sagt: „Die Erkenntnis des Höchsten ist unmöglich, ohne zuvor das Körperbewusstsein auszuschalten."[62] Er meint nicht den physischen Tod und ein vermeintliches Paradies mit Gottesbegegnung danach, sondern echtes Pratyahara, das manche auch als „dying while living" bezeichnen[63], also ein Sterben, während man noch am Leben ist, wenn man so will – eine bewusst induzierte Nahtoderfahrung, die eine besonders intensive Form der außerkörperlichen Erfahrung darstellt. Kabir sagt:

> „Stirbt einer, während er noch am Leben ist, dann ist der Tod für ihn süß. Süß ist der Tod für den, der dies erfahren hat."[64]

Wenn Ramakrishna in den Zustand von Turiya fiel, dann war er vollkommen der Welt entrückt, nicht ansprechbar, nicht bei Wachbewusstsein, wie wir es verstehen. Doch er war lebendiger, als er es je in seinem begrenzten Körpergefäß hätte sein können. Er war *jenseits* seines Körpers, jenseits seines persönlichen Geistes sogar, um mit dem Höchsten zu verschmelzen. Shakti, die Braut, vereinigt sich mit Shiva, dem Bräutigam. Diese Vereinigung heißt Yoga.

Alles das liegt ganz in der Logik der Sankhya-Philosophie, welche die Grundlage der Yoga-Praxis ist. Um Atman oder Purusha, die spirituelle Essenz reinen Bewusstseins, zu erfahren, müssen wir die äußeren Koshas oder Hüllen, beginnend mit dem Körper, nach und nach „abstreifen". In diesem Licht werden auch die sonst ganz unverständlich bleibenden Siddhis oder paranormalen Zustände, die Patanjali im dritten Kapitel des *Yogasutra* erwähnt, verständlich. Im inneren Raum unterliegen wir nicht den Begrenzungen des physischen Körpers. Wenn wir uns aber frei *mit* dem Geist und *im* Geist bewegen, dann können wir ihn erforschen, um zur Quelle zu finden, aus der er ausfließt.

Es gibt eine uralte Meditationsform, bei welcher man seine Aufmerksamkeit in einfacher und systematischer Weise durch einundsechzig Punkte seines Körpers lenkt. Sie heißt *Shavayatra,* die Reise durch den Körper, und wird in der himalayischen Tradition des Yoga geübt. Dazu passt auch die Körperhaltung *Shavasana,* die Totenhaltung. Swami Rama sagt darüber:

> „Das Wort Shava heißt Leichnam. Was will dies Wort sagen? Warum nennt man es Leichnam? Etwas fehlt, Shakti fehlt. Shiva ohne Shakti, das ist Shava. Wenn du keine Energie hast, dann bist du regungslos, ein bloßer Leichnam ... Dann entspannst du."[65]

Swami Rama widmete sich intensiv der Praxis des „dying while living" oder *Para-Kaya-Pravesha*, das bewusste Ablegen des Körpers:

> „In unserer Tradition bringt man uns bei, bewusst den Körper zu verlassen. ... Du kannst über den Tod philosophieren, du kannst ihn analysieren und du kannst es üben. Durch Übung kannst du lernen, den Körper bewusst abzulegen."[66]

Swami Rama war ein großer Freund der Yoga-Nidra-Praxis. Er hielt sie nicht nur für die sicherste, sondern auch für die mächtigste Praxis des Yoga überhaupt.[67] Yoga-Nidra kann uns weit führen: Bis hin zum bewussten Verlassen des Körpers, eine Erfahrung, die vieles im Leben verändert, weil sie uns beweist, dass wir ohne einen Körper immer noch vollständig sind, immer noch leben, doch vollkommen frei von der irdenen Schwere, *laghutula,* wie Patanjali sagt – leicht wie eine Baumwollfaser.[68] Und er ergänzt:

> „Bei diesem Großen Sein ohne Körper *(Maha-Videha)* tritt das Bewusstsein nicht nur als Vorstellung aus dem Körper (sondern wirklich). Dies bewirkt, dass der Schleier verschwindet, der das Licht (der Erkenntnis) verhüllt."[69]

Den Körper bewusst zu verlassen, ist eine Erfahrung aus erster Hand. Danach besteht nicht mehr der geringste Zweifel, dass der Tod eine Illusion ist. Shavayatra ist ein zentraler Bestandteil von Yoga-Nidra und eine vollständige Praxis in sich.

Übung: Shavayatra, die Reise durch den Körper

Shavayatra erlaubt es uns, in nur wenigen Minuten eine körperliche Tiefenentspannung einzuleiten. Wenn sie einmal in Fleisch und Blut übergegangen ist, kann man damit in nur wenigen Minuten das Gefühl der Körperlosigkeit erreichen und beginnen, die feinen inneren Bewegungen und Sensationen wahrzunehmen.

Körperhaltung: Legen Sie sich bequem auf den Rücken. Ihr Körper sollte gut ausgestreckt vom Kopf bis zu den Füßen in einer geraden Linie liegen. Achten Sie vor allem darauf, dass Kopf und Nacken bequem liegen und gerade ausgerichtet

sind. Ein flaches Kissen unter dem Kopf kann helfen, Nacken und Schultern zu entspannen.
Die Beine liegen in einem bequemen Abstand auseinander, und die Füße fallen locker nach außen. Die Arme liegen etwas abseits vom Körper. Die Handflächen können nach unten oder oben zeigen.

Das Wichtigste am Liegen ist: Sie sollten sich wohlfühlen, so dass Sie fünfzehn Minuten oder länger bewegungslos liegen bleiben können. Erst diese Bewegungslosigkeit macht es Ihnen möglich, die inneren Bewegungen zu fühlen, wenn Sie mit Ihrer Aufmerksamkeit systematisch durch die folgenden einundsechzig Punkte gehen, die Sie sich im Stillen als Anweisung selber vorsagen können. Das erhöht die Konzentration und damit die Wirkung von Shavayatra. Sie können die Reihenfolge auch langsam auf Band sprechen und sich dann von Ihrer Stimme durch den Körper führen lassen.

Zur-Ruhe-Kommen: Kommen Sie nun zur Ruhe, indem Sie zwei, drei Minuten Ihren Atem beobachten. Lassen Sie ihn fließen. Nehmen Sie jede Ein- und Ausatmung bewusst wahr. Wenn Ihre Gedanken abschweifen, bringen Sie sie wieder sanft zurück zum Atem. Beeinflussen Sie die Atmung nicht. Die Beobachtung allein wird dafür sorgen, dass er ruhiger, gleichmäßiger und tiefer wird.

61-Punkte-Entspannung: Dann gehen Sie mit Ihrer Aufmerksamkeit auf die Reise durch einundsechzig Punkte Ihres Körpers:

1. Der Punkt zwischen den Augenbrauen, 2. Der Kehlkopf, 3. Die rechte Schulter, 4. Der rechte Ellenbogen, 5. Das rechte

Handgelenk, 6. Die Spitze des rechten Daumens, 7. Die Spitze des rechten Zeigefingers, 8. Die Spitze des Mittelfingers, 9. Die Spitze des Ringfingers, 10. Die Spitze des kleinen Fingers, 11. Das rechte Handgelenk, 12. Der rechte Ellenbogen, 13. Die rechte Schulter, 14. Der Kehlkopf, 15. Die linke Schulter, 16. Der linke Ellenbogen, 17. Das linke Handgelenk, 18. Die Spitze des linken Daumens, 19. Die Spitze des linken Zeigefingers, 20. Die Spitze des Mittelfingers, 21. Die Spitze des Ringfingers, 22. Die Spitze des kleinen Fingers, 23. Das linke Handgelenk, 24. Der linke Ellenbogen, 25. Die linke Schulter, 26. Der Kehlkopf, 27. Die Mitte der Brust, 28. Die rechte Seite der Brust, 29. Die Mitte der Brust, 30. Die linke Seite der Brust, 31. Die Mitte der Brust, 32. Der Bauchnabel, 33. Der Unterleib, 34. Die rechte Hüfte, 35. Das rechte Knie, 36. Das rechte Fußgelenk, 37. Die Spitze des rechten großen Zehs, 38. Die Spitze des zweiten Zehs, 39. Die Spitze des dritten Zehs, 40. Die Spitze des vierten Zehs, 41. Die Spitze des kleinen Zehs, 42. Das rechte Fußgelenk, 43. Das rechte Knie, 44. Die rechte Hüfte, 45. Der Unterleib, 46. Die linke Hüfte, 47. Das linke Knie, 48. Das linke Fußgelenk, 49. Die Spitze des linken großen Zehs, 50. Die Spitze des zweiten Zehs, 51. Die Spitze des dritten Zehs, 52. Die Spitze des vierten Zehs, 53. Die Spitze des kleinen Zehs, 54. Das linke Fußgelenk, 55. Das linke Knie, 56. Die linke Hüfte, 57. Der Unterleib 58. Der Bauchnabel, 59. Die Mitte der Brust, 60. Der Kehlkopf, 61. Der Punkt zwischen den Augenbrauen.

Sie können das Tempo, mit welchem Sie durch den Körper gehen, natürlich frei gestalten. Sie werden feststellen, dass es mit der Zeit immer schneller geht, und Sie werden beginnen, die Körperregionen wirklich zu fühlen, sobald Sie Ihr Bewusstheit dahin lenken. Es kann sich bald anfühlen, als würden Sie schweben … Meditation darf ein Genuss sein.

Shavayatra ist eine einfache und hochwirksame Form der Tiefenentspannung. Je regelmäßiger man sie praktiziert, desto mehr erfährt man die innere Bewegung der Lebensenergie.

DER MOMENT DER WAHRHEIT

Pranayama, Yoga-Nidra, Pranavidya und die vielen anderen Techniken, welche direkt mit Prana arbeiten, können inaktive Areale unseres Gehirns „aufwecken". Die Grundidee der Energiearbeit ist es also, die schlummernden energetischen Potenziale in uns zu aktivieren. Wenn wir energetisch gereinigt und ausbalanciert sind, kann *Ajna-Chakra,* das „Dritte Auge", das Wurzel-Chakra aktivieren und damit Kundalini, die „schlafende Schlange", anregen, den Zentralkanal in der Wirbelsäule hinaufzusteigen. Shakti und Shiva begegnen sich schließlich in Sahasrara, der Wohnstatt reinen Bewusstseins. Es ist dies der energetische Prozess, der mit dem spirituellen Erwachen korrespondiert. Energie und Bewusstsein erkennen ihre ursprüngliche Einheit. Die vollkommene Balance wird zum Moment der Wahrheit, in dem alle Getrenntheit als Illusion erkannt wird. Alles ist lichthaft. Es ist der Zustand, der jenseits von Worten liegt. SAT-CHIT-ANANDA: Sein, Bewusstsein, Glückseligkeit – Kabirs „seltener Rubin".[70] Der Aufstieg, der uns zu diesem inneren Juwel führt, ist zugleich ein psychologischer Wachstums- und menschlicher Reifungsprozess.

Übung: Prana-Shuddhi

Nadi-Shodana, die Wechselatmung, bei welcher man mit den Fingern jeweils ein Nasenloch verschließt und durch das andere atmet, wurde schon vorgestellt. In *Prana-Shuddhi* tut man im Prinzip das Gleiche, man atmet also abwechselnd durch beide Nasenöffnungen, doch man benutzt die Hände nicht dazu. Es ist sozusagen ein mentales Nadi-Shodana.

Diese Praxis verbindet auf sehr sanfte Weise Pranayama und Meditation, reinigt die Nadis und stellt ein energetisches Gleichgewicht her. Prana-Shuddhi heißt übersetzt: Energetische Reinigung.
Setzen Sie sich in Meditationshaltung und beobachten Sie ein oder zwei Minuten Ihren Atem, bis er zur Ruhe kommt und gleichmäßig fließt.

Nun *stellen Sie sich vor*, abwechselnd durch beide Nasenöffnungen zu atmen: Durch die linke Seite atmen Sie ein ... durch die rechte atmen Sie aus ... durch die rechte Seite atmen Sie ein ... durch die linke atmen Sie aus.

Der Atem bewegt sich in zwei Strömen durch die Nasenöffnungen und fließt an der Nasenwurzel zusammen – wie bei einem Dreieck ... Nehmen Sie den Fluss des Atems in den Nasenöffnungen wahr ... Konzentrieren Sie sich auf jeden einzelnen Atemzug.
Fühlen Sie auch die Temperatur des Atems in den Nasenöffnungen ... Bei der Einatmung ist der Atem kühl ... bei der Ausamtung ist er warm ... Sie atmen abwechselnd durch beide Nasenöffnungen.

Zu Beginn der Praxis mag die Wechselatmung nur eine Vorstellung sein. Doch nach einiger Übung wird aus der Vorstellung Realität, und Sie werden fühlen, wie der Luftstrom tatsächlich abwechselnd fließt. Das ist ein wohliges und zentrierendes Gefühl, eine sehr feine Sinneswahrnehmung. Diese Art der Wechselatmung ist reine Meditation.

Variation

Um eine stärkere Fokussierung zu erreichen, können Sie die Atemzüge auch zählen:

Sie fangen bei der ersten Einatmung mit 54 an und zählen dann abwärts bis 0. Wenn Sie abschweifen und sich verzählen, fangen Sie wieder bei 54 an. Es kommt nicht darauf an, dass Sie die Übung so lange praktizieren, bis Sie fehlerfrei bei 0 angelangt sind, sondern allein darauf, dass das Zählen den Fokus erhöht. Üben Sie 10, 15 oder 20 Minuten – solange Sie sich dabei wohlfühlen.

Tirumular, der im 12. Jahrhundert das *Tirumantiram* schrieb, ein umfassendes Werk über den inneren Weg des Yoga, das hierzulande jedoch nahezu unbekannt geblieben ist, lehrte über das im Yoga so bedeutende Prinzip der Wechselatmung:

„Lasse Prana mit deinem Geist verschmelzen und beide zusammen still sein, dann wird es Geburt und Tod nicht mehr geben. Deshalb lerne, den Atem zu lenken in alternierenden Strömen rechts und links. Dann wirst du den Nektar des Lebens kosten.“[71]

Warum Rechts und Links so wichtig sind im Yoga – ja im Leben überhaupt – das wird klarer werden, wenn wir uns im Folgenden mit dem inneren Kosmos des Menschen beschäftigen.

3.

Der innere Kosmos

Da hatte er einen Traum: Sieh, da stand eine Leiter auf der
Erde, und ihre Spitze reichte bis an den Himmel.
Und Sieh, Boten Gottes stiegen auf ihr hinan und herab.

Jakobs Traum, Genesis 28,12

Der Weg des Mystikers

Das Wort *Mystik* ist nun schon ein einige Male gefallen. Es kommt von *myein* aus dem Altgriechischen und bedeutet schlicht: „Die Augen schließen." Es meint die Introspektion, das Nach-Innen-Schauen oder die Meditation. Natürlich ist da mitgesagt, dass es dort im Inneren etwas zu finden gibt: „Du wirst sehen", sagt der Mystiker, „dass in dir ein eigenes Universum liegt, ein kleines Weltall, das die Prinzipien des großen spiegelt!" *Yatha pinde thata brahmande* heißt das in den Veden – wie das Kleinste, so das Größte. Oder: Das Äußere ist ein Spiegel des Inneren. In der *Tabula Smaragdina,* einer berühmten hermetischen Schrift, steht geschrieben:

> „Was unten ist, ist wie das, was oben ist,
> und was oben ist, ist wie das, was unten ist,
> um das Wunder der Einheit zu vollbringen."[72]

Wie oben, so unten. Wie das Höchste (Brahman, Shiva, Gott, Tao, reines Bewusstsein, unbegrenzte Energie) das Ganze durchflutet, so wohnt es auch in uns. Das kann schon rein logisch nicht anders sein. Es muss und kann uns auch nicht vermittelt oder gegeben werden durch äußere Instanzen wie Gurus, Priester oder die institutionalisierte Religion, denn, so muss man sich fragen: Wer sollte mir je geben oder nehmen können, was immer schon in mir war? Was sogar schon war, *bevor* ich war, und natürlich noch sein wird, wenn ich bereits gegangen sein werde. Im *Thomas-Evangelium* ist Jesus ganz Mystiker im Sinne von *myein,* wenn er seinen Schülern diesen Rat mit auf den Weg gibt:

> „Wenn eure Führer zu euch sagen: ‚Seht, das Königreich ist im Himmel', dann werden die Vögel vor euch dort sein. Wenn sie zu euch sagen: ‚Es ist im Meer', dann werden die Fische vor euch dort sein.
>
> Vielmehr ist das Königreich in euch, und es ist außerhalb von euch. Wenn ihr euch selbst erkennt, werdet ihr erkannt, und ihr werdet verstehen, dass ihr die Kinder des lebendigen Vaters seid. Aber wenn ihr euch nicht selbst erkennt, dann lebt ihr in Armut, und ihr seid die Armut."[73]

Dass das Höchste, das Jesus „Vater" nennt, in uns wohnt, davon waren die *Gnostiker*, wie man die mystischen Strömungen des Christentums auch nennt, immer schon überzeugt. Ihren Namen haben die Gnostiker vom griechischen Wort *Gnosis,* das Erkenntnis bedeutet. Der Begriff ist dem alten Sanskritwort *Jnana* entlehnt, ebenso übrigens wie das englische *to know* oder das deutsche Wort *kognitiv.* Jnana bedeutet, was auch Gnosis bedeutet, nämlich Erkenntnis. Es meint kein intellektuelles Wissen, nicht das Verstehen irgendwelcher Sachverhalte, sondern Erkenntnis im höchsten Sinne, die immer zugleich *Selbst-Erkenntnis* ist. Jnana oder Gnosis ist das ausgegebene Ziel des Sankyha, der philosophischen Grundlage des Yoga. In der *Sankhya-Karika,* der einzigen Schrift, welche dieses älteste philosophische System Indiens vollständig darlegt, lesen wir:

> „Durch Erkenntnis (Jnana) geschieht endgültige Befreiung, während das Gegenteil davon (also das Nichtwisssen oder die spirituelle Blindheit) Bindung bewirkt."[74]

Selbsterkenntnis braucht niemanden außer uns selbst, unser Sehnen nach dem Höchsten, unsere Hingabe und Zeit, unseren Entschluss und unsere Energie. Dann können wir Weisheit oder *Sophia* erlangen, wie die Gnostiker sagen würden: Den „Funken Gottes" *in uns* – wirkliches Wissen, das unser Leben transformiert.

Weil Gnostiker die Wirklichkeit im eigenen Inneren suchten, und weil sie das unter Zuhilfenahme aller verfügbarer Quellen und Hinweise taten – seien es nun verbotene Evangelien, wie das eben zitierte, auf dessen Lektüre früher die Todesstrafe stand, seien es islamische Texte oder die Weisheit des fernen Ostens – weil die Gnostiker also die unerhörte Chuzpe besaßen, sich nicht den offiziellen Dogmen zu unterwerfen, wurden sie verdammt, verteufelt und verfolgt. Ihre innere Suche bedeutete ihnen so viel, dass sie bereit waren, dafür ihr Leben zu riskieren. Valentinus, wohl der bekannteste unter den Gnostikern der Antike – er starb etwa um 160 n. Chr. – sagt über den Erkenntnisweg der Gnosis:

> „Gnosis ist Erlösung des innerlichen Menschen; nicht von seinem Körper, denn sein Körper ist vergänglich, auch nicht psychisch, denn selbst die Seele ist aus der Vergänglichkeit. Darum ist Erlösung pneumatisch, d.h. spirituell. Durch Gnosis wird also der innerliche spirituelle Mensch geboren, so dass für uns die Gnosis des universellen Seins ausreichend ist. Und das ist wahre Erlösung.“[75]

Das griechische Wort *Pneuma*, das Valentinus hier verwendet, heißt übrigens wörtlich „Luft“. Es meint natürlich den Atem oder (Lebens-)Hauch, weiter den Geist oder Lebensgeist, so wie auch das aramäische *Rukha* oder das lateinische *Spiritus*. Wie sehr sich die Bilder doch gleichen: Pneuma, Rukha, Spiritus, Vayu oder Prana.

DREI MÖGLICHKEITEN, DIE WELT ZU ERFAHREN

Wir müssen, bevor wir uns den Chakras näher zuwenden können, noch ein zentrales Konzept der spirituellen Philosophie Indiens einführen: Die drei *Gunas*. Wir brauchen sie in den nachfolgenden Kapiteln immer wieder, vor allem, um die Chakras psychologisch zu deuten. Die drei Gunas gehören zur gerade erwähnten Sankhya-

Philosophie, die auf Kapila zurückgeht, einen Rishi oder „Seher", der um 600 vor Christus gelebt hat. Kapila entwickelte ein umfassendes, auf Beobachtung und Logik basierendes Denksystem, das Schöpfungslehre, Evolutionstheorie und psychologisches Modell des Menschen in einem ist. Ohne Sankhya hätten Schriften wie das *Mahabharata*, die *Bhagavad Gita,* das *Yogasutra* und viele andere Texte nie das Licht der Welt erblickt. [76]

Die Existenz der Gunas, die wir auch „Grundbausteine" oder „Grundqualitäten" des Seins nennen können, leitet Sankhya aus der einfachen Alltagserfahrung her. Alle Dinge im Leben können wir auf eine von drei Arten erfahren: Wir empfinden sie als angenehm, unangenehm oder neutral. Aus diesen drei Erfahrungsqualitäten resultieren drei Möglichkeiten, wie wir uns ihnen gegenüber normalerweise verhalten. Das Angenehme zieht uns an, das Unangenehme wollen wir vermeiden und bezüglich der neutralen Erfahrungen ist unser Verhalten indifferent. Weder suchen wir sie noch gehen wir ihnen aus dem Weg. Dieses Grundprinzip gilt für alles Leben auf der Welt. Vom Einzeller zum Delphin und vom Regenwurm bis zum Menschen – alle Wesen bevorzugen bestimmte Zustände, während sie anderen aus dem Wege gehen und wieder andere ihnen schlicht egal sind. Kapila erkannte darin ein *kosmisches Lebens- oder Wirkprinzip*, das ebenso fundamental ist wie Raum und Zeit oder das Prinzip von Ursache und Wirkung.

Wenn es nun so ist, dass alle Lebewesen sich grundsätzlich auf dreierlei Weise zu den Dingen in Beziehung setzen können, dann, so schließt Kapila, müssen allen Dingen drei entsprechende Grundqualitäten innewohnen. Sankhya nennt sie die *Gunas*. Das Wort bedeutet „Strang" und transportiert diese Idee: So wie ein Seil aus mehreren Strängen besteht, besteht die Welt aus Gunas – Qualitäten, Modalitäten oder Seinsweisen. Wir könnten sie auch als *energetische Zustände* verstehen. Die Gunas tragen die Namen *Tamas, Rajas* und *Sattva*.

In *materieller* Hinsicht steht das Tamas-Prinzip für das Feste, Träge und Erdhafte. Alles, was schwer, dicht und unbeweglich ist, wird von Tamas dominiert. Im Aktiven, Beweglichen und Veränderlichen dagegen wirkt Rajas; und im Leichten, Lichthaften, Klaren und Ätherischen drückt sich Sattva aus. Im Stein dominiert Tamas, im Feuer Rajas und in der Blume Sattva. Dennoch sind alle Gunas in allen Dingen enthalten. Die energetischen Qualitäten von Sattva und Rajas existieren also auch im Stein, ebenso wie Tamas und Rajas auch in der Blume wirken. Allein die Mischungsverhältnisse sind verschieden. Es ist im Grunde wie bei den Farben des Lichtes: Schier unendlich ist ihre Zahl, doch aus nur drei Grundfarben werden alle gemischt. Das zeigt auch, dass die Gunas keine absoluten, sondern nur *relative* Qualitäten sind. Die Feder hat *mehr* Sattva als Erde, aber eben nicht *nur* Sattva. Der Wind hat mehr Rajas als Wasser, und ein Holzklotz ist tamasischer als ein Maikäfer. Dennoch hat auch Wasser einen Rajas-Anteil und der Holzklotz etwas Sattva.

Die Gunas lassen sich aber nicht nur als materielle, sondern vor allem auch als *psychologische* Kategorien verstehen. Krishna beschäftigt sich in der *Bhagavad Gita* ausführlich mit ihnen und beschreibt ihre Wirkungen auf den Charakter und das Verhalten der Menschen. Dabei steht Tamas in seiner Reinform ausschließlich für negative Qualitäten: Für Dumpfheit und Trägheit, für Dummheit und Faulheit, für eine Haltung, der die Welt und ihre Mitgeschöpfe egal sind. Der radikale Tamas-Typ ist einer, der sprichwörtlich „über Leichen geht“, ohne auch nur den geringsten Funken von Mitgefühl zu verspüren. Tamas wird in der Sankhya-Philosophie deshalb auch als Synonym für *Avidya* gebraucht, für die spirituelle Blindheit, das totale Nicht-Wissen um die wahre Natur unseres Seins. Würde man Tamas in der christlichen Bildsprache ausdrücken wollen, so wären das die diabolischen Qualitäten in uns. Die *Gita* spricht im 16. Kapitel ganz in diesem Sinne über Tamas als „das Dämonische“. Die symbolische Farbe von Tamas ist passenderweise das Schwarz, die totale Abwesenheit von Licht.

Rajas steht für das aktive Prinzip im Menschen, für sein Wollen und Nichtwollen, für das Gestalten und Machen, für Qualitäten, die vom Ego motiviert sind. Das mag, je nach Fall und Situation, besser ausgehen oder schlechter. Der Mensch ist oft ein Getriebener seiner eigenen Ambitionen: Immer höher, schneller, weiter will er, vor allem will er immer mehr haben von dem, was er meint, es könne ihn glücklicher machen, meist, um dann irgendwann zu erkennen, dass immer mehr äußere Dinge ihm kein zusätzliches Glück verschaffen. Wenn Rajas uns beherrscht, sind wir gewissermaßen auf Droge. Die rajasische Natur, die nicht weiß, was sie tut, der blinde Aktionismus, richtet viel Schaden an – im Leben Einzelner wie auch in unserem Zusammenleben. Rajas geht deshalb Hand in Hand mit dem Schmerz. Es trägt Rot, die Farbe des Blutes.

Sattva schließlich ist die Qualität, deren Entwicklung man im Yoga – im Grunde müssen wir sagen in der Spiritualität überhaupt – anstrebt: Leicht sein, licht sein, frei sein. Es ist eine Geistesqualität, die unendlich viel offener ist als der tamasische Kerker oder das rajasische Hamsterrad. Yoga, so heißt es, ruht im sattvischen Herzen. Güte, Liebe und Altruismus, jede positive Geisteshaltung, schreibt die Yoga-Philosophie dem Sattva-Guna zu. Was Sattva im Blick auf die Lebensthemen bedeutet, denen wir alle uns stellen müssen, wird sich in der Diskussion der einzelnen Chakras noch herausschälen. Ganz allgemein lässt sich aber hier schon so viel festhalten: Es hat zu tun mit mentalen Qualitäten wie Öffnung, Erweiterung, Verfeinerung, Annehmen, Loslassen, Güte und Liebe.

In psychologischer Hinsicht gilt, was im Blick auf die materielle Ebene schon gesagt wurde: Alles ist eine Mischung aus allen drei Qualitäten. Wir alle tragen also Tamas, Rajas und Sattva in individuell unterschiedlicher Mischung in uns; und wir verändern und entwickeln uns. Unser „Guna-Mix", wenn man so sagen will, verändert sich über die Zeit. Aus spiritueller Sicht darf man hoffen – in Richtung Sattva.

So sehr Yoga auch dahin strebt, ist Sattva noch immer nicht das *ultimative* Ziel der Selbst-Entwicklung, denn das ist Atman oder Purusha, unser inneres Licht. Es liegt *jenseits* der Gunas, auch jenseits von Sattva, jenseits dieser Welt, die Sankhya *Vyakta-Prakriti* nennt, eine Welt, die aus *Avyakta-Prakriti,* der Formlosigkeit des „Urozeans", geboren ist. Tamas, Rajas und Sattva werden uns immer wieder begegnen: Jedes Chakra wollen wir nachfolgend nicht nur im Hinblick auf seine Lage, Symbolik und sonstigen Besonderheiten anschauen, sondern auch im Hinblick auf die möglichen Guna-Qualitäten. So wird das Chakra-System zu einer *psychologischen Typologie* des Menschen und ein hilfreiches Werkzeug der inneren Selbstanalyse und -entwicklung.

Das Chakra-System

Prana fließt in einem komplexen Netzwerk aus abertausenden von Nadis – Strömen – durch unseren Körper. Dabei kommt es zu einer Vielzahl von Begegnungs- und Kreuzungspunkten. Wo nur wenige Nadis sich treffen, nennt man sie *Marmapunkte.* Wo aber eine Vielzahl von Strömen sich zu energetischen „Verkehrsknotenpunkten" verbinden, zu Kraftfeldern kreisender und wirbelnder Energie, da heißen sie Chakras oder „Räder". Es gibt eine große Anzahl von Chakras, doch nur sieben von ihnen sind für die Yoga-Praxis von Bedeutung, eigentlich sogar nur sechs, weil Sahasrara, das Kronen-Chakra, schon für das Ziel steht – das spirituelle Heimkommen.

Die Chakras repräsentieren das gesamte psycho-spirituelle Spektrum des Menschen und wurden von vielen Kulturen entdeckt und beschrieben, so auch bei uns: Der deutsche Mystiker Jakob Böhme, der 1575 in Görlitz zur Welt kam, schreibt über sie im 13. Kapitel seiner bekannten Schrift *Aurora oder Morgenröte im Aufgang:* „Die sieben Räder sind die sieben Geister Gottes."[77] Den biblischen Traum von Jakobs Leiter erwähnt er ganz im Sinne eines spirituellen Aufstiegs: „Mir aber ist die Leiter Jakobs gezeiget, darauf bin ich gestiegen bis in den Himmel."[78] Sein Regensburger Schüler Johann Georg Gichtel (1638–1710) fertigte sogar umfassende Illustrationen des Energiekörpers an. Er spricht in diesem Zusammenhang vom *inneren Menschen* und zeigt ihn als ein Wesen mit sieben Chakras.[79] Das so essenzielle Prinzip der Mystik, dass sich im Menschen die kosmischen Prinzipien widerspiegeln, wie auch die Idee der Selbstentwicklung oder spirituellen Transformation deutet Gichtel schon im Untertitel seiner Schrift *Theosophica Practica* an, wenn er von der „Verwandlung des mikrokosmischen Menschen" spricht.[80]

Zwar unsichtbar, weil feinstofflich, können die Chakras als energetische Realität von jedem Menschen erfahren werden. Sie speichern kosmisches Prana, um es, Transformatoren gleich, auf eine Form herunterzubrechen, die von uns als Lebensenergie genutzt werden kann. Ihre kreisende Bewegung bringt die Energie dann durch das Nadi-System in den ganzen Körper. Wie Motoren treiben sie den Pranakörper an. Wegen der Einheit von Energie und Bewusstsein sind die Chakras nicht nur Energiezentren, sondern sie repräsentieren auch die unterschiedlichen Ebenen des individuellen Geistes, von der grundlegenden, erdgebunden-instinktiven Ebene bis hinauf zu den Ebenen von Intelligenz, Weisheit und spiritueller Erkenntnis. Jedes Chakra auf dieser „Leiter" kann damit als eine Art Schalter zur Aktivierung der entsprechenden Entwicklungsebenen oder Bewusstseinszustände begriffen werden.

Wir können uns einem grundlegenden Verständnis der Chakras als *Gesamtsystem* im Prinzip auf zwei Wegen nähern, indem wir es entweder als ein System des Aufstiegs begreifen oder als eines der Balance.

DIE AUFSTIEGSIDEE

Begreifen wir die Chakras im Sinne der *Aufstiegsidee*, dann bilden sie die Stufen einer Leiter und vermitteln uns das Bild eines psycho-spirituellen Wachstumsprozesses. Der Mensch entwickelt sich „von unten nach oben", Sprosse für Sprosse. Die unteren Chakras stellen unter diesem Blickwinkel die Tamas-Seite des Menschen dar, das Instinkthafte und Ergebundene. Die mittleren stehen für das aktivierende und emotionale Prinzip von Rajas, und die höheren Zentren bilden die mentale, lichthafte sattvische Ebene. Das Kronen-Chakra schließlich repräsentiert in diesem System das Prinzip der Transzendenz, das Hinausgehen des Menschen über die engen Begrenzungen der Welt (Prakriti), mithin die Überwindung des „naturhaften" Seins, um Purusha, das innere Licht reinen

Gewahrseins, zu erkennen. In der tantrischen Bildsprache ist dies die Begegnung von Shakti und Shiva. Mensch (Energie) und Gott (reines Bewusstsein) erfahren sich als eins. Die Vermählung von Braut und Bräutigam ist ein anderes Bild dafür, dem wir auch in der christlichen Mystik immer wieder begegnen. Im 16. Jahrhundert schrieb der Spanier Johannes vom Kreuz in seinen dunkelsten Stunden, im Folterkeller der kirchlichen Inquisition, diese bewegenden Worte über seine eigene Aufstiegserfahrung:

> „Auf den höchsten Stufen der Liebe ist die geheime Leiter nicht mehr so geheim. (...) Alles wird der Seele offenbar! Bei diesem letzten Schritt klaren Sehens, wo die Seele Gott auf der letzten Stufe der Leiter sitzend findet, verschmilzt sie vollständig mit ihm, und nichts bleibt ihr verborgen."[81]

Aus der Guna-Perspektive liegt das Selbstentwicklungsziel des Menschen darin, immer sattvischer zu werden, denn Yoga ruht im sattvischen Herzen. Das bedeutet im Kontext der Aufstiegsidee: Der Mensch verlässt die niederen, tamasischen und selbst begrenzenden Ebenen, um in die höheren, sattvischen Regionen aufzusteigen. Er strebt ein höheres Niveau von Erkenntnis, Verständnis, Harmonie und Glück an, und der Begriff, den er sich von sich selber macht, wird dabei immer weiter – Ausdehnung und Wachstum. Das Streben nach oben ist die Rückkehr zur Einheit.

Ein recht bekanntes Bild für die Aufstiegsidee ist der *Lotos:* Seine Wurzel hält sich fest im Schlamm. Das ist die niedere Region, der Ort der Dunkelheit und des Schmutzes, der Ort von Tamas oder *Avidya,* dem tristen Dasein in spiritueller Blindheit. Der Stängel des Lotos aber erhebt sich und wächst durch das Wasser nach oben. Das steht für die Idee von Wachstum, Streben, Bewegung und Veränderung, oder für *Sadhana,* die spirituelle Übungspraxis, welche die Veränderung bewirken soll, und natürlich für Rajas, das Prinzip der Aktivität. Die Blüte des Lotos schließlich öffnet sich über dem Wasser und zeigt ihre ganze Pracht, befreit von den Begrenzungen des Schlammes und des Wassers. Das bezeichnet den Zustand von *Kaivalya,* das Losgelöstsein, oder *Moksha,* die Befreiung.

Die Aufstiegsidee ist der traditionelle Weg, um die Energiezentren in ihrer Gesamtheit zu deuten. Er hat so manches für sich, er birgt aber auch seine Probleme. So kann das Bild vom Aufstieg den Eindruck vermitteln, dass die unteren Ebenen unseres Seins negativ, also „niedrig“ in einem moralischen Sinne, wären. Wenn man hier nicht aufpasst, läuft man Gefahr, das eigene Sein psychologisch zu spalten und nicht alle Ebenen zu integrieren. Zur Selbstentwicklung gehört, sich als *ganzes Wesen* anzuschauen und anzunehmen. Wo ich vermeintlich niedere Aspekte meiner selbst, zum Beispiel meine Sexualität, aus spirituellen Gründen unterdrücken oder verleugnen will, da zersplittere ich mich selbst.

Das zweite Problem, das der Aufstiegsidee innewohnen kann, ist noch gravierender, denn es reicht weit über die Frage der Selbst-Integration hinaus in die Welt, in der wir handeln. Die Deutung, der Mensch allein sei ein Wesen, das einen Weg des spirituellen Aufstiegs gehen könne, der sich auch darin ausdrücke, dass sein Energiesystem viel höher entwickelt sei als das aller anderen Wesen, zudem nur er allein Intelligenz und Fühlvermögen besitze, kann einer herzlosen Psychologie und Ethik den Weg bereiten. Wenn wir in der Betrachtung von Bewusstsein und Ernergie zu stark auf die Unterscheidung von Mensch und Nicht-Mensch abheben, landen wir schnell in einem anthropozentrischen Weltbild oder gar im spirituellen Hochmut – die schlimmste Art von Hochmut, die überhaupt existiert.

DIE IDEE DER BALANCE

Ein anderer Zugang zum Chakra-System besteht in dem, was ich hier die *Idee der Balance* nennen will. Diese Betrachtungsweise ist nicht ganz so tückisch wie die Aufstiegsidee. Sie ist schon a priori integral, weil sie jedem Energiezentrum seinen „rechtmäßigen“ Platz einräumt. Jedes Chakra steht dabei für psychische Dispositionen, die in hilfreicher (oder in weniger hilfreicher) Weise entwickelt werden können. Und „hilfreich“ meint hier: Im Sinne psychologischen und spirituellen Wachstums, im Sinne von menschlicher Reifung also.

Wir können die drei Gunas dabei als Werkzeuge zur psychologischen Analyse nutzen, um jedes Chakra und das *Lebensthema,* für das es steht, darauf hin zu überprüfen, wie es um uns bestellt ist: Welche Guna-Dimension dominiert in welchem Chakra? Welches Lebensthema ist schmerzhaft und ungelöst? Wo stecke ich fest? In welche Richtung könnte ich weitergehen? Die Verbindung von Chakras und Gunas führt zu einer modernen und differenzierten psychologischen Sicht auf den Menschen.

Natürlich gilt auch hier die zentrale Idee, dass eine Entwicklung in Richtung Sattva angestrebt wird, und zwar sehr konkret bezogen auf die jeweiligen Energiezentren. „Sattvisch werden“, das bedeutet im Modell der Balance dann nicht so sehr, die unteren, tamasischen oder „negativen“ Ebenen zu verlassen, sondern vielmehr, jede einzelne Ebene, auch die „niedrigen“, sattvisch zu entwickeln.

Die Idee des Aufstiegs ist, etwas subtiler, natürlich auch in der Idee der Balance versteckt. Es ist jedoch mehr ein Aufstieg *innerhalb* der einzelnen Chakras und Lebensthemen, die balanciert und integriert werden wollen. Erst dann ist ein Aufstieg im Gesamtsystem möglich. Aufstiegsidee und Balance-Modell verbindend, könnte man es auch so sagen: *Erst eine Balance in jedem Einzelbereich macht den Aufstieg im Gesamtsystem möglich.* Will ich die große Leiter nach oben klettern, dann muss ich mich um jede einzelne Stufe kümmern.

In den folgenden Kapiteln werden wir beiden Ansätzen, der Aufstiegsidee sowie der Idee der Balance, immer wieder begegnen. Wichtig ist, sich beider bewusst zu sein und sensibel zu bleiben für mögliche ethische und spirituelle Verzerrungen, die ein zu naives Verständnis des Aufstiegsmodelles mit sich bringen kann.

ZUR SYMBOLISCHEN BEDEUTUNG DER CHAKRAS IN VERSCHIEDENEN TRADITIONEN

Die Idee des Energiekörpers und der feinstofflichen Kraftfelder kann man in der Symbolsprache der bekannten Traditionen finden. Es sind Spuren, deren mystischer Kern in den institutionalisierten Religionen meist in Vergessenheit geraten ist. Der Regensburger Gichtel würde sagen: Im Yoga und den anderen mystischen Traditionen der Welt geht es um das Esoterische, um den *inneren* Menschen. Die *äußeren* Symbole, Riten und Geschichten, das Exoterische also, sind nur Bilder für den inneren Weg.

Die Symbole der verschiedenen Traditionen sind so unterschiedlich wie es die Darstellung des Energiekörpers im Detail ist, jeweils eingebettet in den Kontext von Zeit, Ort, Kultur und Verständnis. Die Unterschiede im Detail sollten uns aber nicht irritieren, vielmehr sollten wir das Gemeinsame im Ganzen sehen. Das gilt umso mehr, wenn man bedenkt, dass auch die detailreichste Beschreibung des Energiekörpers bestenfalls eine grobe Annäherung an seine Wirklichkeit sein kann. Die Chakras können nicht vermessen, abgezirkelt oder fotografiert werden. Wir können sie nur persönlich erfahren; und unsere Erfahrung ist natürlich auch von uns persönlich eingefärbt. Von unserem Wissen, unseren Vorstellungen, unserer Konditionierung und Sozialisierung, mithin von der individuellen „Geist-Brille“, die wir tragen. Jeder wird seinen Energiekörper deshalb auf seine eigene Weise fühlen, so wie auch nur *ich* fühlen kann, wie sich *meine* Haut anfühlt. Ich kann keinem anderen meine Erfahrung wirklich vermitteln. Tatsächlich können ja nicht einmal einfachste Erfahrungen auf sprachlichem Wege vermittelt werden. Wie würden wir zum Beispiel einem Wesen ohne Zunge erklären wollen, wie unsere Lieblingsspeise schmeckt? Wie können wir einem Blinden die Erfahrung von Farbe auch nur erklären, geschweige denn so, dass er sie selbst erlebt?

Die kulturell unterschiedlichen Ansätze, den Energiekörper zu beschreiben, sollten wir nicht als Hindernis betrachten, ganz im Gegenteil. Sie sind geradezu eine Einladung, uns auf den Weg zu machen, ihn *selbst zu erfahren,* uns in Verbindung mit dem *inneren Menschen* zu bringen, der wir sind, denn letztlich geht es alleine darum. Die Beschreibungen der Chakras sind nur „Hinweise" oder Zeiger, und die Symbole, mit denen sie dargestellt werden, besitzen keine eigene Realität. Viel wichtiger als alle Beschreibungen und Systeme ist es deshalb, in die eigene Wahrnehmung zu gehen – und ihr zu vertrauen.

BIBEL UND CHRISTENTUM

Im biblischen und christlichen Kontext gibt es mehrere Hinweise, auf den Energiekörper, so zum Beispiel Jakobs Traum. Im 28. Kapitel der *Genesis* lesen wir:

> „Da hatte er einen Traum: Sieh, da stand eine Treppe auf der Erde, und ihre Spitze reichte bis an den Himmel. Und sieh, Boten Gottes stiegen auf ihr hinan und herab."

Jakobs Leiter ist eben jene Leiter, die, wie wir gesehen haben, auch Johannes vom Kreuz als Bild aufgreift, um seine eigene Erfahrung des Aufstiegs auszudrücken. In der Sprache des Yoga stehen die absteigenden Engel für *Pravritti*, den äußeren Weg, das Gefangensein in den Guna-Seilen der Welt, für den Weg, der fort von der Quelle führt. *Nivritti* ist der Weg nach Hause, der innere Weg zurück zur Quelle, es ist der energetisch-spirituelle Aufstieg, den die nach oben strebenden Botschafter, Engel oder Energien symbolisieren.

Auch in der Verbindung mit der Zahl „7" finden wir zahlreiche Bilder, die wir als Verweise auf die sieben großen Kraftfelder des Energiekörpers verstehen können: Die sieben Tage der Schöpfung in der Genesis oder die sieben Sterne, sieben Kirchen und sieben

Gemeinden in der Offenbarung des Johannes. Ebenso soll der Christbaum in seiner ursprünglichen Form einmal sieben Kerzen getragen haben.[82]

Die Idee des Aufstiegs können wir auch in der *Via Dolorosa,* der „Straße des Schmerzes" in der Passionsgeschichte Jesu, versinnbildlicht sehen. Es war der Weg, den er zum Berg Golgatha gehen musste, wo seine Kreuzigung stattfand, der in mystischer Betrachtung für den schmerzhaften Weg des Menschen in der Welt steht, ein Weg, der letztlich aus dem Schmerz hinaus führt, nämlich dann und in dem Augenblick, wo er seinen Geist ganz dem Höchsten überlässt. „Vater", ruft Jesus unmittelbar vor seinem physischen Tod aus, „in deine Hände lege ich meinen Geist." Dann lässt er los.

Natürlich finden wir Hinweise auf die Chakras und die Aufstiegsidee auch bei christlichen Mystikern. Von Jakob Böhme und seinem Schüler Johann Gichtel war schon die Rede. Auch bei der großen französischen Mystikerin Margareta Porete finden wir den Energiekörper beziehungsweise den Aufstieg des Bewusstseins: In ihrer Schrift *Der Spiegel der einfachen Seelen* spricht sie von sieben Bewusstseinszuständen, die sie die *Sieben Gnadenstände* nennt.[83] Porete wurde im Jahre 1310 in Paris lebendig verbrannt, weil sie es wagte, ein Buch über ihren Erkenntnisweg zu schreiben.

GNOSIS

Bei den *Gnostikern* finden sich klare Bezüge zu den Chakras, so zum Beispiel in der Geschichte über Enoch, der durch zehn Himmel zum Thron des Herrn – Sahasrara-Chakra – aufsteigt. Dass es zehn statt sieben Stufen sind, ist ein gutes Beispiel dafür, dass die Sprossen auf der Leiter von unterschiedlichen Kulturen unterschiedlich gesehen und dargestellt wurden. Zentral ist hier allein die Idee des Aufstiegs durch die verschiedenen Zustände des Bewusstseins. Im Übrigen kennt man auch im Yoga noch weitere Chakras entlang der zentralen Achse. So liegen oberhalb von

Ajna-Chakra, dem Augenbrauen-Zentrum, noch das Soma- und das Manas-Chakra.[84] Sie werden jedoch in den Yoga-Techniken normalerweise nicht direkt angesprochen.

Die Rosenkreuzer, eine Bewegung, deren Anfänge in das 17. Jahrhundert zurückreichen, symbolisieren die feinstofflichen Energiezentren als Rosenblüten – und das meint natürlich ein stufenweises Erblühen des Bewusstseins, das am Ende im Höchsten aufgeht. Theodotus von Byzanz, der im 2. Jahrhundert nach Christus lebte, schrieb folgendes über den Menschen, der die Wahrheit sucht:

> „Ein Gnostiker ist jemand, der verstehen gelernt hat, wer wir waren, was aus uns geworden ist, und wo wir gefunden werden; wohin wir so eilig unterwegs sind; wovon wir befreit werden; was Geburt ist, und was Wiedergeburt bedeutet."[85]

Jesus war für die Gnostiker kein Gott, sondern ein voll verwirklichter Mensch, ein Mystiker, der selbst zum Tempel geworden war, indem er die Leiter nahm und das Heiligste in sich selber fand. Jesus freilich kletterte auch wieder herab von der Leiter zu den Menschen, um ihnen zu berichten von dem, was er fand, um sie zu lehren und ihnen beim eigenen Aufstieg zu helfen. Die Inder hätten ihn einen Weisen genannt, einen Rishi oder Muni, oder *Mahatma,* die große Seele, einen, der den Aufstieg geschafft hat. Doch Jesus schlug man ans Kreuz. Auch Platons Höhlengleichnis, ein von den Gnostikern geschätzter Text, berichtet vom Aufstieg und dem Schauen der Sonne als Bild für die Begegnung mit Gott. Wie Jesus, steigt der Protagonist in diesem Gleichnis wieder herab von der Leiter. Er berichtet den Menschen von seinen Erfahrungen. Daraufhin schlägt man ihn tot. Mystiker zu sein, das klang schon an, kann eine gefährliche Sache sein.

Es gab und gibt eine große Zahl von gnostischen Strömungen, denn Gnosis ist keine organisierte Religion mit strukturierten Macht-Hierarchien, sondern ein innerer Weg – wie Yoga. Beiden geht es um Wachstum, Aufstieg und Befreiung (Kaivalya, Moksha oder die Erlösung aus dem Schmerz der Welt) durch Erkenntnis (Jnana oder Gnosis).

JUDENTUM

In der jüdischen Mystik finden sich einige Hinweise auf die Chakras und den Energiekörper, zum Beispiel die *Menorah,* der 7-armige Kerzenhalter, eines der wichtigsten religiösen Symbole des Judentums. Die Menorah symbolisiert den Bewusstseinszustand der Erleuchtung.

In der *Kabbalah* ist der sechszackige Stern ein zentrales Symbol. Auch im Energiekörper des Yoga findet er sich, und zwar an zentraler Stelle – im Herzen. Der sechszackige Stern wird gebildet aus zwei übereinanderliegenden Dreiecken, deren Spitzen nach oben und unten weisen. Sie stehen für die schon thematisierte Idee, dass der Mikrokosmos den Makrokosmos spiegelt. In einer polarisierenden Deutung verweist die nach unten zeigende Spitze auf den „Schwarzen Jehovah", den Herrn der Finsternis oder die Identifikation mit dem Körper, auf die spirituelle Blindheit, Tamas oder Avidya, also. Entsprechend meint die nach oben zeigende Spitze den „Weißen Jehovah", den Herrn des Lichtes, die Selbsterkenntnis des Menschen als spirituelles Wesen. Anstelle der starken Schwarz-Weiß-Logik und in einem modernen, integralen Sinne, können wir die Idee der beiden invertierten Dreiecke auch so verstehen: Der Mensch ist ein Wesen der Erde *und* des Himmels.

ISLAM

Auch im muslimischen Kontext lassen sich Energiekörper, Chakras und die Aufstiegsidee finden, so zum Beispiel in Mohammeds berühmter Nachtreise, die ihn zur Präsenz des Höchsten, vor den Thron Allahs oder Gottes, führt. Er passiert dabei sieben Himmelstore, wo er verwirklichten Weisen begegnet: Adam, Johannes, Joseph, Enoch, Aaron, Moses und Abraham. In manchen Überlieferungen trifft Mohammed am 7. Himmelstor auf Jesus, der häufig im Koran Erwähnung findet.

Mohammeds Nachtreise verstehen manche als die Schilderung einer intensiven außerkörperlichen Erfahrung. Überhaupt lassen sich viele esoterisch anmutende Schilderungen viel besser begreifen, wenn wir sie als Erfahrungen sehen, die jenseits des Körpers gemacht wurden, so auch die *Offenbarung des Johannes.*

Ganz eindeutig sind die Bezüge zum inneren Körper bei den Sufis, den Mystikern des Islam. Sie arbeiten direkt mit den Chakras in ihren spirituellen Praktiken; und manche singen im Ton des Überschwangs von ihren unsagbaren Erfahrungen im feinstofflichen Raum, einer Welt, die den Körper hinter sich gelassen hat. Kabir, dessen Botschaften mit der Symbolik des Hinduismus und des Islam gleichermaßen spielen, spricht vom Energiekörper in vielen Bildern: Von Sonne, Mond, Sternen und Ozeanen, von Juwelen, Lotosblüten, Strömen aus Licht und Nektar, von nichtgespielter Musik und den Rhythmen der Liebe. Und davon, dass diese Erfahrungen *jenseits des Körpers* zu finden sind:

> „Du, der du ohne Körper bist! Bleib nicht sitzen an der Schwelle zur Tür, sondern geh weiter und bade dich in diesem Regen! Immerzu scheint dort das Mondlicht, niemals wird es dunkel. Wer redet da nur von einer Sonne allein? Millionen Sonnen erhellen dies Land mit ihrem Strahlen.“[86]

ÄGYPTEN

Die Mystik Ägyptens ist vor allem mit dem Namen Hermes Trismegistos verbunden, dem „Dreimalgroßen Hermes“, der griechische Name für den ägyptischen Gott Thot. Nach Hermes sind die hermetischen Schriften, das *Corpus Hermeticum,* benannt, deren wichtigstes Prinzip in der schon genannten Kurzformel so lautet: „Wie oben, so unten.“ Mikrokosmos gleich Makrokosmos.

Die bekanntesten Texte des *Corpus Hermeticum* sind die *Tabula Smaragdina* und der *Pymander*, das Gespräch zwischen dem Gott Hermes und seinem Schüler Pymander. Pymander erlebt darin eine Vision oder außerkörperliche Erfahrung, in der es um acht Sphären geht, den Aufstieg des Bewusstseins durch sieben Ringe: Der „weiße Weg". Gott sagt zu Pymander:

> „Ihr Völker der Erde, Menschen sind geboren und gemacht aus Erde, doch die Essenz in euch ist göttlicher Natur. Erwacht aus eurem Schlaf, erhebt euch über eure spirituelle Vergessenheit. Seid achtsam und versteht. Wisset, dass euer Zuhause nicht die Erde ist, sondern das Licht … Bereitet euch vor, durch die sieben Ringe hinaufzusteigen und euch mit dem ewigen Licht zu vereinen."[87]

Es gibt das Bild des Nils, der für die Wirbelsäule des Menschen steht. Das Land westlich und östlich davon repräsentiert die männliche und weibliche Seite des Menschen (*Pingala-* und *Ida-Nadi* im Yoga) – nicht im geschlechtlichen Sinne, sondern im Sinne geistiger Prinzipien oder energetischer Ströme, wie wir sie auch im Yoga finden. Die Städte entlang des Nils stehen in diesem Bild für die feinstofflichen Kraftfelder oder Chakras.

Der berühmte Äskulapstab, das Symbol der Ärzte bis heute, ist ein perfektes Symbol für den Energiekörper in seiner Gesamtheit: Zwei Schlangen (Ida und Pingala) winden sich um ein Zentrum (Sushumna) nach oben und überkreuzen sich dabei an sechs Punkten (den Chakras). Am sechsten Punkt, im Augenbrauen-Zentrum, begegnen sich die beiden Schlangen, und ihre Köpfe bilden die zwei Schwingen, die im Yoga als die beiden Lotosblüten im Ajna-Chakra bekannt sind, wo die zwei polaren Energien sich vereinen und gemeinsam dem höchsten Zentrum zuströmen – Sahasrara, der Kopf des Äskulapstabes, das Kronen-Chakra.

Der Aufstieg des Menschen bedeutet die Aufhebung der Trennung, das Heimkommen der Seele, sein Ganzwerden, Wieder-Eins-Werden, Heilwerden. Das Heilen war einmal ein zutiefst spiritueller Prozess, ein Weg, von dem in unserem modernen Gesundheitswesen nicht viel übrig geblieben ist – nur der Stab des Äskulap.

DIE CHAKRAS IM ÜBERBLICK

Die Darstellung der Energiezentren ist voll von Symbolik und reich an Bildern: Ihnen werden Farben, Klänge, Tiere, Blütenblätter, Gottheiten, Naturelemente und anderes zugeordnet. Wichtig ist, sich dies zu vergegenwärtigten: Alles das sind Hinweise, die uns helfen sollen, unser tieferes Sein besser zu verstehen. Natürlich sind die Chakras auch eine energetische Realität und als solche erfahrbar. Doch ob zum Beispiel die Farben, die wir in der Meditation auf ein Chakra wahrnehmen (oder auch nicht), mit dieser oder jener Tradition oder Lehre übereinstimmen, das ist nicht wichtig. Wichtig ist unsere eigene Erfahrung. Im Yoga sind diese sieben Energiezentren von Bedeutung:

1. *Muladhara,* das Wurzel-Chakra: Dieses Energiefeld hat zu tun mit Fragen unserer Sicherheit, mit dem Bedürfnis nach Nahrung und Obdach, mit dem täglichen „Kampf“ in der äußeren Welt. Alles das können wir zusammenfassen unter dem Lebensthema: *Überleben.*

2. *Svadhishthana,* das Sakral- oder Sexual-Chakra: Im zweiten Chakra drehen sich die Dinge um ganz ähnliche Themen wie

im ersten. Beide liegen auch „räumlich“ sehr nahe beieinander. Im zweiten Chakra geht es, wie im ersten auch, um Essen, Sexualität und Obdach, doch aus einer ganz anderen Perspektive – der Lebensfreude. Das Lebensthema von Svadhishthana ist: *Genießen.*

3. *Manipura,* das Nabel-Chakra, hat zu tun mit Macht und Kraft, mit dem Sich-Durchsetzen, mit Selbstbehauptung und Wertschätzung, auch mit Vitalität und Gesundheit. Sein Thema lässt sich zusammenfassend benennen als: *Gestalten.*

4. *Anhata,* das Herz-Zentrum, das in der Mitte des Chakra-Systems liegt, steht für die emotionalen Themen unseres Lebens, für Liebe und Verständnis in einem viel weiteren Sinne als nur im Blick auf unsere enge, kleine Welt. Es dehnt sich aus zum Nächsten. Das Lebensthema des Herz-Zentrums ist deshalb: *(Mit-)Fühlen.*

5. *Vishuddha,* das Hals- oder Kehlkopf-Chakra, steht für die Idee der Reinheit. Es geht um die Reinheit im *mentalen Raum* und um den äußeren Ausdruck, der hier ausfließt, im Selbstausdruck, in der Beziehung zur Um- und Mitwelt. Im weitesten Sinne geht es um das Lebensthema: *Kommunikation.*

6. *Ajna,* das Zentrum in der Mitte unseres Schädels, das über das Augenbrauen-Zentrum angesprochen werden kann, ist auf höhere Perspektiven gerichtet, auf komplexes Denken, Intuition, auch auf den Eintritt in einen Bewusstseinszustand, den wir „Zeugengewahrsein“ nennen mögen. Man beginnt, *Lila,* das Schauspiel der Welt, als solches zu erkennen. Ajna steht daher für: *Erkenntnis* oder *Wissen.*

7. *Sahasrara,* das Kronen-Chakra, ist kein Chakra im eigentlichen Sinne mehr. Es ist der „Ort“ der Ankunft, an den man gelangt,

wenn man durch die anderen Chakras und ihre Lebensthemen hindurchgegangen ist, sie sozusagen „gelöst“ hat. Wenn der Energiekörper in seiner Gesamtheit sattvisch geworden ist und vollkommen in Balance, dann kann der Eintritt ins Kronen-Chakra, die „Kammer des Königs“ oder die „Wohnstatt des Bräutigams“, erfolgen. Sahasrara steht für das: *Heimkommen.*

Aus der nicht ganz unproblematischen Perspektive der Aufstiegsidee steht das Chakra-System in folgender Verbindung zu den Gunas:

1. Muladhara und Svadhishthana stehen für *Tamas*, das Dunkle und Negative, oder *Adharma,* die Ausrichtung auf den aus einer spirituellen Perspektive falschen Weg.

2. Manipura und Anahata vereinen Positiv und Negativ in sich, sie gehören ins Reich von *Rajas* und pendeln zwischen richtiger und falscher Ausrichtung, zwischen *Dharma* und *Adharma.*

3. Vishuddha und Ajna sind hier positiv verknüpft und werden assoziiert mit *Sattva* und der Ausrichtung auf *Dharma.*

4. Sahasrara schließlich transzendiert alle Chakras, es liegt jenseits der Gunas, jenseits der Welt von Körper, Geist und Gefühlen: Es ist eine rein spirituelle Region.

Dieser Überblick soll einer ersten Orientierung dienen, auf die man immer wieder zurückschauen kann, wenn man sich im Gestrüpp der Chakra-Symbole, -Begriffe und -Ideen zu verlaufen droht. Auch wenn wir die Lebensthemen primär der Domäne des einen oder anderen Chakras zuordnen, spielen alle Lebensthemen letztlich in allen Chakras ihre Rolle. Ein *Beispiel* zur Illustration:

Wenn wir mit den starken Gefühlen von Ärger und Zorn zu tun haben, können wir diese Lebenserfahrung auf verschiedenen Bewusstseinsebenen machen. Erleben und reagieren wir primär aus der Basis, aus Muladhara, dem relativ dunklen und unbewussten Teil in uns, wo es um auf das nackte Überleben gerichtete Energien geht, um das Bedrohtsein und die Angst, dann leben wir in einer anderen Welt, als wenn wir die gleiche Situation von einer höheren Warte aus betrachten, vom Ajna-Chakra zum Beispiel, einer Perspektive, die vernünftiger, analytischer, achtsamer – also „höher“ – ist.

4. Die Chakras im Einzelnen

Der Yoga, um den es hier geht, kann nicht erlangt werden, ohne Kenntnis der sechs Chakras und der Ströme von Energie.[88]

Swami Purnananda (16. Jh.)

Muladhara – Überleben

Sei nicht verwundert wegen der Drehungen und Wendungen des Schicksals. Dieses Rad hat zuvor schon tausend Geschichten erzählt.[89]

Hafiz, persischer Mystiker, 14. Jahrhundert

BEGRIFF UND ALLGEMEINES

Mula heißt Wurzel oder Basis, und *Adhara* bedeutet Substrat oder Abstützung. Das Muladhara-Chakra ist das Energiezentrum, welches uns mit der Erde verbindet, uns stützt, trägt und verwurzelt, also Halt und Stabilität gibt. Das Wurzel-Chakra ist die Plattform, von der aus der Mensch sich entwickelt, sein Sprungbrett in die Bewusstseinszustände erweiterten Gewahrseins. Das ist ganz logisch; denn nur von der Wurzel aus kann man wachsen, so wie der Lotos aus dem Schlamm. Es ist die Ebene der größten Dichte, das Materielle, von wo aus der Weg in die Transzendenz geschieht. Dies bedeutet: *Das Höchste ruht auch im Niedrigsten.* Auch Erde ist ein Ausdruck von Bewusstsein. Das wusste man noch im frühen Christentum. Im 1. Brief an die Korinther fragt der Apostel Paulus: „Wisst Ihr nicht, dass Ihr Gottes Tempel seid, und dass Gottes Geist in euch wohnt?“[90]

Muladhara ist Sitz von *Kundalini-Shakti,* der „Schlangenkraft“, wie manche sie auch nennen[91], jenem unerschöpflichen Energiereservoir, das nur darauf wartet, erschlossen zu werden. Dieser Gedanke impliziert, dass wir Menschen unser tatsächliches Potenzial nicht ausschöpfen: Kundalini schläft. Das Symbol für das schlafende Energiepotenzial ist eine dreieinhalbfach eingerollte Schlange. Die dreieinhalb Windungen stehen für die Bewusstseinszustände des Menschen: *Vaishvanara,* der Wachzustand, *Taijasa,* der Traumzustand, und *Prajna,* der Zustand des traumlosen Schlafes. Die halbe vierte Windung steht für *Turiya,* den Zustand der Transzendenz oder Erleuchtung, das Ziel des spirituellen Weges – Kundalini hat nach Hause gefunden. Die Energie des Bewusstseins erkennt die Quelle, aus der sie kommt, die Quelle, mit der sie eins ist.

Die dreieinhalb Windungen der Schlange – die Triade also und das, was jenseits von ihr liegt: Das finden wir auch noch in anderen Bildern, so in Brahma, Vishnu und Shiva, den drei Aspekten Brahmans, oder in Schöpfung, Entfaltung und Wiederauflösung in den Zustand vor der Schöpfung, in die Stille vor der Existenz aller Dinge.

Alles das findet sich auch wieder im Klang der Klänge – in AUM, von dem schon die Rede war. A ist der Wachzustand, U der Traum und M der Tiefschlaf. Das, was jenseits von AUM liegt, die Stille danach, ist Turiya. Die Schlange, die in uns schläft, ist also auch der Klang oder das Wort, das in uns klingt, meist ungehört freilich im lauten Getriebe der Welt – jene Klang-Energie, der man im *Nada-Yoga* direkt auf der Spur ist. Es ist ein inneres Hören und Erleben des „Wortes", von Klang und Licht, ein inneres Reisen auf dem Strahl der Primärenergie zurück zum Höchsten.

Der Umstand, dass Kundalini über den Klang aufgeweckt werden kann, ist eine unendlich oft wiederholte Botschaft in allen mystischen Traditionen, auch in den alten Schriften des Christentums. Das *Johannes-Evangelium* sagt: „Die Toten werden die Stimme des Sohnes Gottes hören, und die hören, werden leben."[92] Die Toten, von denen Johannes hier spricht, das sind wir, die wir das volle Potenzial des Lebens nicht ausschöpfen und den Schlaf der Schlange schlafen, ihren Traum träumen und im Kampf mit der Welt stehen, statt uns im Fluss mit ihr zu befinden.

SYMBOLIK UND ZUSCHREIBUNGEN

Die Grundnatur von Muladhara hat zu tun mit unserem physischen Überleben. Es geht um Sicherheit, um einen festen Stand im Leben, um Erdung. Muladhara ist die Basis unseres körperlichen Seins. Ist nicht ein Mindestmaß an physischer Sicherheit und Integrität gewährleistet, dann sind wir nicht in der Lage oder auch nur interessiert daran, uns persönlich und spirituell zu entwickeln. Ist das Leben ein täglicher Überlebenskampf, kann man sich den feinstofflichen Dimensionen des Seins nur schwer nähern.

Das Symbol für Muladhara ist ein Lotos mit vier Blütenblättern, der den Namen *Kama* trägt, wie die *Yoga Chudamani Upanishad* sagt.[93] Kama heißt Begehren, vor allem das Sexuelle, all das Wünschen und Habenwollen des Menschen. Die Blütenblätter werden meist dunkelrot dargestellt. Manche gehen im Blick auf die Farben des Lotossymbols sehr ins Detail – vielleicht *zu sehr.* Harish Johari, ein bekannter indischer Autor und Philosoph, beschreibt die Farbe der Blütenblätter so:

> „Die Farbe der Blüten ist Zinnober, ein Rot mit einem gelben Stich. Das ist vermischt mit einem kleinen Hauch von Karminrot, was den Blütenblättern die Farbe des Blutes verleiht."[94]

Ich will Johari in keiner Weise absprechen, dass er, wenn er sich in Meditation auf sein Wurzel-Chakra ausrichtet, genau diese Wahrnehmung hat, doch ich bezweifle, dass es bei allen Menschen so ist – falls sie *überhaupt* Farben wahrnehmen. Wäre dem so, wären die Darstellungen der Farben im ganzen Yoga übereinstimmend, was aber nicht der Fall ist. Immer wieder gibt es Unterschiede in dieser Frage, und das lässt nur einen Schluss zu: So sicher ist die Sache nicht. Wir sollten also neugierig und offen bleiben für unsere eigene Wahrnehmung. Es kann ein Hindernis sein, sich Muladhara genau so oder so vorzustellen, wenn es vielleicht gar nicht die Sprache unseres Wesens ist. Was, wenn wir Muladhara, wie auch die anderen Energiezentren, ganz *anders* sehen, als es Schriften oder Gurus lehren?

Es ist, unabhängig davon, ohnehin viel leichter, sich den Energiezentren über den Weg des *Spürens* zu nähern, als sie zu visualisieren. Eine Visualisierung ist ein mentales Konzept, das die wirkliche Erfahrung im Grunde vorwegnimmt. Doch wer sagt, dass das, was ich sehen *will,* die Realität spiegelt? Mit einem vorgefertigten Bild in die Meditation zu gehen, begrenzt unsere Offenheit dafür, zu erfahren, was wir noch nie zuvor gesehen oder erlebt haben. In der Darstellung der Chakras werden in diesem Buch zwar auch die Farben und andere Symbole genannt, es sei aber nochmals mit Nachdruck darauf hingewiesen: Die Bilder und Symbole sind nur Fingerzeige. Sie *repräsentieren* die Wirklichkeit, doch sie *sind* sie nicht.

Physisch ist das Wurzel-Chakra im Perineum lokalisiert, das ist der Ort zwischen Anus und Geschlechtsorgan. Wenn wir sitzen, ist das Perinum unsere Basis. Stehen wir, dann sind es freilich unsere Füße. Deshalb müssen wir auch sagen, dass Muladhara ebenso in unseren Füßen lokalisiert ist, was manche tantrische Schrift auch tut, so zum Beispiel das *Nigam Tattvasara.*[95] So wie zwei dicke Nervenstränge durch die Beine in den Beckenplexus führen, verlaufen auch zwei Prana-Ströme von den Füßen zum Perineum.

„In Muladhara ruht Kundalini", sagt die Yoga-Philosophie. Andere Traditionen sagen anderes. Im Buddhismus beispielsweise schläft Kundalini in Manipur, der „Stadt der Juwelen" im Nabelzentrum. Unterhalb des Nabels, so sagt man dort, existiert kein eigentliches Gewahrsein. Wenn man so will: Der Mensch fängt erst im Bauch an, Mensch zu sein. Manche tantrische Texte verorten Kundalini in Sahasrara, dem Kronen-Chakra. Wir müssen also vorsichtig sein mit wörtlichen Auslegungen. In gewisser Hinsicht ist die Primärenergie überall in uns. Was das genau meint, wird deutlich werden, wenn wir Kundalini im Anschluss an das Kapitel über Muladhara genauer anschauen.

Neben dem Kronen-Chakra ist Muladhara das einzige Energiezentrum, das in der yogischen Praxis an eben jenem Ort angeprochen wird, an dem es auch liegt. Bei den anderen Chakras (Svadhishthana aufwärts zu Ajna) ist es so, dass die Zentren zwar entlang der Wirbelsäule liegen, in den Übungen jedoch über „Triggerpunkte" angesprochen werden, die eine andere Lokalisierung haben. Einen solchen Triggerpunkt nennt man *Kshetram,* was wörtlich Feld, Region, aber auch heiliger Platz oder Ort bedeutet.

Der eigentliche Sitz von Manipur ist in der Wirbelsäule auf Höhe des Bauchnabels. Doch in der Yoga-Praxis angeregt wird Manipur durch sein Kshetram, in diesem Fall also über den Nabel. Bei Muladhara jedoch gibt es kein Kshetram, das unabhängig vom Energiezentrum existiert: Kshetram und Chakra fallen im gleichen Punkt zusammen, hier also im Perineum. Das Zusammenfallen von Chakra und Kshetram findet sich übrigens auch im höchsten Energiezentrum. Darin sind Unten und Oben sich gleich.

Hinsichtlich der physischen Zuordnung gehören zu Muladhara die Füße und Beine sowie die Becken- oder Hüftregion, also Beckenplexus und Unterleib mit den Geschlechts- und Ausscheidungsorganen. Muladhara liegt im Einflussbereich von Apana-Vayu, jenem Energiefeld, das für die Ausscheidungsprozesse verantwortlich ist. Auch die Nieren und Nebennieren gehören dazu. Letztere schütten das Hormon Adrenalin aus, das eine ganz wesentliche Rolle im Zusammenhang mit unserem Überleben spielt, weil es an allen Angst- und Fluchtreaktionen beteiligt ist.

Jedem Chakra ist auch ein so genanntes *Dhatu* zugeordnet, eine spezifische Körpersubstanz. Passenderweise verbindet man mit Muladhara, dem Zentrum der Festigkeit und Stabilität, die Knochensubstanz. Jedes Zentrum korrespondiert außerdem mit einem feinstofflichen Element oder *Tanmatra,* bei Muladhara ist es das Prinzip des Geruchs. Mit diesem korreliert widerum ein *Bhuta* oder grobstoffliches Element – nämlich Erde. Sie ist in der Fünf-Elemente-Lehre des Yoga das dichteste Prinzip (und die Knochensubstanz ist nur eine ihrer vielen Manifestationen). Die Erde ist es auch, die wir für unser Überleben auf der physischen Ebene der Existenz brauchen. Auch *Jnanendriyas* und *Karmendriyas,* also Wahrnehmungs- und Aktionsorgane, bringt man mit den Chakras in Verbindung. Beim Wurzel-Chakra sind dies der Geruchssinn und die Ausscheidungsorgane, passend zum Tanmatra Geruch und zum Element Erde.

Das Element eines Chakras wird durch das zugehörige *Yantra,* eine geometrische Form, symbolisiert. Für die Erde steht das gelbe Quadrat. Die vier Ecken des Quadrates verweisen auf die vier Himmelsrichtungen sowie auf die vier Dimensionen der Welt

– drei Raumdimensionen und die Zeit. Manche Darstellungen zeigen acht Speere, die aus dem gelben Quadrat hinausweisen. Sie stehen für die Klangenergie des Chakras, die in alle Himmelsrichtungen und Dimensionen schwingt.

Das einem Chakra zugeordnete *Bija-Mantra* ist besonders wichtig. Es ermöglicht uns einen praktischen energetischen Zugang zum jeweiligen Energiezentrum. *Bija* heißt Same, und das Bija-Mantra ist ein Klang, welcher der Schwingungsenergie eines Chakras entspricht. Das Bija-Mantra von Muladhara lautet LAM, ein Klang, der gechantet Gaumen, Gehirn und Schädeldach in Vibration versetzt. Das Chanten von LAM regt die Nadis an, eine energetische Blockade zu erzeugen, die verhindert, dass Prana nach unten sinkt. Das regelmäßige Wiederholen des Bija-Mantras schärft, wie jede andere Meditationsmethode auch, die Konzentration. Außerdem regt sie Kundalini an, in Sushumna, den zentralen Energiestrom im Zentrum der Wirbelsäule, einzufließen.[96]

Manche sind eher zurückhaltend darin, die Meditation auf die tiefen Chakras zu empfehlen, weil es sexuell stark stimulieren kann.[97] Das kann während der Meditation störend sein. Natürlich steckt dahinter auch die Befürchtung, eine zu intensive Fokussierung auf das Wurzel-Chakra könne die Anhaftung an das Sexuelle, Erd- und Instinkthafte verstärken. Doch im Sinne einer Integration aller unserer Energien – statt ihrer Verdrängung oder Unterdrückung – ist es wichtig, alle Ebenen unseres Seins anzuschauen und zu entwickeln. Sex-Besessenheit, Fress-Sucht oder Überlebensängste werden wir niemals loslassen können, wenn wir sie zuvor nicht bewusst wahrnehmen. In seinem Buch *Kundalini Tantra* fragt Swami Satyananda Saraswati rhetorisch:

> „Wenn du denkst, du müsstest den Sex aufgeben, um ein Yogi zu sein, warum hörst du dann nicht auch auf, zu schlafen und zu essen? Yoga hat nichts damit zu tun, diese Dinge aufzugeben. Es geht allein darum, ihren Zweck und ihre Bedeutung zu transformieren. Der größte Irrtum, den

> der Mensch über Jahrtausende hinweg gemacht hat, ist es, gegen sich selber zu kämpfen. Er will dem Sex entsagen, doch er war nicht in der Lage dazu. Deshalb ist es wichtig, dass Muladhara erwacht. Dann kannst du deinen Geist ganz befreien.“[98]

Die sanfte Aktivierung von Muladhara, eingebettet in eine den ganzen Energiekörper balancierende Praxis, ist sicher völlig unschädlich. Sie ist im Gegenteil sogar notwendig, denn um diese Aktivierung geht es, sind es doch die Blockaden des Energiekörpers, die uns Probleme im Leben bereiten.

Übung: Meditation auf Muladhara

Setzen Sie sich in Meditationshaltung. Kommen Sie zur Ruhe, indem Sie ein, zwei Minuten lang Ihren Atem beobachten. Nehmen Sie nun einen tiefen Atemzug und chanten Sie während der Ausatmung neun Mal LAM. Man kann die Zahl sehr gut überblicken, indem man drei Dreiergruppen bildet: LAM-LAM-LAM, LAM-LAM-LAM, LAM-LAM-LAM

Chanten Sie den Klang direkt ins Perineum hinein. Sie stellen sich vor oder versuchen zu erspüren, dass die Klangenergie, die Sie erzeugen, ins Perineum fließt und das Wurzel-Chakra anregt. Das M treibt die Silbe LA in den Körper hinein. Nach drei Atemzügen haben sie siebenundzwanzig mal LAM gechantet. Wenn Sie sogar zwölf Atemzüge machen möchten, sind das 108 Bija-Mantras. 108 gilt in den alten Schriften als heilige Zahl mit einer ganzen Reihe kosmisch-mathematischer Entsprechungen. Eine Mala hat 108 Perlen. Wichtig ist bei dieser Übung jedoch nicht die Anzahl der Bija-Mantras, sondern ihre Qualität. Seien Sie präsent und spüren Sie die Vibration, die der Klang erzeugt.

Nun kommen Sie zur Ruhe und atmen Sie einige Minuten lang so, als würden Sie durch das Wurzel-Chakra ein- und ausatmen. Sie atmen durch das Perineum ein und aus. Spüren Sie hinein ins Wurzel-Chakra. Vielleicht nehmen Sie mit der Zeit etwas wahr: Ein Pulsieren oder eine innere Bewegung, vielleicht sogar ein strudelförmiges Kreisen, das in alle Raumdimensionen ausgreift. Vertrauen Sie Ihrer Wahrnehmung.

Ein weiteres Symbol, das zu Muladhara gehört, ist das umgedrehte Dreieck. Die nach unten weisende Spitze zeigt die Verbindung zur Erde an. Man nennt das Dreieck auch *Tripura,* die „drei Welten", eine Anspielung auf die drei Ebenen des Seins – physisch, astral und kausal. Das erinnert uns schon wieder an die Idee der Drei, über die wir im Zusammenhang mit AUM schon gesprochen haben. Das nach unten zeigende Dreieck heißt auch *Yoni* und ist als solches ein Symbol für das weibliche Geschlechtsorgan. In einem erweiterten Sinne ist es auch ein Bild für die kreative Energie der Schöpfung. Das physische Leben, das aus der Frau geboren wird. Der andere Pol (oder das, was *nicht* aus der Frau geboren wird, wie Jesus es einmal gesagt hat[99]), ist Purusha, Atman, Shiva – unser inneres Licht.

Die Schlange, das Symbol für Kundalini, ruht im unteren Teil des Dreiecks und ist gewunden um ein *Lingam,* das Sanskrit-Wort für Phallus. Lingam kann aber auch Symbol heißen, Zeichen oder Verkleidung. Lingam und Yoni sind natürlich ein Bild für die Vereinigung des weiblichen mit dem männlichen Prinzip, die Begegnung von Braut und Bräutigam oder von Energie (Kundalini, Shakti, Prakriti, Mensch) und Bewusstsein (Purusha, Atman, Shiva, Gott). Das Lingam in Muladhara trägt den Namen *Svayambhu-Lingam,* was so viel bedeutet wie: „Aus sich selbst geboren." Wenn es das Höchste repräsentiert, ist der Name auch sehr schlüssig, denn das Höchste ist nicht geschaffen, sondern selbst-existent, nicht begrenzt, unsterblich und ewig.

Kundalini-Shakti und Shiva liegen sich schon in Muladhara in den Armen, aber ihre Verbindung ist noch nicht vollständig, sie wird nicht *bewusst* erfahren. Die Kundalini weiß nicht um ihr Zusammensein mit dem Höchsten, das sie erst erfährt, wenn sie aufgestiegen ist. Das Lingam, so sagen manche Schriften, leuchtet wie Sonne und Mond, oder sogar wie „zehn Millionen Sonnen".[100]

Das zu Muladhara gehörende Tiersymbol ist ein grauer Elefant. Er trägt den Namen *Airavata,* wie der Elefant von Indra, dem „Chef" der indischen Götterwelt. Airavata ist ein besonderer Elefant. Er hat sieben Rüssel in den Farben des Regenbogens. Sie verweisen damit auf die Gesamtheit des menschlichen Potenzials, das es zu entwickeln gilt. Man sieht hier wieder: Aus der Basis *entfaltet* sich alles, und in ihr *ruht* deshalb schon unser ganzes Wesen, so wie auch der größte Baum schon zur Gänze im kleinen Samen ruht, aus dem er herauswächst. Das Baum ist schon in der Wurzel, der Teil enthält das Ganze. So ist es auch bei den Energiezentren. Unser Energiekörper ist eine Art Hologramm.

Der Elefant ist natürlich ein Symbol für Kraft und Stärke, er hat Masse und Stabilität, er ist fest mit der Erde verbunden. Er ist leider oft auch ein Arbeitssklave, weil er so viel tragen kann und muss. (In Indien wird den Elefanten sehr oft die Freiheit geraubt.) Das steht für unsere Bindung an die äußere Welt, für die Identifikation mit unserem körperlichen Sein, für das Leiden in der Welt. Der Elefant repräsentiert zugleich etwas sehr Liebenswürdiges. Demütig ordnet er sich seinem Herrn unter und folgt seinen Anweisungen. Er hat aufgegeben, sich primär um sich selbst zu sorgen und setzt nun seine Kraft und seinen Körper für andere ein. Den Blick über den eigenen Tellerrand hinauszuwerfen, zu wachsen und größer zu werden, das alles steckt in diesem Bild, mit einem feinen Unterschied freilich: Der Elefant im „richtigen Leben" Indiens erlangt niemals mehr die Freiheit. Doch der Elefant von Muladhara, die in unserem Inneren ruhende Kraft, kann durchaus zum Ausdruck kommen. Ein gut aktiviertes und ausbalanciertes erstes Chakra bedeutet Selbstkontrolle, Stärke, Gelassenheit und ein Grundvertrauen in das Leben.

Übung: Meditation auf die Nasenspitze

Setzen Sie sich in Meditationshaltung und schließen Sie Ihre Augen. Entspannen Sie sich. Beobachten Sie ein, zwei Minuten Ihren Atem, bis Sie zur Ruhe kommen.

Fokussieren Sie Ihre Nasenspitze. Atmen Sie, als würden Sie durch die Nasenspitze ein- und ausatmen. Wenn Ihre Gedanken abschweifen, bringen Sie sie einfach wieder sanft zurück zur Nasenspitze.

Die Nase und der Geruchssinn stehen in direkter Verbindung mit dem Element Erde, das zum Wurzel-Chakra gehört. Sie ist damit eine Art Kshetram, mit dem wir Muladhara „antriggern“ können.

Der Geruchssinn ist der archaischste Sinn der Evolution. Nicht umsonst sagen wir, dass wir jemanden „nicht riechen können“, um damit auszudrücken, dass wir ihn nicht mögen. Es ist dies die Ebene des Instinkts und hat direkt mit dem Überleben zu tun, dem Lebensthema von Muladhara. Die Meditation auf die Nasenspitze empfiehlt Krishna seinem Schüler Arjuna in der *Bhagavad Gita.*[101]

Muladhara ist der Sitz eines von drei *Granthis,* das sind psycho-spirituelle „Knoten“, die für verschiedene Aspekte unserer Anhaftung stehen. Die drei Knoten tragen die Namen *Brahma-*, *Vishnu-* und *Rudra-Granthi* (Rudra ist ein anderer Name für Shiva). Der Knoten in Muladhara heißt *Brahma-Granthi.* Er repräsentiert die menschliche Anhaftung an materielle Dinge, das Ego-Ich, das wachsen will, Dinge anhäuft und immer zuerst an sich selbst denkt. Dies ist das größte Hindernis für spirituelles Wachstum.

Die anderen beiden Knoten gehören zum Anahata- und Ajna-Chakra. Vishnu-Granthi, der zweite Knoten, sitzt im Herz-Chakra und steht für die emotionale Anhaftung an Dinge, Erfahrungen und Wesen – die ganze Palette unseres Abhängigkeiten erzeugenden Habenwollens, das Nicht-Loslassen-Können. Im Ajna-Chakra ist es Rudra-Granthi, der uns unfrei macht und daran hindert, ganz nach oben zu kommen, indem er uns an psychische Phänomene fesselt, die sich auf dem inneren Entwicklungsweg einstellen können, die so genannten *Siddhis* (oder *Vibhutis*), wie zum Beispiel Hellsichtigkeit, starke Intuition, telepathische Fähigkeiten und anderes. Unser Wachstum an Möglichkeiten muss mit einem Wachstum an ethischer Verantwortung einhergehen. Das gilt übrigens nicht nur im Blick auf die feinstoffliche Ebene, sondern ganz generell. Je größer das Wissen des Menschen, je mehr er bewirken kann, umso verantwortlicher muss er leben und handeln, weil die Wirkungen seines Tuns immer weitreichender werden. Die Granthis müssen gelöst werden, wenn wir wachsen wollen. Gleichzeitig müssen wir uns neue „Fesseln“ anlegen. Unsere gewonnene Freiheit verlangt nach der selbst auferlegten Begrenzung, nicht alles zu tun, was getan werden kann; denn laufen wir jedem Wollen blind nach, dann sind wir nicht mehr als Automaten oder Sklaven und richten dabei auch noch viel Schaden an. Selbstbefreiung und ethische Entwicklung müssen Hand in Hand gehen.

Die Aktivierung von Muladhara kann Unbewusstes an die Oberfläche bringen, Dinge, die wir in die hintersten Winkel unseres Geistes verbannt haben. Ganz generell kann das natürlich während jeder meditativen Praxis geschehen. Genau darin liegt auch ihre reinigende Kraft. Nur den „Schmutz“, den wir auch sehen, können wir reinigen, also loslassen. Auch ungewöhnliche Erfahrungen können bei der Muladhara-Aktivierung auftreten, so zum Beispiel dissoziative Phänomene, wie das Gefühl, körperlos zu sein oder sogar zu schweben – die Levitation des Astralkörpers.[102] Die *Shiva Samhita* nennt Mula-Bandha voller Verehrung den „Zerstörer des Verfalls" und lehrt:

> „Wenn der Yogi durch das Üben dieses Bandhas Apana- mit Prana-Vayu vereinigen kann, dann wird das Bandha zu Yoni-Mudra. Wenn einer Yoni-Mudra beherrscht, was kann es da noch geben in der Welt, was er nicht erreichen könnte? Der Yogi sitzt im Lotossitz, und von aller Trägheit befreit hebt er ab vom Boden und bewegt sich dank dieses Bandhas durch die Luft."[103]

Energetische Veränderungsprozesse können also durchaus „aufregend" sein. Man sollte die Energiezentren deshalb nie zu einseitig aktivieren, sondern ausbalanciert und in ihrer Gesamtheit. Wir würden ja normalerweise auch nicht nur einen Muskel trainieren, um physische Fitness zu erlangen. Ausgewogenheit und Balance sind hier das Gebot. Der Energiekörper ist letztlich eine energetische Einheit, und die Stimulation eines Chakras hat auch Wirkungen auf die anderen Zentren.[104] Das gilt ganz besonders, wenn es sich um „benachbarte" Chakras handelt. Wenn man zum Beispiel Mula-Bandha praktiziert, den muskulären „Verschluss" des Perineums, so wirkt sich diese Übung direkt auf Apana-Vayu aus, das Energiefeld, das für die exkretorischen Prozesse verantwortlich ist. Es kehrt dessen Bewegungsrichtung um. Weil Apana-Vayu die gesamte Region unterhalb des Bauchnabels umfasst, wird also nicht nur Muladhara aktiviert, sondern indirekt auch Svadhishthana, das 2. Chakra.

Übung: Mula-Bandha

Setzen Sie sich in Meditationshaltung und schließen Sie Ihre Augen. Kommen Sie zur Ruhe und entspannen Sie sich.

Atmen Sie nun tief ein. Halten Sie den Atem an und kontrahieren Sie die Muskeln in der Region des Perineums. Ziehen Sie die Muskeln so weit nach oben, wie Sie es ohne größere Anspannung können.

Bei der Muskelkontraktion werden sich automatisch auch Urogenital- und Sphinkter-Muskulatur mit kontrahieren. Es dauert eine Weile, bis man in der Lage ist, die Muskulatur des Perineums zu isolieren und genau zu spüren, wo der Triggerpunkt von Muladhara sitzt.

Halten Sie die Kontraktion ein paar Sekunden, solange Sie das ohne Anspannung oder inneren Druck vermögen. Die Qualität ist hier wichtig, nicht das lange Anhalten des Atems. Nun lassen Sie die Muskeln los und atmen wieder ganz normal.

Variation I

Mula-Bandha lässt sich auch rhythmisch üben: Sie spannen und entspannen die Perineum-Muskulatur in gleichmäßigem Rhythmus. Idealerweise synchronisieren Sie die Kontraktionen mit dem Herzschlag.
Dies ist eine sehr gute Konzentrationsübung, die zugleich die Kohärenz oder den „Gleichklang" Ihres Körpers erhöht.

Variation II

Wenn Sie ein gutes Gespür für Muladhara entwickelt haben, genügt es, das Gewahrsein in diese Region zu lenken, um das Perineum ohne jede Anspannung der Muskeln zu fühlen. Man kann dann ein Pulsieren in Muladhara fühlen oder auch eine innere Bewegung, ein energetisches Kreisen. Es ist eine erdende und angenehme Form der Meditation, sich einfach nur auf dieses Spüren auszurichten.

DIE PSYCHOLOGIE DES MULADHARA-CHAKRA

Man kann die drei Gunas als Werkzeuge nutzen, um die möglichen psychologischen Dispositionen eines Energiezentrums zu analysieren und so zu einer psychologischen Typenbildung des Menschen zu gelangen.[105] Eines dürfen wir dabei aber nicht vergessen: *Idealtypen* existieren nie in Reinform, wir alle sind eine Mischung aus allen Gunas, ein *mixtum compositum* aus vielen Zutaten. Zudem verändern wir uns situativ und im Verlaufe unseres Lebens immer wieder. Dennoch können uns die Typen helfen, uns selbst und andere besser zu verstehen. Wir können uns anschauen, „wie wir ticken", und so klare Hinweise auf energetische Blockaden und ungelöste Lebensthemen gewinnen.

Yoga strebt eine Entwicklung in Richtung Sattva an: Größere Klarheit in der Wahrnehmung sowie im Denken und ausschließlich positive menschliche Eigenschaften. Sattvischer werden, das bedeutet, metaphorisch gewendet, so viel wie leichter, feiner oder lichthafter werden. *Das verlangt eine Erweiterung der eigenen Perspektive, die Ausdehnung unserer selbst in ein Bewusstsein um das größere Ganze, ein Schauen über den Tellerrand des Egos hinaus.* Diese Bewegung hin zum Sattvischen bedeutet zugleich eine allmähliche innere Befreiung aus den engen Grenzen, die wir uns durch eine falsche Vorstellung von der Wirklichkeit selber setzen. Im konkreten Blick auf Muladhara meint diese Befreiung vor allem ein Ausbrechen aus der Angst. Sie ist ein psychologischer

Zustand, der in enger Verbindung mit dem Wurzel-Chakra steht, dessen Lebensthema mit dem Begriff *Überleben* überschrieben ist.

Muladhara – Tamas

Regiert Tamas in Muladhara, dann beherrscht ein düsteres und träges Moment die Wesenszüge des Menschen. Das zentrale Thema seines Lebens ist Angst. Traumatische Erfahrungen können eine solche Disposition auslösen und die Welt zur Hölle auf Erden werden lassen. In jeder Ecke sieht man Bedrohungen, und die Gedanken drehen sich permanent um existenzielle Fragen und „Worst-Case-Szenarien", ohne dass dies eine konstruktive Vorbereitung auf tatsächliche Krisen wäre. Es ist bloß ein mentales Kreisen um befürchtete Katastrophen: „Was ist, wenn … ?" oder „Es wäre schrecklich, wenn …" Immerzu ist der Muladhara-Tamas-Typ auf der Hut. *Hypervigilanz* nennt die Psychologie dieses Phänomen, das oft bei posttraumatischen Belastungsstörungen anzutreffen ist. Eine solche Disposition kann chronisch werden. Ihre pathologischen Varianten sind Angstneurosen und Paranoia.

Wenn Angst das zentrale Lebensgefühl ist, dann bestimmen Übererregung, Konzentrationsstörungen, quälende Erinnerungen und Alpträume unser Sein. Alles Handeln ist dann darauf ausgerichtet, Situationen zu vermeiden, die Angst triggern. Das ist nachvollziehbar, doch verspricht es keine Heilung. Yoga kann hier hilfreiche Dienste leisten. Eine sanfte Asana-Praxis zum Beispiel kann der tamasischen Energie entgegenwirken. Vor allem aber sind es Entspannungstechniken, die Angst abbauen können, weil sie, wie ihr Name schon sagt, Spannungen lösen, oder – energetisch ausgedrückt – uns von Blockaden und Ladungen befreien können. Angst ist Energie.

Muladhara – Tamas-Rajas

Geben wir dem Tamas-Typ etwas Rajas, ein kleines aktivierendes Moment, so ist immer noch Angst die dominierende Energie. Wir treffen hier auf einen Menschen, der sich dauernd und über alles Mögliche Sorgen macht, überall nur Schwierigkeiten sieht. Doch in *einem* wichtigen Punkt unterscheidet er sich vom rein tamasischen Typus: Er durchbricht das rein passive Muster und sucht nach Auswegen. Die Frage „Was wäre, wenn…?“ wird ersetzt durch die Frage „Was kann ich tun, damit…?“ Es geht nun um Lösung der Probleme und in diesem Sinne auch um die eigene *Er*lösung im Sinne einer Befreiung aus der begrenzenden Situation. Der Horizont wird also weiter. Wo der reine Tamas-Typ feststeckt, ohne Bewegung, wie das Kaninchen, das in Todesangst auf die Schlange blickt, da macht ein wenig Rajas schon den ganzen Unterschied: Das Kaninchen versucht, von der Gefahr wegzukommen.

Übung: „Ich bin sicher und beschützt“

Diese Meditation wurde schon unter dem Stichwort „Eine Minute Achtsamkeit“ vorgestellt. Sie kann auf jedes Chakra angewendet werden. Sie dauert nur ein oder zwei Minuten und arbeitet mit der Ausdehnung des Atem- und Körpergewahrseins. Die Affirmation am Schluss hat direkt zu tun mit dem Lebensthema des Chakras.

Setzen Sie sich in Meditationshaltung. Schließen Sie die Augen und kommen Sie zur Ruhe. Nun sprechen Sie innerlich die folgenden Sätze und gehen dabei in die Wahrnehmung. Versuchen Sie zu spüren, was Sie sich sagen:

1. Ich fühle, wie die Atemluft durch meine Nasenöffnungen strömt.
2. Ich nehme die Bewegung von Brust und Bauch wahr, während ich atme.

3. Ich bin mir meines ganzen Körpers bewusst.
4. Ich bin vollkommen sicher und beschützt.

Machen Sie noch drei Atemzüge und öffnen Sie dann achtsam die Augen.

Muladhara – Rajas-Tamas

Je höher der Rajas-Anteil, desto mehr Energien können auf der Überlebensebene aktiviert werden, um der Angst im Leben entgegenzuwirken. Ein klassisches Mittel zur Beruhigung ist für viele die Akkumulation von Besitz. Geld kann ein Mittel gegen die Grundangst im Leben sein. Damit wird die Gier zu einer psychologischen Lösungsstrategie für die als grundlegend unsicher empfundene Lebenssituation. Es ist klar, dass ein solchermaßen motiviertes Handeln großen Schaden anrichten kann, denn der nach wie vor vorhandene Tamas-Anteil macht den Menschen rücksichtslos. Um die eigenen Interessen durchzusetzen, kümmert man sich nicht um die Verluste und Schäden, die andere erleiden. Der rücksichtlose Banker, dem die Existenz der Anleger egal ist, oder der Ölmagnat, der sich nicht um die Umwelt schert, wären aktuelle Klischeebilder für diesen Menschenschlag.

Wenn wir das Handeln der Menschen als Ganzes – als Spezies – betrachten, müssen wir sagen, dass dieser Muladhara-Typ wohl der prägende Wesenszug ist. Wo man hinsieht, werden Lebewesen ausgebeutet und die Natur verschmutzt. Gerechte Verteilungsprinzipien werden allenthalben mit Füßen getreten, und der Mensch ist auf der Jagd nach mehr. Doch wird der Mensch auf diese Weise die Grundangst im Leben nicht besiegen können, denn alles das ändert nichts an seiner Verletzlichkeit, Unsicherheit und Sterblichkeit. *Abhinivesha,* die Angst vor dem Tod, kann durch *Raga* und *Dvesha,* das Habenwollen und Nicht-Haben-Wollen, nicht besiegt werden. Das Problem liegt vielmehr in *Asmita,* dem Ego, das sich getrennt fühlt von der Welt, *in* der und *mit* der wir doch leben. Dieses Ego, sagt Patanjali im *Yogasutra,* entspringt *Avidya,* unserer spirituellen Blindheit, die uns daran hindert zu erkennen, dass wir unendlich viel mehr sind, als wir glauben. Tamas ist in der Philosophie des Sankhya nur ein anderes Wort für Avidya, unser Nichtwissen um die wahre Natur unseres Wesens.

Muladhara – Rajas

Der Rajas-Typ in Reinform ist ein Mensch, der sich aktiv um das Thema Sicherheit kümmert. Er neigt zwar ebenso wie der vorherige Typ zum Aufhäufen von Geld und Besitz; es geht ihm dabei jedoch nicht um sich allein, sondern er bezieht sein nächstes Umfeld mit ein, also Familie und enge Freunde. Die Welt ist ihm nicht so sehr eine Bedrohung, sondern vielmehr eine Gelegenheit. Natürlich ist die Tendenz zur Akkumulation von Reichtümern immer noch stark ich-bezogen, doch ihre Ausprägung ist vernünftiger und weniger schädlich. Anders als die tamasischen Typen, bemüht er sich um Ehrlichkeit in den Dingen, die er sagt und tut. Er würde niemanden „über die Klinge springen lassen", nur um seine Interessen zu wahren. Muladhara-Rajas ist ein recht häufig anzutreffender Menschentyp.

Muladhara – Rajas-Sattva

Die Perspektive weitet sich nun. Das Bild vom Leben und der Welt wird größer, sobald etwas Sattva in den Geist hineinstrahlt. Man erkennt, dass nicht allein Besitzanhäufung mehr Sicherheit bringt, sondern auch Großzügigkeit im eigenen Interesse liegen kann. Es ist natürlich eine „kaufmännische" Großzügigkeit, ein Geschäft also: „Eine Hand wäscht die andere." Die Großzügigkeit ist an Bedingungen genüpft. Wenn die Dinge klug gestaltet werden, können Vereinbarungen dazu beitragen, dass beide Seiten gewinnen.

Dieser Muladhara-Typus kann sehr zufrieden sein, solange genug Geld da ist und die Dinge im Leben gut laufen.

Muladhara – Sattva-Rajas

Großzügigkeit gehört zur Natur dieses Typus. Er ist ein Mensch, der erkannt hat, dass Besitz, der über die grundlegenden Bedürfnisse hinausgeht, kein zusätzliches Glück verspricht, sondern dass es sogar umgekehrt sein kann: Mehr Besitz bringt die Angst mit sich, diesen wieder verlieren zu können. Besitz belastet. Mehr *Haben* bedeutet nicht schon mehr *Sein.* Das führt uns zur Idee der Zufriedenheit, die den wahren Reichtum im Leben ausmacht. Wenn die Grundbedürfnisse befriedigt sind, dann erlebt Mangel nur, wer nicht hat, was er haben will. Das *Yogasutra* empfiehlt dem Menschen deshalb, *Santosha* oder innere Zufriedenheit zu kultivieren. Man benötigt so viel, wie notwendig ist – den Rest sollen andere haben.

Im *Yogasutra* spielen die *Yamas* und die *Niyamas* eine sehr wichtige Rolle. Dies sind vernünftige Regeln für einen guten Umgang mit der Welt und mit sich selbst. Zu diesen Vernunftregeln gehören auch *Aparigraha,* das „Nicht-Raffen“, und *Asteya,* das „Nicht-Stehlen“. Sich mehr zu nehmen, als den eigenen Bedürfnissen entspricht, sieht die Yoga-Philosophie als Diebstahl. Was ich mir nehme, können andere nicht mehr nutzen. Der Sattva-Rajas-Typ lebt im Wissen um diesen Zusammenhang.

Sattva

Der Sattva-Typus fließt mit dem Leben. Er sorgt sich nicht um seine Sicherheit, er *ist* vielmehr Sicherheit, denn er lebt im Wissen darum, dass die notwendigen Dinge von selber kommen, wenn er sich auf das Höchste ausrichtet und sich dem Fluss des Lebens anvertraut. Das ist die Idee, der wir auch in der *Bergpredigt* begegnen:

> „Sorgt euch nicht um euer Leben, was ihr essen werdet, noch um euren Leib, was ihr anziehen werdet. Ist nicht das Leben mehr als die Nahrung und der Leib mehr als die Kleidung?“[106]

Jesus fordert uns hier nicht zum Müßiggang auf. Es geht ihm vielmehr darum, die *Sorge loszulassen,* ein Modus der Angst, der unser Leben verdüstert. Sorgen entspringen dem Nachdenken über eine nicht kontrollierbare und unbekannte Zukunft und entreißen uns dem Hier-Jetzt, dem einzigen Ort und der einzigen Zeit, die das Leben uns schenkt. Die unbekannte Zukunft ist im Grunde eine Fiktion; und der Preis, den wir zahlen, um in dieser Fiktion zu schwelgen, ist das Glück im Jetzt, das wir verlieren.

Der Sattva-Typus lebt im Zustand der Gnade. Er erfährt immer wieder die geradezu wundersamen Synchronizitäten und Koinzidenzen des Lebens. Gerade zur rechten Zeit begegnet er genau den richtigen Menschen und Situationen. Er ist klar und aufmerksam im Moment und erkennt die Gelegenheiten, die der Fluss des Lebens an ihm vorbeitreiben lässt – Gelegenheiten, die nicht sehen und ergreifen kann, wer im Zustand von Angst oder Gier verharrt.

Tamas ist die Enge der Angst. Rajas ist die Aktivität, die den Horizont weitet. Und Sattva ist die Offenheit, die auf das wohlwollende und richtige Funktionieren des Kosmos vertraut.

KUNDALINI

Es heißt, dass im Muladhara-Chakra Kundalini schläft, die geheimnisvolle „Schlangenkraft“, ein besonderes Energiepotenzial, das zu aktivieren ein Ziel der yogischen Praxis ist.

Im Wort *Kundalini* steckt *kundala,* das heißt „aufgerollt“. Kundalini, die dreieinhalbfach gewundene Schlange, symbolisiert die drei uns bekannten Bewusstseinszustände (Wachbewusstsein, Traum und traumloser Tiefschlaf) sowie Turiya, den vierten, den Zustand der Transzendenz.

In Kundalini steckt auch *Kunda,* das bedeutet „Feuerstelle" oder „Feuerplatz", zugleich ein Loch in der Erde, einen tiefer liegenden Punkt also. Wenn Kunda der Ort ist, an dem ein Feuer brennt, dann ist Kundalini die Hitze oder Kraft, die diesem Feuer innewohnt; und weil Energie und Bewusstsein zwei Pole einer Einheit bilden, steht Kundalini auch für die Intelligenz und Weisheit in uns.

Schauen wir uns die Wurzeln des Wortes Kundalini noch etwas genauer an, dann öffnet sich das begriffliche Feld, und weitere Bedeutungsfacetten treten hinzu. Die Wurzel *ku* verweist auf die Prinzipien von Kreativität und Kraft; und *anda* meint „das, was sich selber erhält" oder „das, was sich selber genügt". Es ist zudem ein Wort für *Ei.* Das Ei repräsentiert in perfekter Weise die Idee, dass etwas sich aus sich selbst heraus entwickelt, weil ihm Kreativität und Schöpferkraft *inhärent* sind. Es sei in diesem Zusammenhang nochmals an den Zustand vor der Schöpfung erinnert. Bewusstsein und Energie bilden dort die polaren Aspekte des Einen, das kein Zweites braucht (*Advaita:* Nicht-Zwei), um sich selbst aus sich selbst heraus zu entfalten. Die Silbe *ka* schließlich steht für den Willen – in einem tantrischen Sinne für den Willen, das eigene Leben und die Welt in *Saundarya* und *Ananda* zu verwandeln – einen Ort von Schönheit und Glückseligkeit, mithin für das Ausbrechen aus *Duhkha,* „den negativen Räumen", die wir im Leben immer wieder betreten.

Kundalini und Yoga

Kundalini aufzuwecken meint, das ungenutzte Potenzial in uns zu aktivieren. Wenn es heißt, Kundalini schlafe in Muladhara, dann kann das irreführend sein, denn eigentlich ist Kundalini ja überall in uns, nicht nur im Wurzel-Chakra. Wenn wir nachdenken, ist sie im Kopf, wenn wir sprechen, ist sie im Hals, und wenn wir gehen, ist sie eben in den Beinen. Kundalini ist im Grunde in jeder Zelle, den Kundas oder „Feuerplätzen" unseres Körpers.

Kundalini ist die Lebensenergie, die uns durchflutet. Wo immer auch sich Prozesse vollziehen, da brennt ihr Feuer.

Wenn das so ist, worin unterscheidet sich Kundalini dann von Prana? Die einfache Antwort lautet: Kundalini *ist* Prana. Prana ist das aktivierte Potenzial von Kundalini. Die Schlange schläft also nicht vollkommen. Ein wenig wach ist sie schon, und wir verdanken diesem Umstand unser Leben und unsere Fähigkeiten. Energiearbeit will aber mehr von der schlafenen Schlange aktivieren, sie will uns weiter, lebendiger und bewusster machen und so unsere Fähigkeiten und Möglichkeiten erweitern. Das Bild der schlafenden Schlange steht also für die *Prana-Reserven,* die in uns sind und nur darauf warten, aktiviert zu werden, für jenen Pool an Lebensenergie, der nicht von außen zugeführt werden muss, weil sie wie Anda, das Ei, als eine prinzipielle Kraft in uns waltet. Kundalini, die Energie reinen Bewusstseins, existierte bereits vor den Naturgesetzen, vor Zeit, Raum und Kausalität. Sie geht allem, was ist, wesensmäßig voraus. „Ehe Abraham wurde“, sagt Jesus, „bin ich“.[107]

Kundalini ist nicht-aktiviertes Prana

Die schlafende Schlange ist in einem umfassenderen Sinne auch ein Symbol dafür, dass die Wirklichkeit unendlich viel größer ist als unser Verstehen. Die Totalität von Saundarya und Ananda – der Schönheit und Glückseligkeit von Sein, Bewusstsein, Energie und Materie – liegt nur in einem Teil ihrer Größe vor unseren Augen, denn die Schöpfung manifestiert immer nur einen kleinen Teil ihrer Möglichkeiten. Nur einen Bruchteil davon können wir sehen; und von dem, was wir sehen können, begreifen selbst die Klügsten nur einen kleinen Teil. Davon kann nur ein winzig kleiner Prozentsatz im praktischen Leben genutzt werden – ein Teil von einem Teil von einem Teil von einem Teil …

Machen wir diese tantrische Idee, dass das Potenzial immer nur einen Bruchteil seiner selbst manifestiert, noch konkreter. Das

Weltall in seiner ganzen erhabenen Größe – und alle möglichen Paralleluniversen dazu – ist nur eine von unendlich vielen Möglichkeiten, wie die Wirklichkeit sich manifestieren kann, nur ein winziger Teil des Potenzials also. Davon können wir auch mit den stärksten Teleskopen immer nur einen winzig kleinen Ausschnitt betrachten. Einen noch viel kleineren Teil davon können wir erforschen, messen, analysieren und erklären; und einen innerhalb dieser Dimensionen geradezu lächerlich kleinen Anteil vermögen wir uns materiell und konkret-praktisch zugänglich zu machen. Wir Menschen sind zwar bis zum Mond gekommen, doch leben können wir nur auf der Erde. Selbst wenn wir eines Tages zu einem anderen Sonnensystem gelangen sollten, gar zum Andromeda-Nebel, die der Milchstraße nächst gelegene Galaxie, deren Licht bei einer Reisegeschwindigkeit von 300.000 Kilometer pro Sekunde etwa 2,5 Millionen Jahre braucht, um uns zu erreichen, wenn wir es also eines fernen Tages sogar bis dahin schaffen sollten, wäre auch das nur ein winziges Staubkorn in der unfassbaren Weite des Weltalls – ein Besuch beim Nachbarn nur.

Das Potenzial des gesamten Seins übersteigt jede Vorstellungskraft. Doch es gilt das Prinzip der Mystik: Wie oben, so unten. So ist auch unser eigenes Sein potenziell viel größer als das, was wir gegenwärtig davon manifestiert haben. Wir sind mehr, als wir denken. Wir können das konkret erfahren, indem wir mehr von unserem Potenzial manifestieren. Wir können uns erweitern, ausdehnen und wachsen. Es ist das, was man mit dem Ausdruck *Kundalini-Yoga* auf den Begriff bringen will.

Kundalini zu erwecken, bedeutet damit, die *potenzielle* Lebensenergie und Bewusstheit auszuweiten und mehr davon zu *aktualisieren.* Also ist das Bild von der schlafenden Kundalini eine nur *relative* Idee. Es ist nicht so, dass die Schlange in Muladhara den Schlaf der Toten schläft, denn wäre sie als primärer Energie-Bewusstseins-Komplex nicht in uns wirksam, wären wir tot. Wir denken, fühlen und handeln auf der Grundlage des bereits *aktivierten* Potenzials. Schon wieder begegnen wir dem Bild von

Anda, dem Ei, das *in* sich und *mit* sich, *durch* sich und *aus* sich selber heraus wachsen will und wächst. Die erwachte Kundalini (das aktivierte Prana) weckt die schlafende Kundalini (das inaktive Prana oder Potenzial). Die *Kundalini weckt sich also gleichsam selber auf.*

Kundalini und Evolution

Die traditionell-wissenschaftliche Auffassung von der Evolution des Lebens und der Arten sieht in etwa so aus: Lebewesen (von denen man übrigens keine Ahnung hat, wie sie *überhaupt* erstmals entstehen konnten) reagieren auf äußere Veränderungen mit zufälligen Anpassungs-Mutationen. Wo viele Blüten mit tiefen Kelchen wachsen, haben Kolibris, die rein zufällig mit einem besonders langen Schnabel zur Welt kommen, größere Überlebenschancen als solche mit kurzen Schnäbeln, weil sie besser an den Nektar der Blüten kommen. So können sie ihren Genpool erfolgreicher weitergeben, und über lange Zeiträume gesehen wird so der „Langschnabel-Kolibri" im Kampf um die besten Überlebenschancen sich gegen den „Kurzschnabel-Kolibri" durchsetzen und stärker ausbreiten.

Was dieses Modell einer „Evolution à la Darwin" nicht erklären kann: Wie kommt es zur erfolgreichen Herausbildung von *prinzipiell neuen Eigenschaften*, die noch nie zuvor dagewesen sind? Dass ein zufällig mutierter Vogel mit längerem Schnabel besser an den Nektar tieferer Blüten kommt und somit höhere Überlebenschancen hat, mag ja nachvollziehbar sein. (Wir lassen die schwierige Frage hier einmal außer Acht, welchen Vorteil wohl die zufällig zur „Langkelchblüte" mutierte Blume hatte, als es noch keinen Langschnabelkolibri gab, und wie es ihr gelang, ihren Genpool so erfolgreich zu verbreiten.) Aber wie zum Beispiel entwickelte sich erstmals ein vollständiges neues Organ? Als das Leben sich noch im Meer allein abspielte und durch eine zufällige Mutation sich rein zufällig eine erste Lungenzelle entwickelt hatte: Wie sollte sie die Lebenschancen eines Kiemenatmers auch nur um ein Jota erhöht haben, so dass er sich im folgenden biologischen Ausleseprozess im Wasser besser hätte durchsetzen können? Eine zufällige Lungenzelle – sozusagen als Keim eines neuen biologischen Weges – hätte keinerlei Chance auf Durchsetzung, weil sie keinerlei Sinn macht. Von der Kieme zur Lunge, das erforderte in der Darwinschen Evolutionslogik Abermillionen von Jahren, innerhalb derer sich Lungenwesen durch permanente zufällige Mutation weiterentwickeln hätten müssen. Irgendwann muss dem ersten Fisch mit ganz zufällig entstandener zusätzlicher Lunge, die unter Wasser keinerlei Sinn macht, dann noch im rechten Moment einer eingeflüstert haben: „Deine Lunge ist jetzt fertig, geh doch mal an Land!“ Die orthodoxe Evolutionstheorie kann grundlegende Änderungen oder Neuerungen gar nicht erklären, sondern nur Veränderungen von bereits vorhandenen Strukturen im Sinne einer Reaktion auf neue äußere Verhältnisse. Den Fakt, dass längere Schnäbel ihre Vorteile haben gegenüber kürzeren, das lässt sich gut mit Darwin erklären. Warum und wie aber überhaupt das *Prinzip Schnabel* in die Welt kam: Das ist ein Mysterium.

Diese Probleme hat die tantrische Vorstellung der Evolution nicht, denn sie geht davon aus, dass dem Sein ein Entwicklungsimpuls inhärent ist. Die Wesen verändern sich demnach nicht zufällig und auch nicht allein deshalb, weil äußere Umstände das erfordern, sondern vor allem, weil ihnen der *Wille zur Entwicklung* eingeboren ist. Evolution wird damit ein intrinsisches Prinzip. Bewusstsein will sich entfalten, sich ausdehnen und immer wieder auf neue Weise erfahren. Es vervollkommnet sich in Richtung von Schönheit und Glück, Saundarya und Ananda. Evolution kann deshalb bei jedem Wesen zu jeder Zeit geschehen. Wenn man so will, ist der Kosmos – und wir als sein Spiegelbild – auf Entwicklung programmiert.

Im Lichte dieser Vorstellung ist die Herausbildung völlig neuer Lebensstrategien in der Natur kein Erklärungsproblem mehr. Der Übergang vom Wasser aufs Land vollzog sich dann nicht als ein

Akt zufälliger Lungenbildung (die, wie gesagt, mit Darwin nicht erklärt werden kann), sondern als Manifestation eines Prinzips, das im Potenzial – im reinen Bewusstsein also – schon angelegt ist und sich eben irgendwann entfalten *will* und *muss,* so wie das Ei sich zum Küken entfalten will. Das *höchste Ziel* der Entwicklung des Potenzials zu Saundarya und Ananda ist die vitale Selbst-Erkennnnis des sich entfaltenden Bewusstseins.

In all dem steckt doch etwas sehr Tröstliches. Ob es uns nun bewusst ist oder nicht, ob wir intensiv danach streben oder nicht, insgesamt entwickeln wir uns in Richtung Selbsterkenntnis. Es mag länger dauern oder kürzer, doch schließlich werden wir uns selbst erkennen, um den Grund unseres Hierseins wissen, unseren „Auftrag" im Leben erfüllen und endgültig heimkehren zu der unbegrenzten Quelle, aus der wir gekommen sind. Einst wird Kundalini-Shakti in Shivas Armen liegen. Dabei hat sie im Grunde ihren Gatten nie verlassen, sondern nur vergessen. Das uranfängliche „Ich bin" wird in der Schöpfung zu „Ich bin dies und ich bin das" – die Welt der 10.000 Dinge –, um am Ende wieder zu Ich bin zu werden. In der Selbstentfaltung werden wir mithin nur das, was wir von Anfang an schon sind.

Kundalini ist somit im weitesten Sinne das *Prinzip, das hinter allem wirkt* – in jedem Stein, in jeder Pflanze, im Tier und auch in uns Menschen. Kundalini ist damit eins mit Gott, Brahman, Atman, Purusha, Selbst. Alles nur Worte für die Kraft des Einen.

Als Kundalini sich von Shiva entfernte, wurde die Welt immer bunter, vielfältiger und aufregender, doch ebenso immer komplizierter und schmerzhafter. Irgendwann ist *Duhkha,* der Schmerz, so groß, dass Kundalini nach Auswegen sucht. Sie sucht zuerst nach Wegen in der Welt (Reichtum, Schönheit, Liebesfreuden und vieles andere noch), bis sie bemerkt, dass nichts von alledem die völlige Befreiung vom Schmerz bewirken kann. Es ist dies der Moment der Umkehr, der zur Einkehr führt, die in die Einsicht mündet und uns schließlich zurückbringt zur Einheit: „Das ganze All ist Purusha allein: Das, was war, und das, was sein wird."[108]

DIE NADIS

Nada bedeutet Fluss oder Strom, und es ist zugleich das Wort für Klang, von dem die Praxis des *Nada-Yoga* seinen Namen hat, das innere Hören. „Diese Welt ist ein Fluss“, sagte der Mystiker Dadu.[109] Das gilt im Großen wie im Kleinen. Flüsse und Ströme aus Prana durchfluten uns tausendfach. Die meisten Schriften sagen, das es 72.000 Nadis gibt, manche sprechen auch von Hunderttausenden. Wir dürfen davon ausgehen, dass die genaue Zahl nicht von Bedeutung ist. Es sind eben sehr viele.

Der Kern des Nadi-Systems, das dafür sorgt, dass Prana jeden Winkel unseres Körpers erreicht – unsere „energetische Infrastruktur“ sozusagen – wird von nur zehn Nadis gebildet[110], manche Schriften sprechen auch von vierzehn Hauptnadis.[111] Die Zahl hängt offensichtlich davon ab, wie der Energiekörper wahrgenommen wird. Wir sollten die Dinge hier nicht mit mathematischer Genauigkeit betrachten wollen, denn das würde dem Gegenstand nicht gerecht. Die Erfahrung von Pranamaya-Kosha ist subjektiver Natur. Außerdem sind nur drei der Hauptnadis von praktischer Bedeutung für die Energiearbeit im Yoga – *Ida, Pingala* und *Sushumna* – und in dieser Hinsicht stimmen die Schriften alle überein. Alle Hauptnadis wurzeln im Beckenplexus. Die *Yoga Chudamani* zählt sie wie folgt auf:[112]

- *Ida* und *Pingala*: Sie fließen vom Beckenplexus ins linke und rechte Nasenloch.
- *Sushumna* fließt durch den Zentralkanal direkt zum Ajna-Chakra.
- *Gandhari* und *Hastijihva* fließen von Muladhara zum linken und rechten Auge.
- *Yashashvini* und *Pusha* fließen ins linke und rechte Ohr.
- *Alambusha* fließt in den Mund.
- *Kuhu* fließt zu den Genitalien.
- *Shankini* fließt zum Anus.

IDA UND MANAS-SHAKTI

Ida wirkt auf der linken Seite der Wirbelsäule und regiert das Netzwerk aus Nadis auf der linken Körperseite, die wiederum mit der rechten Gehirnhälfte in Verbindung steht. Der Atem, der durch das linke Nasenloch fließt, korrespondiert mit Ida, und deshalb kann man diesen Energiestrom mit Nadi-Shodana, der Nasenwechselatmung, sehr gut ansprechen.

In Ida fließt *Manas-* oder *Chitta-Shakti*, Mentalenergie. Dieser Strom repräsentiert das Kühlende, Inaktive und Beruhigende, die Introversion oder das Ausgerichtetsein nach Innen. *Chandra,* der Mond, ist ein Symbol dafür. Im Wort *Hatha-Yoga* steht die Silbe *tha* für Ida.[113] Ida entspricht dem *Yin* des bekannten Yin-Yang-Symbols und steht für das Feminine im Menschen – nicht im Sinne seiner Geschlechtlichkeit, sondern vielmehr im Sinne eines polaren Prinzips. Manas-Shakti fließt natürlich in Männern ebenso wie in Frauen.

Aus physiologischer Perspektive korrespondiert Ida mit dem Parasympathikus oder Vagus-Nerv, dessen Ursprungspunkte im Schädel und im Kreuzbein liegen, ganz ähnliche Lokalisationen also wie im feinstofflichen Bereich, wo Ida sich zwischen Muladhara- und Ajna Chakra bewegt. Es ist jener Aspekt des *autonomen Nervensystems*, der für die Ruhe im Körper sorgt. „Autonom" sagt man deshalb, weil dessen Aktivitäten normalerweise nicht unserer willkürlichen Steuerung unterliegen. Jedoch gibt es gerade bei fortgeschrittenen „Energiearbeitern" immer wieder Phänomene, die beweisen, dass man das autonome Nervensystem auch willkürlich beeinflussen kann – bis hin zu Techniken, die direkt auf Herzschlag, Gefäße, Körpertemperatur und anderes einwirken. Doch auch einfachere Techniken, wie zum Beispiel Yoga Nidra, wirken stark aktivierend auf den Parasympathikus, man sagt auch *tropotroph.* Sie dienen also dem Wiederaufbau von energetischen Reserven. Die Aktivierung des Parasympathikus bewirkt eine ganze Reihe von physiologischen Reaktionen:

Herzfrequenz und Blutdruck sinken und die Verdauungsaktivität wird gesteigert; der Atem verlangsamt sich und die Atemzüge werden gleichmäßiger, tiefer und länger; die Schweißsekretion geht zurück und die Blutgefäße im Genitalbereich erweitern sich. Nur im Zustand der Entspannung ist unser Körper wirklich bereit für Essen, Verdauung, Sex und Fortpflanzung. Schließ- und Blasenmuskulatur entspannen sich; Tränen-, Speichel, Magen- und Darmdrüsen werden verstärkt aktiv; die Pupillen verengen sich und die Schleimproduktion nimmt zu; die Bauchspeicheldrüsen-Aktivität wird gesteigert und mehr Insulin wird produziert, was den Fett-Abbau-Prozess und diverse Biosynthese-Vorgänge einleitet.

PINGALA UND PRANA-SHAKTI

Pingala ist das polare Gegenprinzip zu Ida. Es dominiert die rechte Seite des Körpers und die linke Gehirnhälfte und korrespondiert mit dem Atemstrom, der durch das rechte Nasenloch fließt. In Pingala bewegt sich *Prana-Shakti* oder Vitalenergie, die erhitzend wirkt und für die nach außen gerichtete Seite des Menschen steht, sein aktives oder maskulines Prinzip. Das *Yang* des Tao oder das *Ha* im Hatha-Yoga. *Surya,* die Sonne, ist das Gegenbild zum Mond von Ida.

In physiologischer Hinsicht korrespondiert Pingala mit dem Sympathikus. Das ist jener Aspekt des autonomen Nervensystems, der, im Gegensatz zum Parasympathikus, die aktivierenden und die Handlungsbereitschaft steigernden – oder *ergotrophen* – Vorgänge bestimmt. Wird er angeregt, schütten die Nebennieren vermehrt Adrenalin aus, Herzfrequenz und Blutdruck steigen an und die Schweißdrüsenaktivität wird erhöht. Die Verdauung und Fortpflanzungsbereitschaft sinken zugunsten einer erhöhten Wachsamkeit und Nach-Außen-Gerichtetheit. Der Muskeltonus nimmt zu, die Pupillen erweitern sich und die Atmung wird schneller. Der Sympathikus schaltet uns sozusagen von der Entspannung auf den „Fight-and-Flight-Modus".

SUSHUMNA UND ATMA-SHAKTI

Die Techniken der yogischen Energiearbeit zielen auf eine *Balance der Ströme von Ida und Pingala.* Dominiert Pingala, ist unser Körper rastlos, dominiert Ida, dann kommt unser Geist nicht zur Ruhe. Der Königsweg ist also der mittlere: In der *Balance* erreichen wir die *Stille* beider. Dann, so die Idee, kann die dritte und wichtigste Kraft, *Atma-Shakti* oder Kundalini, durch die *Sushumna* nach oben steigen, die Chakras eines nach dem anderen aktivieren und sich im Ajna-Chakra mit Ida und Pingala vereinen – *Triveni,* der Zusammenfluss der drei Ströme – um von dort gemeinsam ins Kronen-Chakra zu fließen. „Wenn Sushumna fließt, tritt der Geist spontan in einen meditativen Zustand ein, und Kundalini, die spirituelle Kraft, steigt durch die Chakras nach oben."[114]

Die Balance von Ida und Pingala und das dadurch ermöglichte freie Fließen von Sushumna sind der energetische Ausdruck der spirituellen Transzendenz der Dualität. Gelassenheit oder Ausgeglichenheit sind ein energetisches, psychisches und physisches Phänomen gleichermaßen. Was nicht ausgeglichen ist, bricht zusammen – das gilt in der Architektur ebenso wie für uns ganz persönlich. Die richtige Mitte und das rechte Maß in allen Dingen, sie sind der goldene Schlüssel der Selbstentwicklung. Sushumna wird nicht umsonst auch als *königlicher Pfad* bezeichnet, die gleiche Idee übrigens, die sich auch im Wort *Tarot* findet, das ägyptischen Ursprungs ist. *Tar* heißt Straße und *ro* bedeutet königlich.

Sushumna hat eine ganz eigene „Anatomie": Sie wird als feinstoffliche Röhre beschrieben, innerhalb derer drei weitere Röhren verlaufen. Sushumna-Nadi bildet den äußeren Teil. Im Inneren finden sich *Vajrini-Nadi, Chitrini-Nadi* und im Zentrum schließlich *Brahma-Nadi.* Im holographischen System des Yoga stehen die Teile von Sushumna auch für die drei Gunas und deren Eigenschaften. Sushumna-Nadi repräsentiert Tamas, die spirituelle Unwissenheit oder Blindheit. Vajrini symbolisiert Rajas, die Leidenschaft und Aktivität. Chitrini steht für Sattva, Harmonie und

Erkenntnis. Brahma-Nadi schließlich steht für das Prinzip der Transzendenz oder die Überwindung der Gunas. So spiegelt die Sushumna-Anatomie den Prozess der spirituellen Selbstentwicklung von der Selbst-Vergessenheit bis zur Erfahrung des Höchsten, die Bewegung von außen nach innen. Selbstverwirklichung ist, wenn man so will, ein Prozess energetischer Balancierung, der zu einer energetischen Zentrierung führt, die wiederum den Aufstieg der Kundalini auf der Leiter des Energiekörpers ermöglicht. Physiologie, Energie und Mentales sind ein einziges Hologramm.

Übung: Ida und Pingala balancieren

Schritt 1 – Atembeobachtung zwischen dem Manipura- und Vishuddha-Chakra

Setzen Sie sich in Meditationshaltung oder legen sie sich auf den Rücken. Schließen Sie die Augen und kommen Sie zur Ruhe, indem Sie der Bewegung Ihres Atems zwischen Bauchnabel und Hals folgen. Bei der Einatmung folgen Sie dem Atem vom Bauchnabel hinauf zum Hals, bei der Ausatmung vom Hals hinunter zum Nabel.

Schritt 2 – Prana Shuddha

Nach ein paar Minuten bringen Sie Ihre Aufmerksamkeit zu den Nasenöffnungen und praktizieren Prana-Shuddhi, die mentale Wechselatmung. Stellen Sie sich vor, dass Sie durch die linke Seite einatmen und durch die rechte Seite ausatmen. Dann atmen Sie rechts ein und links wieder aus. Fühlen Sie die Bewegung des Atems in Ihren Nasenöffnungen.

Bei regelmäßiger Praxis werden Sie ein Pulsen, Wärme, ein Kribbeln oder eine Bewegung im Bereich des Augenbrauen-Zentrums spüren können – ein Zeichen, dass das Ajna-

Chakra zu erwachen beginnt. Prana-Shuddhi bringt Ida und Pingala in ein energetisches Gleichgewicht. Praktizieren Sie die Übung ein paar Minuten lang. Bleiben Sie dabei wach und achtsam.

Schritt 3 – Atmen durch die Wirbelsäule

Stellen Sie sich vor, Sie würden entlang Ihrer Wirbelsäule atmen. Bei der Einatmung atmen Sie die Wirbelsäule vom Beckenboden hinauf zur Krone des Kopfes, bei der Ausatmung folgen Sie der Bewegung des Atems zurück von der Krone des Kopfes zum Beckenboden. Sie atmen ein und aus durch die Wirbelsäule.

Sie können diese Übung sowohl rein wahrnehmungsorientiert machen, also einfach den Empfindungen folgen, oder auch eine Visualisierung wie diese hinzufügen: Stellen Sie sich einen Energiefluss als feinen, milchig-weißen Strahl im Zentrum der Wirbelsäule vor, der sich mit der Einatmung nach oben und mit der Ausatmung nach unten bewegt.

Schritt 4 – Atmen durch Anhata, das Herz-Zentrum

Führen Sie Ihre Aufmerksamkeit nun in die Mitte der Brust. Atmen Sie, als würden Sie durch diesen Punkt ein- und ausatmen. Sie atmen durch Anahata, das Herz-Chakra, die Mitte zwischen Muladhara und Sahasrara, der Punkt zwischen Himmel und Erde.

Abschluss

Nach zwei bis fünf Minuten reiben Sie Ihre Handflächen aneinander und legen sie über die Augen. Nun öffnen Sie achtsam Ihre Augen und blicken noch einen Augenblick lang in die warme, schützende Dunkelheit.

Anfang des 16. Jahrhunderts verfasste ein Yogi namens Purnananda, dessen Name „Vollkommenes Glück" bedeutet, das *Sat-Chakra-Nirupana* – eine Beschreibung der sechs Chakras. Dort ist über das Wurzel-Chakra geradezu Verehrungswürdiges zu lesen:

> „Wer auf Sie (Kundalini) meditiert, die in Muladhara-Chakra mit dem Strahlen von zehn Millionen Sonnen leuchtet, wird ein Meister der Sprache, König unter den Menschen und ein Adept in allen Arten des Wissenserwerbs. Er ist befreit von allen Krankheiten, und sein innerstes Wesen ist voll großer Freude. Mit reinem Gemüt und Worten wie Musik dient er den ersten unter den Göttern."[115]

Svadhishthana – Genießen

Glück und Freiheit beginnen mit einem klaren Verständnis dieses einen Prinzips: Manche Dinge können wir kontrollieren, manche nicht.[116]

Epiktet, griechischer Philosoph, 1. Jahrhundert

BEGRIFF UND ALLGEMEINES

Svadhishthana bedeutet wörtlich „eigene Wohnstatt“. Es ist ein Wort, das den *eigentlichen* Aufenthaltsort von Kundalini bezeichnet. Einst wohnte die Schlange an diesem Ort der Lebensfreude. Doch sie berauschte sich zu sehr an der Welt und sank bald schlaftrunken zu Muladhara hinab. „Wenn du Kundalini zu ihrer eigentlichen Wohnstatt in Svadhishthana bringst“, sagt Swami Rama, „wird sie sich ihrer Familie bewusst werden und sich entscheiden, ihr Heim nicht mehr zu verlassen. Dann erwacht dieses unschuldige und schöne Mädchen, das so voller Kraft ist.“[117]

Das Meer ist ein Symbol für Svadhishthana. Es steht für das Unbewusste, für die Gesamtheit der *Samskaras,* das sind die unzähligen Eindrücke, die in diesem und in den vergangenen Leben auf uns eingestürmt sind. Alle sind sie im tiefen Meer des Unbewussten gespeichert, weil nichts, das unseren Geist erreicht, je wieder verloren geht. „Vergessen“ heißt nur: Etwas ist im Zustand unseres alltäglichen Wachbewussteins nicht mehr erreichbar für uns. Doch es ist nicht einfach weg, sondern bleibt gespeichert auf dem Grund des Meeres. Wäre Chitta, unser individueller Geist, ein Eisberg im Ozean reinen Bewusstseins, dann wäre unsere gegenwärtige Bewusstheit, alle Erinnerungen, die uns zugänglich sind, alles Wissen, über das wir aktiv verfügen, nur die winzig kleine Spitze dieses Eisbergs, die über der Wasseroberfläche liegt. Doch die unbekannten Tiefen üben einen starken Einfluss auf unser Leben aus. Viele instinktive Impulse fließen aus Svadhishthana.

Die meisten Menschen, so kann man wohl sagen, drücken sich in erster Linie über das zweite Energiezentrum aus, in welchem es vor allem um die sinnlichen Freuden geht, zumeist um Essen und Sex. Das zugeordnete Element ist das Wasser. Das passt sehr gut, denn Svadhishthana ist ein „Feuchtgebiet“. Zwar gehören die Themen Nahrung und Sexualität thematisch ebenso zu Muladhara, doch beim ersten Chakra geht es um Grundlegenderes, nämlich um das Überleben. Die Perspektive von Svadhishthana ist da schon luxuriöser: denn es geht um Spaß und Freude. Freude kann sich erst einstellen, wenn die existenziellen Fragen des Lebens gelöst sind. Wer täglich ums nackte Überleben kämpfen muss, wird das Leben kaum genießen. Genießen und Freude sind das Lebensthema von Svadhishthana.

Samskaras erscheinen in Form von Begierden. Die schönen Eindrücke schreien nach Wiederholung und die schmerzhaften wollen vermieden werden (was ja nur die andere Seite derselben Medaille ist). Yoga sagt, dass es eben diese Begierden sind, die uns immer wieder in den Kreislauf des Lebens eintreten lassen. Unser Wollen und unsere Wünsche binden uns an *Samsara,* das Rad von Leben, Tod und Wiedergeburt. Es ist wie eine Sucht. Wir können das pyhsische Leben nicht lassen und inkarnieren immer wieder neu. Süchte führen trotz der schönen Momente, die man im Rausch erleben mag, immer in den Schmerz. Die Yoga-Philosophie hat eine fast erschütternd radikale Haltung, wenn sie sagt, dass letztlich *jede* Erfahrung früher oder später in den Schmerz führt. Wir können noch so viele schöne Eindrücke sammeln, doch sie haben schmerzhafte Nebenwirkungen oder verlieren ihre Anziehungskraft. Und wenn nicht, dann werden sie eines dennoch ganz sicher – vergehen. Das tut weh. Nichts schützt uns vor dem physischen Tod; und danach führen sie uns in ein weiteres Leben, das erneut Freude und Leid bereithält. Das ist die Dualität des Lebens. Patanjali sagt im *Yogasutra:*

> „Wer Unterscheidungskraft besitzt, erkennt, dass letztlich alle Erfahrungen (also angenehme wie unangenehme) mit Leid verbunden sind. Entweder, weil sie *per se* akut frustrierend oder schmerzhaft sind; oder weil sie den Boden bereiten, auf dem spätere Frustration und Schmerz wachsen; oder weil die mentalen Muster wegen der Gunas dauernden Schwankungen unterliegen (und wir deshalb heute als angenehm empfinden, was uns morgen vielleicht schon unangenehm ist)."[118]

SYMBOLIK UND ZUSCHREIBUNGEN

Svadhishthana wird meist als orangefarbener Lotos mit sechs Blütenblättern dargestellt. Das Yantra zeigt einen Kreis, der für das Wasser steht. In der unteren Kreishälfte liegt ein Halbmond, dessen Symbolik hier die Idee der Samskaras und der Wiedergeburt transportiert: So wie der Mond fortwährend seine Phasen ändert, um doch nur immer wieder das Gleiche zu erleben, seinen Aufgang und Untergang nämlich, so ändern sich auch die mentalen Zustände des Menschen, die Emotionen und das Wollen und Nichtwollen, um uns vom Leben zum Tod und wieder zurück ins Leben zu bringen.

Der Mond verweist auch auf die biologischen Zyklen, denen die Wesen unterliegen. Man weiß, dass er eine bedeutende Rolle für die Bio-Rhythmen spielt, vor allem wenn es um die Paarung geht. So besteht eine Verbindung zwischen dem Bild des Mondes im Yantra von Svadhishthana und den Geschlechtsorganen des Menschen, die diesem Chakra als Karmendriyas oder Handlungsorgane zugeordnet werden. Das Element Wasser zeigt natürlich in dieselbe Richtung; physisches Leben wäre ohne Wasser nicht möglich, es ist die Essenz des Lebens. Unser Körper besteht zum größten Teil aus Flüssigem. Weil das so ist, spielt Wasser auch in vielen Schöpfungsmythen eine entscheidende Rolle. Aus dem Urwasser steigt das Leben auf, und die Formlosigkeit nimmt Form an. Die Kraft des Mondes (die mentale Energie der Samskaras) ändert diese Gestalt (unsere mentalen Zustände) fortwährend: Ebbe und Flut unseres Seins. Der Mond und das Wasser sind also Spielgefährten. Dieser symbolische Zusammenhang wirkt in die konkrete Yoga-Praxis hinein.

Wenn wir in Nadi-Shodana durch das linke Nasenloch atmen, aktivieren wir Ida-Nadi, den Fluss der Mentalenergie, die durch den Mond symbolisiert wird. Die linke Nasenöffnung korreliert mit der rechten Gehirnhälfte (so wie auch Augen und Ohren „über kreuz“ mit den Gehirnhälften „verdrahtet“ sind). Es ist die rechte

Gehirnhälfte, die in besonderer Weise mit unseren Emotionen zu tun hat. Symbolik, energetisches Konzept und physische Realität werden eins in der Yoga-Philosophie.

Auch das diesem Chakra zugeordnete Wahrnehmungsorgan hat mit Feuchtigkeit zu tun: Es ist die Zunge. Das zugehörige feinstoffliche Element oder Tanmatra ist der Geschmack. Die Zunge und unsere Geschlechtsorgane: Was könnte mehr zu tun haben mit dem „Faktor Spaß" im Leben als eben diese beiden? Die Körpersubstanz, die mit Svadhishthana einhergeht, ist das Weiche, Warme, Glibberige und Schmierige, also das Fett.

Vyana-Vayu, das den ganzen Energiekörper durchflutende Energiefeld, die „Reserve-Energie" unseres Organismus, ist das Vayu, das zu Svadhishthana gehört. Es liegt enorme Kraft in diesem Energiezentrum, denn kaum eine Energie ist stärker als die sexuelle. Es gibt bekanntlich Menschen, die von dieser Energie so beherrscht werden, dass sie sogar Verbrechen begehen, um Befriedigung zu erfahren. Die Sexualenergie ist immer und überall präsent, so wie Vyana-Vayu. Yogis wollen diese Energie nicht unterdrücken, sondern nutzen. „Letztlich", so fragt Swami Satyanada Saraswati rhetorisch, „was ist Bhakti, die Hingabe, und Vereinigung? Sie ist eine sublimierte und reine Form sexueller Energie."[119] Und weiter:

> „Die Rishis sagen, dass die gleiche Energie, die in der Leidenschaft fließt, sich als Hingabe ausdrückt, wenn sie kanalisiert wird. Kanalisiere sie weiter, dann wird sie sich als eine spirituelle Erfahrung manifestieren. Deshalb lieben spirituelle Sucher Gott in seinen unterschiedlichen Ausdrucksformen. Manche bezeichnen ihn als Vater, als Mutter, als Kind, Freund, Ehemann oder Liebhaber. So können sie ihre emotionale Energie sublimieren und sogar ihre Primär-Energie in eine Erfahrung der Heiligkeit transformieren."[120]

Nicht von ungefähr erinnern uns die Schilderungen von Gottbegegnungen immer wieder an die sexuelle Ekstase. Es ist die gleiche Energie. Doch sie ist heilig geworden. Der Mystiker Hafiz spricht zu Gott wie zu einer Liebesgefährtin:

„Deine Schönheit macht mich verrückt,
und die Nachbarn beklagen sich,
wenn ich mitten in der Nacht zu schreien beginne,
weil ich diese Freude nicht mehr aushalten kann.
Was ich heute Nacht wissen will,
mehr als irgendetwas sonst, das ist: Alles über Dich.“[121]

Auch Kabir sprach von Gott immer wieder als seinem „Liebhaber“. In unser Bett, sagt er, müssen wir ihn jede Nacht holen und mit ihm schlafen. Erleuchtung als Sex mit Gott. Für verrückt hält er die Menschen, die das nicht tun:

„Dein Liebhaber ist weise, doch du bist töricht!
Nie hast du das Bett für deinen Ehemann bereitet –
Du Wahnsinnige!
Deine Zeit hast du mit dummem Spiel vergeudet.
Deine Jugend verstrich vergebens,
weil du Gott nicht erkannt hast.
Wach auf! Wach auf und sieh:
Dein Bett ist leer –
Er hat dich in der Nacht verlassen.“[122]

Das Tiersymbol von Svadhishthana ist das Krokodil. Es fügt sich perfekt in die Gesamtsymbolik dieses Energiezentrums ein. Krokodile lieben es feucht. Ihnen eilt der Ruf großer Gefräßigkeit voraus. Wenn sie nicht fressen oder im Wasser auf Beute lauern, liegen sie faul und tamasisch-genussvoll am Ufer des Flusses herum. Natürlich sind sie auch ein Bild für Gefährlichkeit. Blitzschnell schnappen sie zu und lassen nichts mehr los, was sie einmal in ihren starken Kiefern haben. Das endet in der Regel tödlich. Es ist also sehr gefährlich, sich unvorsichtig mit Krokodilen einzulassen – mit dem Krokodil *in uns* ebenso wie mit dem Krokodil *der anderen.* Auch das Tricksen und Gaukeln gehört nämlich zu seinen Charakterzügen: „Die Gewohnheiten des Jagens und Täuschens“, schreibt Harish Johari, „des Sonnenbadens an Stränden, des Sich-Treiben-Lassens und des Fantasierens sind Eigenschaften eines Menschen, dessen Geist vom zweiten Chakra dominiert wird.“[123] Die sprichwörtlichen „Krokodilstränen“, diese vorgetäuschte Emotion, erinnert ebenfalls an den Gaukler Svadhishthana.

Die gefährlichen Krokodile lieben bekanntlich das Fleisch. Um das zweite Chakra zu entwickeln, ohne gleich von ihm überwältigt zu werden, sollte man es nicht zu viel mit dem Füttern, was es am liebsten mag. Eine fleischarme Ernährungsweise kann deshalb hilfreich sein.[124]

In physischer Hinsicht gehört natürlich der Unterleib zu Svadhishthana, der Bereich von Hüfte, Po, Genitalien, Eierstöcken und Hoden. Das Chakra ist lokalisiert im Bereich des Steißbeins und kann über sein Kshetram, das im gegenüberliegenden Schambein liegt, angeregt werden. Das Bija-Mantra heißt VAM.

Die Yoga-Traditionen gehen eher vorsichtig mit dem zweiten Chakra um. Das wird nach allem Gesagten kaum verwundern. Seine Kraft ist so stark, dass es zu einem großen Hindernis werden kann. Weder will es unterdrückt noch unachtsam gefüttert werden. Vielmehr geht es darum, seine Kraft in eine höhere Form zu transformieren.

Übung: Meditation auf Svadhishthana

Setzen Sie sich in Meditationshaltung. Kommen Sie zur Ruhe, indem Sie Ihren Atem beobachten. Nehmen Sie einen tiefen Atemzug und chanten Sie während der Ausatmung: VAM-VAM-VAM, VAM-VAM-VAM, VAM-VAM-VAM

Lassen Sie die Energie dieses Klanges in Ihren Unterleib hineinfließen. Wiederholen Sie die Übung, so lange Sie sich dabei wohlfühlen.
Nun atmen Sie ein paar Minuten lang so, als würden Sie durch ihren Unterleib ein- und ausatmen. Sie atmen durch Svadhishthana ein und aus. Beobachten Sie sich. Es kann durchaus sein, dass eine sexuelle Stimulation dabei eintritt.

Machen Sie zum Abschluss drei Atemzüge und öffnen Sie dann achtsam die Augen. Spüren Sie ein wenig nach. Was hat sich verändert? Was macht das Krokodil?

Weil Svadhishthana mit Vyana-Vayu korreliert, dem Energiefeld, das unseren ganzen Körper durchflutet, können wir es auch mit allen Übungen anregen, die unser Ganz-Körper-Gewahrsein ansprechen, verfeinern und ausdehnen. Eine regelmäßige Praxis zum Beispiel von Shavayatra, der „Reise durch den Körper", oder auch ein einfacher Body-Scan können uns in bewusste Verbindung mit diesem Energiefeld bringen. Wer solche Übungen täglich praktiziert, wird bald den „Körper im Körper" fühlen können. Der physische Körper schläft ein und der innere Körper wird erfahren. *Mind awake, body asleep* nannte der Bewusstseinsforscher Robert Monroe diesen Zustand. Es kann sich anfühlen wie ein wunderbares Schwimmen im eigenen Inneren, verbunden mit einem Gefühl wirklicher Expansion.

Übung: Body–Scan mit Atemgewahrsein

Legen Sie sich auf den Rücken und schließen Sie die Augen. Achten Sie darauf, dass Sie bequem liegen. Am besten legen Sie ein flaches Kissen unter Ihren Kopf und eventuell

auch zwei flache Kissen unter Ihre Kniekehlen. Sie sollten sich während des Body-Scans nicht bewegen, damit sich ein Gefühl physischer Körperlosigkeit einstellen kann.
Bringen Sie Ihre Aufmerksamkeit nun zur Krone des Kopfes ... zur Stirn ... zu den Augenbrauen ... zum Punkt zwischen den Augenbrauen ... Augen ... Wangenknochen ... Wangen ... Nase ... Nasenspitze ... Nasenöffnungen ... **Machen Sie nun vier bewusste Atemzüge und fühlen Sie den Luftstrom in Ihren Nasenöffnungen.**

Kommen Sie zum Mund ... zu den Mundwinkeln ... Kinn ... Kiefer ... Nacken ... Schultern ... Oberarme ... Ellenbogen ... Unterarme ... Hände ... Finger ... Fingerspitzen ... **Atmen Sie viermal, als würden Sie durch die Fingerspitzen ein- und ausatmen.**

Kommen Sie wieder zu den Fingern ... zu den Händen ... Unterarme ... Ellenbogen ... Oberarme ... Schultern ... Nacken ... Oberer Rücken ... Brustkorb ... die Mitte der Brust ... **Atmen Sie viermal, als würden Sie durch den Punkt in der Mitte der Brust ein- und ausatmen.**

Kommen Sie zum Bauch ... zum Unterleib ... zum unteren Rücken ... zu den Hüften ... zu den Oberschenkeln ... Knie ... Unterschenkel ... Fußgelenke ... Füße ... Zehen ... **Atmen Sie, als würden Sie durch die Zehen ein- und ausatmen. Sie atmen weißes, klares und frisches Licht ein und geben mit der Ausamtung verbrauchte Energie ab. Machen Sie ein paar Atemzüge. Bleiben Sie wach und achtsam.**

Kommen Sie zu den Füßen ... zu den Fußgelenken ... den Unterschenkeln ... Knie ... Oberschenkel ... Hüften ... unterer

Rücken ... Unterleib ... Bauch ... Brust ... Mitte der Brust ... **Atmen Sie viermal, als würden Sie durch den Punkt in der Mitte der Brust ein- und ausatmen.**

Oberer Rücken ... Schultern ... Oberarme ... Ellenbogen ... Unterarme ... Handgelenke ... Hände ... Finger ... Fingerspitzen ... **Atmen Sie viermal, als würden Sie durch die Fingerspitzen ein- und ausatmen.**

Finger ... Hände ... Handgelenke ... Unterarme ... Ellenbogen ... Oberarme ... Schultern ... Nacken ... Kiefer ... Kinn ... Mundwinkel ... Mund ... Nasenöffnungen ... **Machen Sie vier Atemzüge und fühlen Sie den Luftstrom in Ihren Nasenöffnungen.**

Wangen ... Wangenknochen ... Augen ... Augenbrauen ... der Punkt zwischen den Augenbrauen ... die Stirn ... die Krone des Kopfes ... **Atmen Sie zum Abschluss viermal so, als würden Sie mit dem ganzen Körper atmen. Ihr ganzer Körper atmet ein und aus.**

Zum Abschluss der Übung reiben Sie Ihre Hände aneinander und legen Sie sie über Ihre geschlossenen Augen. Öffnen Sie nun achtsam die Augen und blicken noch einen Augenblick in die warme, sanfte Dunkelheit. Nehmen Sie diese tiefe Ruhe und Entspannung mit in Ihren Tag.

DIE PSYCHOLOGIE VON SVADHISHTHANA-CHAKRA

Die Svadhishthana-Psychologie kreist um das Thema Lebensfreude: Wenn dieses Energiezentrum sich weitet und in Fluss kommt, strömt zunehmend die Energie der Freude aus unserem eigenen Inneren. Je weiter Svadhishthana entwickelt ist, desto weniger sind wir darauf angewiesen, das Glück „dort draußen in der Welt" zu suchen, und umso mehr erkennen wir, dass wirkliche Freude aus der spirituellen Tiefe unseres Seins kommt.

Svadhishthana – Tamas

Regiert Tamas in Svadhishthana, dann ist die Traurigkeit das bestimmende Element im Leben. Unfähig, sich zu freuen, kann man das Leben nicht genießen. Der Blick richtet sich allein auf die negativen Aspekte des Lebens. Schaut man zurück, sind da nur ungute Erinnerungen. Blickt man in die Zukunft, so erwartet man nichts Positives. Pessimissmus und Hoffnungslosigkeit prägen das Bild.

Auf der emotionalen Ebene sorgt Tamas für ein geringes Selbstwertgefühl, oft auch in Verbindung mit Schuldgefühlen. Das Denken ist langsam und träge, und die fehlende Lebensfreude entzieht dem Geist die Motivation, die Aufgaben im Leben anzupacken. Schlaflosigkeit und Morgendepression gehören dazu. Die Nacht verspricht keine Erholung, und der Tag beginnt in Dunkelheit. Nicht nur dem Geist, sondern auch dem Körper fehlt die notwendige Lebensenergie. Die Handlungen sind entsprechend unentschlossen und langsam. Man kommt nicht richtig auf die Beine. Obgleich die Muskeln immer unter Spannung stehen, sind sie schwach. Appetitlosigkeit und Verdauungsprobleme begleiten Tamas ebenso wie ein reduzierter sexueller Antrieb. Mit anderen Worten: Wenn es schlimm kommt, dann geht nichts mehr im Leben.

Es verwundert nicht, dass der Gedanke an Selbstmord einem solchen Menschen nichts Fremdes ist. Wie kann man ihm helfen? Sicher nicht, indem wir ihm Yoga und Meditation empfehlen, denn wer so in Düsternis steckt – in *akuter Depression* – der braucht sofortige ärztliche Hilfe, und seien es auch nur Anti-Depressiva.[125] Die wirken zwar allein auf symptomatischer Ebene, doch immerhin können sie die Qual des Seins etwas lindern. Depressive Tendenzen finden sich übrigens auf allen Chakra-Ebenen, wenn Tamas stark ausgeprägt ist.

Svadhishthana – Tamas-Rajas

Ein Funke Rajas ändert noch nicht sehr viel am depressiven Grundzustand des Menschen. Mutlosigkeit, Niedergeschlagenheit und Bedrücktheit sind nach wie vor die Hauptattribute. Man ist meist pessimistisch und unfähig, neben dem Schlechten auch das Gute an den Dingen zu sehen. Wo uns beim reinen Tamas-Typ der Zustand der *akuten* Depression begegnet, treffen wir hier auf einen Menschen, der unter *chronischer* Depression leidet. Menschen dieses Schlages geraten oft in Suchtprobleme. Die Droge gilt als vermeintlicher Ausweg aus der Dunkelheit des Seins.

Immerhin eröffnet eine Spur Rajas im Temperament die Möglichkeit, einer stärkenden Praxis nachzugehen, um sich auf den Weg der Heilung zu machen. Alles, was Licht und Kraft ins Leben bringt, kann hier helfen. Also vitalisierende Übungen, öffnende Asanas, Tiefenentspannung und Meditation, natürlich auch positive Affirmationen. Sie können helfen, den Geist neu zu „programmieren“, um aus der depressiven „Gewohnheit“ auszubrechen.

Übung: „Ich freue mich an meinem Leben“

Setzen Sie sich in Meditationshaltung. Schließen Sie die Augen und beobachten Sie Ihren Atem. Wenn Sie zur Ruhe gekommen sind, sprechen Sie die folgenden vier Sätze und gehen in die Wahrnehmung dessen, was Sie sagen:

1. Ich spüre die Atemluft in meinen Nasenöffnungen.
2. Ich fühle die Bewegung von Brust und Bauch, während ich atme.
3. In diesem Moment bin ich mir meines ganzen Körpers bewusst.
4. Ich freue mich an meinem Leben.

Machen Sie zum Abschluss noch drei Atemzüge, und öffnen Sie dann achtsam die Augen.

Wenn Sie die Affirmation sprechen, mag es sein, dass das, was Sie sagen, sich nicht deckt mit dem, was Sie im Moment fühlen. Das spielt jedoch keine Rolle. Die Affirmation kann, regelmäßig benutzt, trotzdem Wirkung entfalten. Es geht hier nicht darum, sich etwas „einzureden", was nicht stimmt. Versuchen Sie einfach, die *Möglichkeit zuzulassen, dass Freude Sie durchfluten kann.* Laden Sie die Freude mit dieser oder auch mit einer anderen, selbst formulierten Affirmation ein, in ihr Leben zu treten. Indem zuvor das Atem- und Körpergewahrsein hergestellt wurden, kann dieser positive Gedanke buchstäblich in alle Zellen einfließen.

Svadhishthana – Rajas-Tamas

Mehr Rajas bringt mehr Motivation und damit auch mehr Möglichkeiten mit sich. Doch der Tamas-Anteil sorgt nach wie vor für depressive Episoden. Immerhin wird eine größere Aktivität an den Tag gelegt, um dem Schmerz auszuweichen. Der Rajas-Tamas-Typ versucht das in erster Linie, indem er nach positiven Genuss-Erfahrungen strebt. Das ist nicht ohne Gefahren und kennt viele Facetten. Der „Trost-Esser“ wird da schon mal zum „Viel-Esser“, Overeating und Bulimie sind bekannte Symptome. Alkohol, Drogen, Glücksspiel und obsessiver Sex sind ebenfalls beliebte Wege dieses Typus. Tamas macht die Welt freilich dunkel und eng, und man sieht nicht sehr weit – vor allem sieht man den Nächsten nicht. Bei der Befriedigung seiner Bedürfnisse geht es diesem Typ allein um sich selbst, und er neigt deshalb dazu, andere auszubeuten, indem er etwa beim Sex nur an sich allein denkt. Das Gegenüber wird zum Objekt.

Der Weg, über die Lust einen Weg aus der Dunkelheit zu suchen, kann schnell übersteigerte Formen annehmen und in Sucht ausarten, dann wird das Leben durch die Brille der Suchtbefriedigung gesehen. Dem Alkoholiker geht es nur noch um sich selbst und seinen Schnaps. Das ganze Leben wird so organisiert, dass ein Leben mit der Sucht weiter möglich bleibt, so lange bis alles zusammenbricht. Der Sex-Besessene sieht die Menschen allein durch die Brille seiner Lustbefriedigung. Die Welt wird zur potenziellen Beute.

Svadhishthana – Rajas

Die Emotionslage ist hier deutlich positiver. Der Rajas-Typ ist optimistisch, flexibel und zeigt Einsatz. Er ist einer, der seinen Spaß am Leben hat – natürlich nur, solange die Dinge gut laufen. Zugleich ist er nicht so obsessiv in der Befriedigung seiner Bedürfnisse wie der Tamas-Typ. Wir haben es hier dennoch nicht gerade mit einem sensiblen Menschen zu tun, dem die Freude seines Nächsten ein Anliegen wäre. Doch immerhin beutet er seinen Nächsten nicht aus. Er erkennt, dass seine eigene Freude noch viel größer sein kann, wenn auch die anderen sich freuen. An vorderster Front steht freilich das Ich, dem sich die Welt als Gelegenheit präsentiert, um Genuss zu erfahren. Alles Handeln ist darauf gerichtet, eben diesen zu bekommen. Ein echter Hedonist.

Ein Problem gibt es auch hier, das wir bei allen rein rajasischen Chakra-Typen antreffen: Das Denken geht grundsätzlich davon aus, dass alles, was wichtig ist, „von draußen" kommen muss. Dass es auch eine *grundlose* Freude geben könnte, eine, die einfach aus einer inneren Quelle heraus sprudelt, ganz unabhängig vom äußeren Geschehen – so wie Anda, das Ei, dessen Kraft in sich selbst ruht und aus sich selbst strömt – ein solcher Gedanke ist ihm nicht zugänglich. Letztlich ist er abhängig und unfrei.

Svadhishthana – Rajas-Sattva

Das Sattva-Guna erweitert den Horizont, und zunehmend kommen Qualitäten wie Ethik und Mitgefühl ins Spiel. Dieser Typus hat ein freundliches Wesen und viel Humor. In der Sexualität ist er achtsam, wissend um die Bedürfnisse des Anderen. Allein kann er nicht gut genießen, es ist ihm ein Anliegen, dass andere sich mit ihm freuen. Immer noch freilich ist er primär nach außen gerichtet und in seinem Wohlsein abhängig von Dingen, die er letztlich nicht kontrollieren kann. Weil er dank der Sattva-Qualität aber kein unsensibler „Klotz" ist, macht ihn die Außenorientierung auch verletzlich. Rajas-Sattva-Typen sind sehr beliebte Menschen, nicht zuletzt deshalb, weil ihre positive Extrovertiertheit sie immer wieder motiviert, anderen Menschen Freude zu bereiten.

Svadhishthana – Sattva-Rajas

Noch mehr Sattva bedeutet, dass noch mehr von innen fließt. Man kommt in Berührung mit dem inneren Quell der Freude. Dieser strahlt auch nach außen. Sattva-Rajas-Typen sind sehr glückliche Menschen, zufrieden, gesellig und humorvoll, zugleich weniger aktionistisch wie der rein rajasische Typus. Andere Wesen sind ihnen ein *wirkliches* Anliegen, doch nicht etwa deshalb, weil Leid und Trübseligkeit der anderen ihnen den Spaß verderben würden, sondern weil sie zunehmend um die innere Einheit des Seins wissen.

Svadhishthana – Sattva

Sattva pur ist Freude pur. Der Spaß muss nicht mehr von draußen ins Leben geholt werden, dieser Typ Mensch *braucht* keine Freude, vielmehr *ist* er Freude. Wenn er einen Raum betritt, bezaubert er ihn einfach durch seine Präsenz. Es gehört zu seiner Natur, dass er in den Dingen immer zuerst das Positive sieht, die Potenziale anstatt der Defizite. Svadhishthana-Sattva-Menschen sind Lebenslehrer *par excellence.*

Zum Abschluss des Kapitels über das Krokodil in uns ein Zitat aus dem *Sat-Chakra-Nirupana.* Dort schreibt Swami Purnananda über Svadhishthana, das zweite Chakra:

> „Wer auf den makellosen Lotos meditiert, den man Svadhishthana nennt, ist augenblicklich befreit von allen (inneren) Feinden, wie zum Beispiel von Ahamkara (dem illusorischen Gefühl, ein vom Ganzen der Welt getrenntes Ich zu sein) und anderen Dingen. Er wird der Beste unter den Yogis und ist wie die Sonne, welche die undurchdringliche Dunkelheit spiritueller Blindheit erhellt. In Prosa und Lyrik fließt der Reichtum seiner nektar-gleichen Worte in klugem Diskurs.“[126]

Manipura – Gestalten

Der stärkste Krieger ist, wer sich selbst besiegt.[127]

Weisheitsspruch der Azteken

BEGRIFF UND ALLGEMEINES

Das dritte Chakra trägt den schönen Namen „Stadt der Juwelen". Das hat zu tun mit der hohen Intensität an Lebensenergie in diesem Zentrum. „Dieser Lotos", sagt eine alte tantrische Schrift, „wird Manipur genannt, weil er strahlend ist wie ein Juwel."[128] Manipura wird manchmal mit der Sonne verglichen, die ihre Strahlung an die sie umkreisenden Planeten abgibt. Auch das Feuer ist ein passendes Bild dafür. Wie es das Holz verbrennt und die darin gespeicherte Energie verfügbar macht, so sorgt Manipura für die Assimilation und Speicherung der Lebensenergie. Ohne Manipura wären wir leblos, ohne Vitalität. Es ist *das* Prana- oder Kraft-Zentrum im Menschen und verbindet ihn mit der kosmischen Energie, die hinter allem wirkt, was existiert.

Es verwundert nicht, dass Manipura in vielen Schriften, vor allem den tantrischen, eine besondere Bedeutung zukommt. Im Buddhismus gilt dieses Kraftfeld als der Sitz Kundalinis. Im Tantra beginnt das spirituelle Leben überhaupt erst auf der Höhe von Manipura. Die darunter liegenden Ebenen Muladhara und Svadhishthana stehen für das bloß Instinkthafte und Unbewusste. Erst auf der Stufe von Manipura, so die (Aufstiegs-)Idee, wird der Mensch sich seiner selbst bewusst. Dann erst beginnt er sich auch zu fragen, wie er sein Leben gestalten soll, wohin er also seine Lebenskraft kanalisieren möchte. *Gestalten* ist mithin das Lebensthema des dritten Energiezentrums.

Energie, Strahlen, Kraft und Hitze, das alles ist die Welt von Rajas. So verbinden sich mit Manipura auch Extrovertiertheit und Aktivität, Qualitäten, die vielen Menschen eigen sind. Sie möchten ihren Willen durchsetzen und die Dinge ihren Vorstellungen gemäß gestalten.

Das Aktive und nach außen Gerichtete hat zu tun mit dem Machen oder dem Handeln und damit auch mit der Kraft, die diesem innewohnt. Starkes Handeln ist machtvolles Handeln. Macht und Stärke stehen auch in einem Zusammenhang mit Selbstwertschätzung. Wer nichts hinbekommt im Leben, weil er die dazu notwendige Energie nicht aufbringen kann, wird nicht allzu viel von sich selber halten. Unsere Kraft formt unser Sein. Wo mein Leben in einem positiven Sinne die Gestalt annimmt, die ich mir vorstelle, da wächst mein Selbstwertgefühl: „Ich kann!"

Übung: „Ich gestalte mein Leben"

Setzen Sie sich in Meditationshaltung. Schließen Sie die Augen und beobachten Sie ein oder zwei Minuten Ihren Atem, indem Sie sich auf die Bewegung Ihrer Bauchdecke konzentrieren.

Bei der Einatmung hebt sich der Bauch, bei der Ausatmung senkt er sich. Die Beobachtung des Atems an der Bauchdecke ist eine vollständige Meditationsübung in sich, eine stärkende und erdende Praxis. Wenn Sie zur Ruhe gekommen sind, sprechen Sie innerlich die folgenden vier Sätze. Versuchen Sie innerlich wahrzunehmen, was Sie sagen:

1. Ich spüre die Atemluft in meinen Nasenöffnungen.
2. Ich fühle die Bewegung von Brust und Bauch, während ich atme.
3. In diesem Moment bin ich mir meines ganzen Körpers bewusst.
4. Ich bin vital und gesund. Ich gestalte mein Leben.

Machen Sie noch drei Atemzüge und öffnen Sie dann achtsam die Augen.

SYMBOLIK UND ZUSCHREIBUNGEN

Manipura wird meist als leuchtend-gelber Lotos mit zehn Blütenblättern gezeigt. Im Inneren des Yantra verweist ein Dreieck, dessen Spitze nach unten zeigt, auf die Verbindung zur Erde.

Es ist lokalisiert in der Wirbelsäule auf Höhe des Bauchnabels. Deshalb wird es auch *Nabhi-Chakra* – Nabel-Chakra oder Nabel-Lotos – genannt. Der Nabel ist auch der zu Manipura gehörende Triggerpunkt (Kshetram). Der Nabel erinnert uns daran, dass wir einst im Schoß unserer Mutter heranwuchsen, und dass sie es war, deren Lebenskraft uns über die Nabelschnur zufloss.

Im Bauch regiert Samana-Vayu, jenes Energiefeld, in welchem Prana- und Apana-Vayu, die nach innen und nach unten wirkenden Energiefelder, sich in der Praxis des Pranayama umkehren und begegnen. Manipura ist der „Schmelztiegel“ unseres Energiekörpers.

In physischer Hinsicht gehören zum dritten Chakra das Verdauungssystem, also Magen, Leber, Galle, Bauchspeicheldrüse, Milz, sowie das große Nervengeflecht, das passenderweise den Namen der Sonne trägt: *Solarplexus* heißt nämlich „Sonnengeflecht“. Manchmal wird es auch „Bauchgehirn“ genannt.[129] Die westliche Wissenschaft hat also ein nicht ganz unähnliches Bild von dieser Region, der im Yoga das Element Feuer zugeordnet wird.

Hitze heißt im Sanskrit *Tapas*. Das transportiert die Idee der Veränderung, Reibung und Transformation. Das kann manchmal auch schmerzhaft sein. Erneut sehen wir, wie mühelos und geradezu wunderbar die Symbolsprache hier greift. Schmerz ist auch ein Attribut von Rajas, dessen Farbe das Rot ist (wie Blut und Muskelfleisch). Tapas bedeutet zudem auch Bemühung oder Anstrengung. Das gehört zum Weg des Yoga dazu. Man nennt ihn daher auch den *Weg des Feuers*.

Sonne und Feuer sind aber nicht nur heiß, sondern geben auch Licht, und das brauchen wir zum Sehen. Das zu Manipura gehörende Wahrnehmungsorgan (Jnanendriya) ist deshalb das Auge, und das feinstoffliche Element oder Tanmatra ist die Form, das also, was man mit dem Auge wahrnehmen kann. Nur wenn wir sehen, wissen wir auch, wohin wir gehen. Das mit Manipura korrelierende Aktionsorgan (Karmendriya) sind die Beine.

Die zugeordnete Körpersubstanz (Dhatu) ist das Fleisch: die Muskeln. Auch das vermittelt die Idee der Kraft. Ein kräftiger Schlag auf den Solarplexus, davon können östliche Kampfsportler berichten, streckt jeden Gegner nieder. Er verliert buchstäblich seine Lebenskraft und damit auch das Bewusstsein.

Das Tiersymbol des Nabel-Chakra ist der Widder. Seine mächtigen, rundgebogenen Hörner symbolisieren Energie, Kraft und Durchsetzungsfähigkeit. Er ist auch das Symbol für Agni, den Gott des Feuers, und den roten Planeten Mars, der den Römern als Kriegsgott galt. Zum Auftakt einer Schlacht bliesen indische Soldaten früher in ein Horn des Widders; und um feindliche Bastionen zu erobern, bedienten sich die Armeen früherer Zeiten gerne einer Ramme oder eines Rammbocks. Ein anderes Wort dafür ist der Sturmbock – oder eben der Widder. Das englische Wort für Widder ist übrigens *ram.* Ramme, Rammbock, ram. Hier besteht eine unübersehbare etymologische Verwandtschaft zum Bija-Mantra des Nabel-Chakras: Es lautet nämlich RAM.

Übung: Meditation auf Manipura

Setzen Sie sich in Meditationshaltung und kommen Sie zur Ruhe, indem Sie Ihren Atem beobachten. Nehmen Sie die Bewegung Ihres Bauches wahr, während Sie atmen. Bei der Einatmung hebt sich die Bauchdecke, bei der Ausatmung senkt sie sich.

Nach ein oder zwei Minuten nehmen Sie einen tiefen Atemzug und chanten: RAM-RAM-RAM, RAM-RAM-RAM, RAM-RAM-RAM.

Sprechen Sie das R etwa so wie im Englischen und lassen Sie regelrecht in das A und M „ausrollen". Was für ein kraftvoller Klang!

Lassen Sie die Energie dieses Bija-Mantras in Ihren Bauch fließen. Wiederholen Sie die Übung, so lange Sie sich gut damit fühlen.

Nun atmen Sie so, als würden Sie durch ihren Bauchnabel ein- und ausatmen. Sie atmen durch Manipura ein und aus. Bleiben Sie bei der Beobachtung der Bauchatmung, so lange Sie sich wohlfühlen. Dies ist eine vollständige Praxis in sich.

DIE PSYCHOLOGIE DES MANIPURA-CHAKRA

Manipura – Tamas

Tamas-Typen, so kann man es auf eine Kurzformel bringen, stecken buchstäblich fest. Nichts geht. Es ist schlimm genug, anstehende Aufgaben immer wieder zu verschieben, doch die Tamas-Dominanz reicht weiter: Man fängt nämlich gar nicht erst etwas an. Der Manipura-Tamas-Typ kommt nicht in die sprichwörtlichen „Puschen". Er ist lethargisch, dumpf, träge und inaktiv – ein energetischer Blockade-Status also. Menschen dieses Schlages nehmen ihr Leben nicht in die eigene Hand, sie gestalten es nicht mit eigenen Händen. Damit einher geht meist ein geringes Selbstwertgefühl.

Manipura – Tamas-Rajas

Ein wenig Rajas verändert schon das Bild. Die tamasische Energie hält diesen Typus zwar noch zurück, doch Rajas sorgt dafür, dass immer wieder Aktivitäten gezeigt werden. Das Problem ist aber, dass viele Dinge angefangen werden, ohne sie zu Ende zu bringen. Man ist also bald von unerledigten Baustellen umzingelt, eine Situation, die psychologischen Stress erzeugt, zu Schuldgefühlen und reduzierter Selbstwertschätzung führt: „Nichts bekomme ich hin!" Permanente Frustrationserfahrungen können in die Depression führen.

Wer immer wieder Dinge anfängt, ohne sie zum Abschluss zu bringen, tut gut daran, seinen Anspruch an das Leben etwas zurücknehmen. Es ist besser und gesünder, kleinere, sachlich und zeitlich überschaubare Aufgaben in Angriff zu nehmen, als immer wieder an Überforderung zu scheitern, weil unrealistische Projekte begonnen werden. Alles Komplexe und Langwierige fordert viel Kraft und Durchhaltevermögen, das dieser Typus einfach nicht in die Waagschale werfen kann. Tamas-Rajas-Menschen sollten deshalb lernen „Nein!" zu sagen, um nicht überfordert zu werden und in unerledigten Arbeiten zu ertrinken.

Übung: Agnisara, die Feuerübung

„Agnisara", sagt Swami Rama, energetisiert das gesamte Sonnensystem des Körpers. Es ist das größte Netzwerk des menschlichen Körpers, und Agnisara sorgt für Wärme im ganzen System."[130] Agnisara bedeutet wörtlich „Feuerübung". Sie kann in einer Stehhaltung ebenso praktiziert werden wir im Sitzen. Die Himalaya-Tradition nach Swami Rama, die Agnisara (neben Yoga Nidra und Prana-Dharana*) für die wichtigste Yoga-Praxis überhaupt hält, lehrt die Übung im Stehen, die Bihar-Tradition nach Swami Satyananda Saraswati zeigt sie meist im Sitzen. Hier die sitzende Variante:

* Ein besondere Atem- und Konzentrationsübung, die Bhastrika-Pranayama ähnlich ist und das Ajna-Chakra aktiviert.

Setzen Sie sich in Meditationshaltung und legen Sie Ihre Hände auf die Knie. Entspannen Sie sich, indem Sie ein oder zwei Minuten den Atem beobachten.

Atmen sie nun einmal vollständig aus. Beugen Sie den Kopf nach vorne und bringen Sie Ihr Kinn in Richtung Brustbein (das ist Jalandhara-Bandha, der „Halsverschluss"). In schneller Folge kontrahieren und entspannen Sie nun Ihre Bauchmuskeln immer wieder. Sie ziehen die Bauchdecke nach innen und oben und lassen Sie sofort wieder los, solange Sie ohne Anstrengung Ihren Atem anhalten können. Dann lösen Sie den Halsverschluss, indem Sie den Kopf wieder aufrichten. Atmen Sie einmal vollständig ein.

Machen Sie nun ein paar ganz natürliche Atemzüge und wiederholen Sie die Übung noch zwei oder drei Mal.

Sie sollten Agnisara nur auf nüchternen Magen üben, am besten morgens vor dem Frühstück.
Frauen sollten diese Übung nicht während der Menstruation oder Schwangerschaft machen. Auch bei Erkrankungen oder Verletzungen im Abdominalbereich sowie bei Herz-Kreislauf-Problemen sollte die Feuerübung nicht praktiziert werden.
Swami Rama schwärmt über Agnisara: „Wenn du Agnisara 100 oder 150 Mal am Tag üben kannst, brauchst du keine einzige andere Übung mehr zu machen. Du wirst so viel Energie haben, dass du dich fühlst, als würdest du schweben. Sie erzeugt eine perfekte Verdauung und unglaubliche Energie. Du wirst effizienter auf allen Gebieten."[131]

Manipura – Rajas-Tamas

Mehr Rajas sorgt dafür, dass Menschen gut „in die Gänge" kommen – manchmal sogar besser, als es gut ist für sie ist. Am Anfang sind sie meist voller Elan und stecken viel Energie in ihre Projekte. Doch das Interesse ist nicht von Dauer, und am Ende zerbrechen die Dinge. Ärger, Frustration und Unzufriedenheit sind die Folge. Der schon recht hohe Rajas-Anteil nährt zudem die Tendenz, sich aus Stolz nicht helfen lassen zu wollen.

Ein ganz anderes Problem gibt es noch: Die Kraft von Rajas mag helfen, viel auf den Weg zu bringen. Doch die Tamas-Dimension führt dazu, dass ethische Themen vernachlässigt werden. Was bedeutet mein Handeln für andere Menschen oder die Umwelt? Mit starken und rücksichtslosen Menschen ist „nicht gut Kirschen essen". Es ist der Stoff, aus dem Tyrannen geschmiedet werden. Wenn sie zudem über eine hohe Intelligenz verfügen, dann wird es gefährlich: Der intelligente Böse ist noch viel bedrohlicher als der Dumme.

Manipura – Rajas

Rajas-Typen sind aktiv und mutig. Was sie sich im Leben vornehmen, erreichen sie meist auch. Ihr starkes Ego sorgt jedoch dafür, dass sich die Welt vor allem um sie drehen muss. Sie sind der Mittelpunkt des Universums; und wenn es um die Verwirklichung ihrer ich-bezogenen Ziele geht, dann neigen sie zum Opportunismus, pfeifen auf Prinzipien und hängen die Fahne gerne in den Wind.

Rajas-Menschen können sehr hilfreich sein, sofern genug für sie dabei herausspringt. In Verhandlungen oder Auseinandersetzungen geht es meist um Nullsummenspiele. Einer gewinnt, der andere verliert. Der Wettbewerb ist deshalb ganz nach ihrem Geschmack. In manchen Lebensbereichen mögen kompetitive Strategien von Nutzen sein, zum Beispiel im Sport, auch in manchen Bereichen des Wirtschaftslebens, doch Wettbewerb ist nicht überall gut, vor allem dort nicht, wo mit kooperativen Strategien herbeigeführte Win-Win-Lösungen einen größeren Gesamtnutzen bringen und weniger Schaden anrichten würden, zum Beispiel auf sozialen Gebieten oder in der internationalen Politik, denn es gibt Güter, die viel wertvoller sind als Geld, so wertvoll, dass sie unbezahlbar sind, zum Beispiel Gesundheit, Freiheit und Frieden.

Manipura – Rajas–Sattva

Wenn nun Sattva ins Spiel kommt, tritt das Ego ein wenig zurück. Man beginnt, die Dinge nicht mehr allein deshalb zu tun, weil sie Gewinn versprechen, sondern sieht die eigenen Ziele und Handlungen im Kontext eines größeren Ganzen. Rajas-Sattva-Menschen können Leistung, Mut und Hilfsbereitschaft auch dann zeigen, wenn sie keine große Entlohnung dafür zu erwarten haben, sondern einfach an das Gute einer Sache glauben. In der Ausübung von Ehrenämtern oder bei karitativen Aufgaben können sie ihre Persönlichkeit gut zum Ausdruck bringen.

Manipura – Sattva-Rajas

Sattva überstrahlt nun Rajas. Wir begegnen hier einem *Karma-Yogi* im besten Sinne des Wortes. Karma-Yoga ist der Weg des Handelns, von welchem in der *Bhagavad Gita* immer wieder die Rede ist. Das Entscheidende dabei ist, dass es ein *sattvisches* Handeln ist, eines also, bei dem es dem Handelnden weder um sich selbst geht noch um das „Ernten von Früchten“. Ein Karma-Yogi tut, was zu tun ist, ohne emotionale Anhaftung daran. Er bleibt auch dann gelassen, wenn die Dinge nicht optimal laufen. Es geht ihm nicht darum, eigene Ziele durchzusetzen, und auch nicht darum, sich selbst durch sein Tun zu bereichern.

Sattva-Rajas-Typen oder Karma-Yogis sind ausgesprochen hilfsbereite Menschen, die von dankbaren Freunden umgeben sind.

Möglichkeiten und Macht dienen ihnen nur zu einem Zweck, nämlich die Dinge bewerkstelligen zu können: Geld, Einfluss und Fähigkeiten sind ihnen kein Selbstzweck, sondern werden für hilfreiche Ziele eingebracht.

Bei aller Kraft setzen sie ihre Möglichkeiten weise ein: Sie wissen darum, dass man nichts erzwingen sollte. Die Dinge mit Biegen und Brechen auf den Weg zu bringen, ist ihre Sache nicht, denn das führt dazu, dass Menschen sich verschließen und ihre Hilfsbereitschaft abnimmt. Karma-Yogis sind sich bewusst, dass der starke Widder der sanftmütigen Antilope von Anahata schon sehr nahe ist: Das Nabel-Chakra liegt nicht weit weg vom Herzen; und mit Liebe geht manches sehr viel besser.

Manipura – Sattva

Der sattvische Mensch handelt – und lässt dann los. Er überlässt das Ergebnis dem Kosmos oder Gott. Es geht ihm nicht um sich, sondern um das Beste für alle. Wer ganz von Sattva durchdrungen ist, fühlt sich gar nicht mehr als einer, der selber handelt, vielmehr ist er nur ein Instrument, auf dem der Kosmos sein Lied spielt. Kein innerlicher Konflikt beherrscht ihn mehr. Ein Mensch wie der christliche Mystiker Franz von Assisi – jener Heilige des 13. Jahrhunderts, der seinen Mantel einem Armen gab und sich vehement für *alle* lebenden Wesen einsetzte, auch die nicht-menschlichen – steht für den Sattva-Typus in Reinform. Sein ganzes Wollen ist davon durchdrungen, nicht für sich, sondern für die anderen Wesen Gutes zu bewirken. Sein berühmtester Text wurde uns als das „Gebet des heiligen Franziskus" überliefert. Der indische Philosoph Eknath Easwaran (1910–1999) empfiehlt in seinen Büchern immer wieder, über diesen Text zu meditieren.[132]

Übung: Passage-Meditation

Ein Text kann dann zur Meditation werden, wenn man ihn langsam und Wort für Wort spricht – ein inneres Gebet und positiver Fixpunkt unserer Konzentration. Easwaran nennt diese Meditationsmethode *Passage-Meditation*. Der Text von Franziskus ist ein Gebet und eine Meditation, der es um das eigene hilfreiche Tun geht. Für das innere Gebet können wir natürlich jeden spirituellen oder Weisheits-Text verwenden, der uns berührt, doch der Text von Franziskus transportiert perfekt die sattvische Idee von Manipura:

Herr, mache mich zum Werkzeug Deines Friedens:
Dass ich Liebe bringe, wo Hass ist.
Dass ich Vergebung bringe, wo Verletzung ist.
Dass ich Versöhnung bringe, wo Trennung ist.
Dass ich Vertrauen bringe, wo Zweifel ist.
Dass ich Wahrheit bringe, wo Irrtum ist.
Dass ich Hoffnung bringe, wo Verzweiflung ist.
Dass ich Freude bringe, wo Traurigkeit ist.
Dass ich Licht bringe, wo Dunkelheit ist.
Meister, hilf mir, dass ich nicht so viel danach verlange,
getröstet zu werden, als vielmehr zu trösten,
verstanden zu werden, als vielmehr zu verstehen;
geliebt zu werden, als vielmehr zu lieben.
Denn im Geben wird uns gegeben,
Im Vergeben wird uns vergeben;
Und im Sterben werden wir geboren zu Ewigem Leben.
Amen.

Das Handeln, ohne an den Früchten des Tuns zu hängen, ist ein zentrales Motiv der *Bhagavad Gita*. Zum Schluss dieses Kapitels über Manipura, das „Chakra des Handelns“, sei daher Krishnas

Botschaft an seinen Schüler Arjuna zitiert, die wir aus der Perspektive der Mystik auch als die *Weisheit unserer inneren Stimme* deuten können. Krishna sagt:

> „Einen, dessen Handeln frei von egozentrischen Zielen ist und dessen Karma vom Feuer der Erkenntnis verbrannt wurde, nennen kluge Menschen einen Weisen. Ohne an den Ergebnissen seiner Handlungen zu haften, stets zufrieden und von nichts und niemandem abhängig, handelt er eigentlich gar nicht, obgleich er unablässig aktiv ist, das heißt: Er erzeugt kein Karma. Er will nichts für sich und ist Herr über seinen Geist. Nichts betrachtet er als seinen Besitz. Er bleibt vollkommen rein, obwohl er mit seinem Körper aktiv ist. Er nimmt an, was ohne sein Zutun auf ihn zukommt, und hat sich so über die Zweischneidigkeit des Lebens erhoben. Er ist frei von Neid und bleibt ausgeglichen im Erfolg wie im Misserfolg. So kann er handeln, ohne gebunden zu sein."[133]

Anahata – (Mit-)Fühlen

Und hier ist mein Geheimnis, es ist sehr einfach:
Man sieht nur mit dem Herzen gut;
das Wesentliche ist für das Auge unsichtbar.[134]

Antoine de Saint-Exupéry

BEGRIFF UND ALLGEMEINES

Anahata – „nicht angeschlagen" oder „ungespielt" – nennt man das Herz-Zentrum, dessen Klang 60–70 Mal pro Minute in unserer Brust erklingt, 4200 Mal in jeder Stunde, über 100 000 Mal an nur einem Tag, 37 Millionen Mal im Jahr und fast drei Milliarden Mal während eines durchschnittlich langen Lebens von achtzig Jahren. Unermüdlich verrichtet unser Herz seine Arbeit, und sein Schlag gibt dem Leben im wahrsten Sinne des Wortes seinen Rhythmus. Das deutsche *Herz* und das englische *heart* kommen vom Sanskrit-Wort für Herz: *Hridaya.* Auch der *Rhythmus* ist etymologisch von *Hridaya* abgleitet. Und *Hridayakasha* ist der Raum des Herzens – der Ort „wo die Reinheit wohnt".[135] Er ist zugleich ein Raum des Geistes. In den Worten Jesu: „Selig, die reinen Herzens sind – sie werden Gott schauen."[136]

Das Wort *Anahata,* der nichtgespielte Klang in Hridayakasha, dessen grobstoffliche Manifestation der Herzschlag ist, verweist auf Nada, den feinstofflichen, transzendenten Klangstrom in unserem Inneren. Saiten, die erklingen, ohne dass Hände sie berühren, Glocken und Trommeln, die ertönen, ohne dass sie angeschlagen werden – die Klang- und Schöpfungsenergie unseres inneren Kosmos, die nur hören kann, wer in die Meditation geht und genau hinhört. Der Sufi Hafiz war einer, der sich ständig im inneren Klanguniversum aufhielt, der darin lachte, tanzte und geradezu trunken war vor Liebe zum Höchsten. Er sang einmal:

> „Auf deinen Ohren kann ich Engel sitzen sehen,
> sie polieren die Trompeten,
> ziehen neue Saiten auf die Lauten,
> spannen frische Felle auf die Trommeln
> und sammeln Holz für das abendliche Feuer.
> Alle haben sie gestern Nacht getanzt.
> Du aber hast sie nicht gehört."[137]

Anahata steht in enger Verbindung mit Gehirnregionen, die für kreative Fähigkeiten verantwortlich sind, für Malerei, Poesie, Musik und so weiter. Die Kreativität oder das Schöpferische meinen nicht so sehr das Handwerkliche in der Kunst, sondern vielmehr ihren inneren Ausdruck. Kreativität ist eine Qualität, Handwerk nur ein äußeres Tun. Das eine ist Schöpfung, das andere nur ein Machen. Wirkliche Kunst „hat Herz", das will sagen: Da hat einer mit *Hingabe* etwas geschaffen, sein Wesen hineingegeben, sich entäußert und die Schöpfungsenergie aus seinem Innersten „herausgepresst". Im Wort *ausdrücken* (auf englisch: *ex-press* = wörtl.: herausdrücken oder -pressen) klingt noch etwas von dieser Idee nach. *Bhakti,* die Hingabe, ist der Weg des Herzens. Hingabe ist viel wichtiger als Technik. Wenn die Technik entwickelt ist und ihr die Hingabe folgt, dann vereinen sich Handwerk und Kunst, Technik und Ausdruck, zur vollendeten Schöpfung. Die Technik ist das Werkzeug, die Hingabe der wahre Beitrag und die Schöpfung ihr gemeinsames Werk.

SYMBOLIK UND ZUSCHREIBUNGEN

Meist wird das Herz-Zentrum als grüner Lotos mit zwölf Blütenblättern dargestellt. Manche sagen, es sei blau[138], andere meinen, es sei rot[139], und wieder andere berichten wieder anderes. Wie wird es wohl einer sehen und beschreiben wollen, der nie Farben im Leben gesehen hat? Es ist ein subjektives Erleben. Daraus sollten wir kein Dogma machen.

Das Herz-Chakra liegt in der Wirbelsäule hinter dem Herzen. Die Mitte der Brust ist sein Kshetram. Wenn wir sagen, dass es in der Wirbelsäule liegt, wie die meisten anderen Chakras auch*, dann meint das seinen zentralen Ort, den *Punkt,* von dem es ausstrahlt. Ein Chakra aber kann gefühlt werden in seiner *Ausdeh-*

* Muladhara und Sahasrara, das 1. und das 7. Energiezentrum, liegen nicht in der Wirbelsäule, sondern im Perineum und an der Krone des Kopfes.

nung. Da mag das Spüren von Anahata direkt in oder hinter der Wirbelsäule erfolgen, hinter oder im Herzen, oder auch im Brustbein. Wenn die Wahrnehmung sich verfeinert, kann man die Energiezentren sogar in ihrer Ausdehnung *über den grobstofflichen Körpers hinaus* wahrnehmen, als eine fast magnetisch-kreisende Bewegungsenergie, räumlich vor oder hinter dem Körper, oder auch in seiner gesamten Weite, vor und hinter dem Brustbein sowie den ganzen Brustkorb zwischen Nabel- und Hals-Chakra durchdringend. Gemeint ist hier nicht der Schlag des Herzens, den man bei einer trainierten Wahrnehmung bis hinein in jede Fingerkuppe fühlen kann, sondern von seiner feinstofflich-energetischen Dimension, die so stark ausstrahlt, dass sie auf grobstofflicher Ebene fühlbar wird. Feiner Stoff, grober Stoff – das Sein ist ein Kontinuum.

Das Yantra von Anahata wird von zwei invertierten Dreiecken gebildet, deren Spitzen nach oben und unten weisen. Shakti (Energie, Schöpfung, Braut, Mensch) zeigt nach unten, während Shiva (reines Bewusstsein, das Höchste, Bräutigam, Gott) nach oben zeigt. Wir sind Wesen der Mitte, sagt das Symbol, aufgespannt zwischen Himmel und Erde. Die Begegnung zwischen Oben und Unten findet im Hier statt, so wie die Begegnung von Gestern und Morgen im Jetzt stattfindet. Dieses Aufgespanntsein zwischen den Dimensionen findet sich auch im mystischen Bild des Kreuzes wieder, in welchem der Querbalken für die Zeitdimension steht – die Vergangenheit links und die Zukunft rechts, das *Jetzt* aber ist der Punkt in der Mitte. Der Längsbalken widerum repäsentiert die Dimensionen des Raumes, oben und unten, sowie das *Hier* im Punkt in der Mitte. Das Hier und das Jetzt treffen sich im Zentrum und werden zum Hier-Jetzt, der einzige Zeit-Raum, den es in Wahrheit gibt, die einzige Zeit, in der wir leben, der Ort, an dem wir sind. Dieser Punkt markiert die Raum- und Zeitlosigkeit der Ewigkeit. Der Gekreuzigte öffnet seinen Brustkorb, der über der Mitte des Kreuzes liegt, auf das er gespannt ist. Er nimmt sein Kreuz auf sich, gibt sich ganz hin und lässt los, um in den Fluss des ewigen Lebens einzutauchen. Vairagya, das Loslassen, und Bhakti, die Hingabe, werden eins.

Mensch und Gott, Himmel und Erde, Raum und Zeit, Hier und Jetzt, Herz und Hingabe – alles das vereint sich im Symbol von Anahata zu einem einzigen tiefgründigen Bild: Dem Eintritt in den gegenwärtigen Moment im Sinne einer existenziellen Erfahrung. Es ist ein Eintritt in die Stille, so still wie der spiegelglatte See, der ebenfalls ein Bild für das Herz-Zentrum ist. „Das Kreuz auf sich nehmen" oder „das Joch annehmen" verweisen also auf das Fließen im Jetzt, wenn das Leben zur Konzentration wird, zur Meditation, zur Stille. Der unbekannte Autor *Anonymus D'Outre Tombe* – „der Namenlose aus dem Jenseits" – schrieb in *Die Großen Arkana des Tarot,* einem Werk, das seinem Wunsch entsprechend erst nach seinem Tod veröffentlicht wurde, die folgenden Zeilen:

> „Denn das Schweigen ist das Zeichen eines wirklichen Kontaktes mit der geistigen Welt, und dieser Kontakt erzeugt immer einen Zustrom von Kräften. Dies ist die *Grundlage* aller Mystik, aller Gnosis, aller Magie und aller praktischen Esoterik überhaupt. ... Man muss in sich selbst *eins sein* („Konzentration ohne Anstrengung") und zugleich *einig sein* mit der geistigen Welt (die Zone des Schweigens in seiner Seele haben), damit eine offenbarende oder verwirklichende geistige Erfahrung stattfinden kann."[140]

In physischer Hinsicht gehören zu Anahata neben dem Herzen der gesamte Thorax-Bereich, die Brust, die Lungen, Teile von Schultern und Armen, das Nervengeflecht an der Basis des Herzens, sowie die Thymus-Drüse hinter dem Brustbein, die eine wichtige Rolle bei der Immunabwehr spielt. (Es heißt, dass regelmäßiges Klopfen auf das Brustbein den Organismus stärkt.) Das Dhatu des Herzens ist sinnigerweise das Blut. Der kräftige Muskel in der Mitte der Brust treibt unseren Kreislauf an und versorgt uns mit dem „Lebenssaft". Im Moment eines Herzstillstandes tritt augenblicklich Bewusstlosigkeit ein. Das Blut spricht natürlich auch symbolisch zu uns. Eine Sache „mit Herzblut" angehen, sagen wir zum Beispiel, wenn wir ausdrücken wollen, dass etwas mit Liebe und Hingabe gemacht wird.

Das mit dem Herzen korrelierende Energiefeld ist Prana-Vayu, dessen Aufgabe die Aufnahme von Lebensenergie ist und das ihm zugeordnete Element ist die Luft oder der Wind. Seine Brise fühlen wir auf der Haut, jenem größten Organ unseres Körpers, dem wir es verdanken, tasten und fühlen zu können – vom feinsten Windhauch bis zum brennenden Schmerz. Die Haut ist das dem Herz-Zentrum entsprechende Wahrnehmungsorgan (Jnanendriya). Wenn wir uns aktiv daran machen wollen, eine Sache zu fühlen, so tun wir das in der Regel, indem wir sie betasten, anfassen und berühren. Die Hände sind das Aktionsorgan (Karmendriya) des Herzens.

Zur Symbolik Anahatas gehört *Kalpa-Vriksha,* der wunscherfüllende Baum. Wir sollten vorsichtig sein mit den Dingen, die wir uns wünschen und auf die wir unsere Gedanken und Gefühle ausrichten; denn, so heißt es, sie könnten am Ende wahr werden. In Indien erzählt man sich diese Geschichte eines Reisenden: Am Ende des Tages, müde von seiner langen Wanderung, ruhte er sich aus unter einem schönen Baum. Er wusste nicht, dass es ein wunscherfüllender Baum war. Er war durstig und hatte Hunger nach dem anstrengenden Tag in der sengenden Hitze Indiens, und seine Gedanken kreisten um Essen und Trinken. Plötzlich war der Boden vor ihm mit Getränken und Leckereien bedeckt. Er trank und aß sich satt. Dann wurde er sehr müde. Er dachte an ein Bett, und sofort manifestierte sich eines unter dem Baum. Als er sich in das bequeme Bett legte, kam ihm dieser letzte Gedanke: „Hoffentlich überfallen mich keine Tiger!" Die Tiger kamen und fraßen ihn.

Diese Geschichte transportiert viel mehr als nur eine Warnung vor Wünschen, die sich erfüllen können, denn die Tiger hat sich der Reisende ja gar nicht *gewünscht*, vielmehr hat er sie *gefürchtet*. Die eigentliche Botschaft zielt auf das *Denken*: Wir müssen achtsam sein mit allem, was in unserem Geist vor sich geht, weil unser Geist die Brille ist, durch die wir die Wirklichkeit erfahren. Das Leben wird quälend, wenn wir von Wünschen und Ängsten getrieben sind. *Chitta-vritti-nirodha* nennt Patanjali im *Yogasutra* den Bewusstseinszustand des Yoga: Das Zur-Ruhe-Kommen der sich in permanenter Bewegung befindlichen mentalen Muster: Wahrnehmungen, Gedanken und Gefühle. Wenn sie den stillen See in Anahata aufwühlen, ist es mit dem Wohlbefinden vorbei. Also sollten wir Acht geben, was wir denken, und wir sollten dem Positiven dabei immer den Vorzug geben, denn die Ausrichtung auf das Negative führt in den Schmerz, in die Angst, in die Dunkelheit.

Diese Achtsamkeit auf unser Denken: Dafür steht das Tiersymbol des Herz-Chakras, die Antilope. Ihre Wahrnehmung ist extrem scharf, immer ist sie auf der Hut, die Augen weit geöffnet, die Ohren gespitzt und die feine Nase in den Wind gerichtet. Sie ist schneller als der Tiger oder der Löwe. Nur wenn sie achtsam ist, kann sie sich und ihr Kitz davor schützen, ihre Beute zu werden. Diese Art der Achtsamkeit, die wir auch *vollständige Präsenz* nennen könnten, und die so gar nichts zu tun hat mit der pathologischen Hyper-Wachsamkeit des tamasischen Muladhara-Typus, wird in einem Vers des *Tao Te King* beschrieben:

> „Die Weisen des alten Pfades sind geheimnisvoll und tiefgründig. Ihr Bewusstseinszustand vereitelt jeden Versuch, ihn zu erforschen. Ihre Tiefen gehen über alles Wissen hinaus. Deshalb können wir sie trotz aller Bemühungen nur an ihren äußeren Zeichen erkennen: Bedachtsam sind sie, als würden sie über die Steine eines Flusses im Winter gehen. Und achtsam sind sie, als würden überall Gefahren lauern."[141]

Das achtsame Herz ist gemeint; und natürlich der Geist. Wir können beides nicht voneinander trennen und deshalb auch vom „Herz-Geist" sprechen. „Indem man sich auf das Herz (Hridaya) ausrichtet", sagt das Yogasutra, „erlangt man Wissen über die Natur des Geistes (Chitta)."[142] Über den besonders engen Zusammenhang von Herz und Hirn weiß auch die Wissenschaft zu berichten. Dr. Dean Radin, Physiker und Psychologe, berichtet in seinem Buch *The Conscious Universe: The Scientific Truth of Psychic Phenomena**, dass das Herz mit dem Phänomen der Vorahnung zu tun hat:

> „In einer jüngst durchgeführten Reihe von Experimenten in unseren Labors an der *University of Nevada*, Las Vegas, haben wir unbewusste Nervenreaktionen auf zukünftige Ereignisse erforscht. Als „Vorahnung" bezeichnet, muss man sie zweifellos dem Phänomen der Hellsichtigkeit zuordnen, ein vages Empfinden oder Fühlen, dass irgendetwas geschehen wird, doch ohne jedes bewusste Gewahrsein eines bestimmten Ereignisses."[143]

Mit anderen Worten: Das Herz, das über ein komplexes Netzwerk von Nerven verfügt, „weiß", dass Dinge geschehen werden, schon *bevor* sie geschehen. Es löst entsprechende körperliche und psychologische Reaktionen aus, noch bevor wir im Kopf wissen, was geschieht. Der Kardiologe Andrew Armour von der *Dalhousie University* in Halifax, Kanada, spricht in diesem Zusammenhang vom „Gehirn des Herzens", einem eigenen, unabhängigen Nervensystem mit mindestens 40.000 Neuronen – ebenso viele, wie man in den verschiedenen subkortikalen Arealen des Gehirns finden kann, in jenen Bereichen, die unterhalb der Großhirnrinde liegen.[144] Doc Childre und Howard Martin, zwei Wissenschaftler,

* Das bewusste Weltall: Die wissenschaftliche Wahrheit über psychische Phänomene

die sich mit der Intelligenz des Herzens und Bio-Feedback beschäftigen, schreiben:

> „Aus Sicht der Neurowissenschaften ist das herzeigene Nervensystem komplex genug, um als eigenes kleines Gehirn bezeichnet zu werden. Armour zeigte in seiner Arbeit, dass dieses Gehirn im Herzen ein kompliziertes Netzwerk mit verschiedenartigen Nervenzellen, Neurotransmittern, Proteinen und Hilfszellen ist. Dank seiner komplexen Schaltkreise kann es unabhängig vom Gehirn im Kopf arbeiten. Es kann lernen, sich erinnern, ja selbst fühlen und empfinden. Durch Armours Forschung tut sich ein ganz neues Bild des Herzens auf."[145]

Dean Radin schildert unter dem Stichwort *Future Feelings* („Zukunfts-Gefühle") ein Experiment, in welchem Probanden von einem Zufallsgenerator ausgewählte Fotos auf einem Monitor gezeigt wurden. Physiologische Reaktionen, wie sie typischerweise beim Anblick angenehmer oder unangenehmer Bilder gemessen werden können, traten in diesen Versuchen in signifikanten Größenordnungen bereits auf, *bevor* die Bilder zu sehen waren. Radin nennt dies Phänomen den *Presentiment Effect* („Vorahnungs-Effekt").[146]

Das Herz kann schnell und achtsam sein wie die Antilope, dazu intelligent und weise. Das muss aber nicht bedeuten, dass wir mit unseren Gefühlen automatisch richtig liegen, denn manchmal sind wir schlaftrunken und verzaubert von der Welt. Wenn wir alles im Leben nur durch eine emotionale Brille sehen, ohne auch unseren Verstand zu benutzen, dann werden wir eindimensional – gefesselt an *Vishnu-Granthi,* den in Anahata gelegenen zweiten Knoten unseres Energiekörper-Systems.* Das eigentliche Menschsein im

---

* Zur Erinnerung: Der erste Knoten ist Brahma-Granthi. Er liegt im Wurzel-Chakra und steht für die Anhaftung an die materiellen Aspekte des Lebens.

besten Sinne des Wortes beginnt in Anahata. Satyananda Saraswati sieht das Herz im Sinne der Aufstiegsidee als den „Ort", an dem der freie Wille des Menschen erwacht, wo er also nicht mehr nur ein schlafender Automat ist, der lediglich unbewussten Programmen folgt. Wirkliche *Bewusstheit* beginnt im Herzen:

> „So wie eine Rakete mit ungeheurer Geschwindigkeit gestartet wird, um über die Erdanziehung hinaus zu gelangen, so beschleunigt sich das Bewusstsein in Anahata zur Geschwindigkeit des freien Willens, um die Anziehung der latenten Samskaras zu transzendieren."[147]

Auch der Moschushirsch ist ein Bild für das Herz-Zentrum. Seine Augen sind ein Symbol für Reinheit und Unschuld, so wie man auch sagt, dass ein Mensch, der vom Herzen geleitet wird, unschuldig und rein sei. Zu den Eigenarten des Moschushirsches gehört, dass er vom eigenen Duft betört wird. Er merkt nicht, dass er selbst es ist, der ihn verströmt, und läuft auf der Suche nach ihm bis zur Erschöpfung durch die Gegend. Die Wachheit der Antilope oder die Betäubung des Moschusochsen sind wie die Spitzen der beiden Dreiecke, die nach oben und unten zeigen. Himmel und Erde.

Anahata korreliert mit dem Buchstaben M des Pranava AUM, das heißt, mit *Prajna,* dem Bewusstseinszustand des traumlosen Tiefschlafs. In ihm erleben wir sowohl Ananda, die Glückseligkeit eines Seins ohne Ich, das Ende von Habenwollen und Nicht-Habenwollen, die totale Losgelöstheit von der Welt, aber auch den Zustand der Unbewusstheit. So heilsam und überlebensnotwendig der Tiefschlaf für uns ist, so wenig erleben wir ihn doch mit klarem Bewusstsein. Erst Turiya, der vierte Bewusstseinszustand, lässt uns diese Glückseligkeit *bewusst* erfahren.

Rehe und Hirsche wurden im alten Indien übrigens gejagt, indem man sie mit dem Klang einer Flöte lockte. Kabir sagt darüber:

> „Angezogen von der Liebe zur Musik läuft das Reh weiter. Es stirbt, wenn es die Musik hört, und dennoch zuckt es nicht ängstlich zusammen.“[148]

Der Tod des Rehs, das meint nicht das physische Ende, sondern den Tod des „alten Menschen“, damit der neue Mensch geboren werden kann. Ein mystisches Symbol für die Erleuchtung. *Anahata-Nada,* der Klang des Herzens – die Flöte, die das Reh anlockt – steht für das innere Klanguniversum, zu dem es Anahata-Menschen hinzieht. Natürlich hat auch das Herz-Chakra sein eigenes Bija-Mantra. Es lautet YAM.

Übung: Meditation auf Anahata

Setzen Sie sich in Meditationshaltung. Kommen Sie zur Ruhe, indem Sie Ihren Atem beobachten. Nach ein paar Minuten atmen Sie tief ein und chanten: YAM-YAM-YAM, YAM-YAM-YAM, YAM-YAM-YAM.

Wiederholen Sie die Übung, so lange Sie sich gut damit fühlen. Lassen Sie die Energie von YAM in Ihr Herz-Zentrum fließen.

Atmen Sie dann, als würden Sie durch die Mitte der Brust ein- und ausatmen. Sie atmen durch Anahata ein und aus und spüren dabei in Ihr Herz-Zentrum hinein. Das Atmen durch das Herz-Zentrum ist eine vollständige Meditationspraxis in sich. Praktizieren Sie, so lange Sie sich wohl damit fühlen.

DIE PSYCHOLOGIE VON ANAHATA-CHAKRA

Anahata – Tamas

Das dunkle Tamas-Herz ist ein isolierter und apathischer Mensch, einer, der sich keine Gedanken um die Sorgen und das Leid anderer macht, sie kümmern ihn nicht. Selbst wenn er wollte: Er kann sich nicht in andere Wesen einfühlen, kein Mitleid empfinden, denn er hat kein Empathievermögen. Er neigt, im Gegenteil, sogar dazu, andere Menschen emotional auszubeuten, deren Freundlichkeit für ihn nichts als Dummheit ist. Wenn Menschen mit tamasischen Herzen gewalttätig werden, nimmt das oft besonders schlimme Ausmaße an, weil sie kein Mitgefühl haben. So kennt ihre Brutalität meist keine Grenzen. Tamasische Anahata-Typen sind oft in Gefängnissen anzutreffen.

Anahata – Tamas-Rajas

Mit etwas Rajas im Blut verringert sich die Neigung zur Isolation. Dieser Typus kann sich durchaus hingezogen fühlen zur eigenen Gruppe, die freilich auch antisozial sein mag – das gilt auch innerhalb ihrer eigenen Reihen. Man ist jederzeit bereit, einander zu belügen, auszubeuten und zu betrügen. Es sind riskante Freundschaften, die uns an kriminelle Banden erinnern, deren Dramen immer wieder auch auf die Kinoleinwände finden. Hollywood hat seinen Spaß an diesem Typus. Paradebeispiele dafür sind zum Beispiel die Filme von Martin Scorsese oder Quentin Tarantino, deren Protagonisten oft Mafia- oder Drogen-Bosse sind, zynisch, rücksichtslos, gierig und brutal. Robert de Niro und Joe Pesci verkörperten als Schauspieler diesen Typus immer wieder auf vollendete Weise.

Anahata – Rajas-Tamas

Die dominierende Rajas-Tendenz weitet die Perspektive und erhöht die Kooperationsbereitschaft. Man erkennt, dass zur Verwirklichung der eigenen Ambitionen die Zusammenarbeit mit anderen hilfreich sein kann. Wo es um Liebe und Leidenschaft geht, verdüstert die tamasische Energie jedoch nach wie vor das Wesen, so dass Misstrauen und negative Gefühle an der Tagesordnung sind. Die Art, wie dieser Menschentyp liebt oder Zuneigung empfindet, entspricht dem, was man im Sanskrit *Sadharana* nennt. Das bedeutet wörtlich so viel wie *Ich-Fixiertheit.* Es ist eine egozentrische Art der Zuneigung, der es in Wahrheit ziemlich wenig um den anderen geht, eine einengende und egoistische Form der Liebe.

Anahata – Rajas

Rajas-Herzen können leidenschaftlich sein, lieben und geliebt werden. Die *Gegenseitigkeit* der Liebe ist hier von großer Bedeutung. *Samanjasa* nennt sich diese Form der Liebe auf Sanskrit. Sie hat, nüchtern betrachtet, etwas von einem Vertrag oder Geschäft: Liebst du mich, dann lieb ich dich. Die Zuneigung ist an Bedingungen geknüpft. Es ist diese Form der Liebe, die uns am vertrautesten ist, und wir halten sie fast selbstverständlich für die „natürlichste" Art zu lieben. Es ist die Liebe, die in Liedern besungen und in Filmen bebildert wird.

Es ist nichts Falsches daran, auf diese Art zu lieben, so „funktionieren" die meisten Menschen eben. Dennoch ist es keine vollkommene Liebe, sondern eine nur bedingte, eine Liebe unter Auflagen gewissermaßen. Wir können sie nur geben, wenn sie uns auch von außen zugetragen wird, wir sind also abhängig von ihr. Werden wir nicht länger mit der Liebe, die wir brauchen, „versorgt", dann fühlen wir uns elend. Es ist eine Liebe zudem, die in ihr hundertprozentiges Gegenteil – offene Feindseligkeit –

umschlagen kann. Hass hat die gleiche Intensität wie eine solche Liebe, doch die gegenteilige Ausrichtung. Wie viele Verbrechen doch aus Leidenschaft begangen werden, aus verletzten Gefühlen heraus, aus Frustration, Eifersucht oder Zorn.

Anahata – Rajas-Sattva

Sattva weitet die Perspektive und öffnet das Herz. Ethik und Mitgefühl beginnen zunehmend, eine Rolle in den Beziehungen zu spielen. Man fängt an, mit anderen zu fühlen und sich um sie zu kümmern. Natürlich sorgt die ichbezogene Rajas-Qualität dafür, dass die Liebe noch ausgesprochen selektiv verteilt wird. Der Kreis derjenigen, die Einlass in das Herz finden, bleibt relativ eng. „Ich und Mein" kommen nach wie vor zuerst. So kümmert man sich nur um seine unmittelbar Nächsten: Familie, Haustiere, Freunde. Doch es besteht ein entscheidender qualitativer Unterschied zur rein rajasischen Form der Liebe: Sie ist nicht mehr so stark konditioniert. Man gibt, weil man liebt, nicht weil man sich persönliche Vorteile verspricht. Rajas-Sattva-Herzen können wunderbare Beziehungen leben, die reichlich belohnen.

Anahata – Sattva-Rajas

Wenn Sattva dominiert, wird die Zuneigung altruistisch. Sie hat dann nicht mehr die eigene Person im Sinn, sondern zuerst den Nächsten. Das ganze Wesen drückt Liebe und Mitgefühl aus. Solche Menschen sehen, was anderen fehlt und was sie benötigen. Sie freuen sich über das Gute und fühlen mit jenen, denen Schlimmes widerfährt. Das Sattva-Rajas-Herz entwickelt im Angesicht des Bösen keinen Hass, sondern bewahrt Gelassenheit. Sie leben *Samartha,* die dritte Form der Liebe. Sadharana, Samanjasa und Samartha sind die drei Arten, wie wir lieben können: Ichbezogenheit, Gegenseitigkeit und Altruismus oder Tamas, Rajas und Sattva.

Samartha, die dritte Form der Liebe, ist von zentraler Bedeutung in allen spirituellen Traditionen der Welt, und ich will ihr hier noch etwas mehr Aufmerksamkeit widmen. Patanjali thematisiert sie schon im ersten Kapitel des *Yogasutra,* und zwar im Zusammenhang mit dem inneren Frieden, den sie schenken kann. Patanjali sagt:

> „Das Bewusstsein wird ruhig, wenn wir eine innere Haltung kultivieren, die sich dem Glück anderer freundlich zugewandt zeigt und von Mitgefühl für leidende Wesen geprägt ist, eine Haltung, die ehrliche Freude über Gutes zum Ausdruck bringt und von Gelassenheit gegenüber dem Negativen zeugt."[149]

Es sind vor allem Geschichten und Parabeln, in denen die Bedeutung von Samartha anschaulich zum Ausdruck kommt. Eine indische Geschichte zum Beispiel erzählt von einem alten Mann, einem Anhänger der Gottheit Shiva. Vor seinem Tod begab er sich noch auf eine beschwerliche Reise. Viele Kilometer ging er zu Fuß und trug dabei einen Krug Wasser mit sich. Er wollte das Wasser in einem Tempel Shiva zu Ehren als Gabe darbringen. Nach wochenlangen Entbehrungen, nach Strapazen und vielen Gefahren stand der alte Mann schließlich kurz vor seinem Ziel. Der Tempel war schon in Sichtweite. Da sah er einen Esel. Das arme Wesen war in einem furchtbaren Zustand, ausgehungert, schwach und fast verdurstet. Seine großen traurigen Augen blickten den alten Mann an. Der Esel hatte Glück im Unglück, denn sein Blick traf einen Menschen, der Sattva im Herzen trug. So gab der alte Mann dem Esel das Wasser im Krug. Nur *wirkliche* Liebe kann jemanden dazu bewegen, auf sein erhofftes Seelenheil zu verzichten, um einem anderen Wesen Gutes zu tun. Natürlich transportiert diese Geschichte auch die wichtige Botschaft, *dass Gutes tun unendlich viel wichtiger ist, als rituelle Vorschriften zu befolgen, zu beten, zu meditieren oder Yoga zu üben.*

Auch das *Mahabharata* – das längste Epos der Menschheitsgeschichte, das auch die *Bhagavad Gita* enthält – erzählt eine Geschichte über Samartha, die selbstlose Liebe. Der tapfere Königssohn Yudhishtira ertrug schier Unglaubliches. Viele Jahre musste er in ungerechter Verbannung mit seiner Familie leben. Auch sein Königreich nahm man ihm weg. Er wurde belogen, bestohlen und betrogen und musste schließlich in den Krieg ziehen, ein achtzehntägiges Gemetzel auf dem Feld von *Kurukshetra,* ein Feld, das sei hier nur nebenbei erwähnt, das eigentlich als Metapher für das „Feld des Geistes“ steht. Am Ende verlor Yudhishtira alles, was ihm lieb und teuer war – sogar seine Familie. Alle starben auf der Pilgerschaft. Nur er selbst und sein treuer Weggefährte, ein Hund, blieben am Leben. Endlich im Himmel angekommen, öffnet Indra, der oberste der Götter, das Tor. Als Yudhishtira den Himmel betreten will, gewährt Indra ihm jedoch keinen Einlass. Der Hund müsse draußen bleiben. Yudhishtira aber will nicht in den Himmel ohne seinen Hund. Er diskutiert so lange mit Indra, bis dieser nachgibt und den Hund schließlich einlässt. Wie sich zeigt, war das nur ein Test. Indra wollte Yudhishtiras Mitgefühl prüfen. Er hielt noch eine weitere Prüfung bereit. Als Yudhishtira sich nach seiner verstorbenen Familie erkundigt, führt Indra ihn in die dunkle Hölle hinab. Da sagt Yudhishtira: „Mein Himmel ist da, wo meine Familie ist.“ Dann nimmt Indra alle bei der Hand und führt sie aus der Hölle hinaus, sogar noch über den Himmel, jenseits der Dualität ins Reich Brahmans, wo die Unsterblichkeit wohnt. Selbstlose Liebe ist größer als das Streben nach Erleuchtung.

Der amerikanische Computer-Experte J. R. Madaus berichtet von einem Erlebnis, das er am Monroe-Institut (TMI) in Faber Virginia (USA) machte, wo man mit der Kraft des Klanges eine Gehirnhemisphären-Synchronisation herstellt. Bewusstsein und Energie als die Erfahrung bedingungsloser und schöpferischer Liebe verbinden sich in seiner faszinierenden Schilderung zu einer einzigartigen Erfahrung:

„Ich falle tiefer und tiefer auf die zelluläre Ebene des Seins. Die Zelle wird größer und meine Wahrnehmung wird zum Zellkern. Der Zellkern nimmt an Größe zu und verschwindet, während ich zum Atom werde. Das Atom wächst und verschwindet, während ich ein Proton werde, und ich gehe weiter. Dann erkenne ich, dass es einen Punkt gibt, an dem ich nicht mehr kleiner werden kann. Ich ziele auf diese Ebene und befinde mich an einer sehr dünnen Membran. Auf der einen Seite ist reines Bewusstsein, und indem das Bewusstsein nach oben durch die Membran sprudelt, wird es zu physischer Materie in Form ihrer kleinsten Bausteine, was immer diese auch sein mögen. (...) Ist es das, was der Bibelspruch „Am Anfang war das Wort" bedeutet? Ist dies die Essenz des Denkens, das zu Materie wird? Ich dringe noch tiefer und entdecke eine „Vibration", welche diese „Membrane" stützt, wo Gedanken physische Wirklichkeit werden. Ich spüre den Rhythmus dieser Vibration. Ich fühle ihn. Es fühlt sich vertraut an. Es ist ein wirklicher Herzschlag-Rhythmus. Dann erkenne ich, dass dies die Schwingung bedingungsloser Liebe ist. Dieser Teil des Kosmos funktioniert ganz aus sich selbst heraus, dennoch ist er mit unserem Bewusstsein in einer Weise verbunden, die wir nicht begreifen können. Sehr wenige nur wissen, dass diese Ebene bedingungsloser Liebe überhaupt existiert, und viel weniger noch sind dankbar für die vitale Rolle, die sie in der Erschaffung der physischen Wirklichkeit spielt."[150]

Um Liebe und Mitgefühl für andere zu empfinden, müssen wir uns zunächst selber lieben, denn wir können nicht nach außen tragen, was nicht in uns ist. Hier eine einfache Meditation zur Kultivierung von Selbstliebe:

Übung: „Ich liebe und ich ehre mich“

Setzen Sie sich in Meditationshaltung. Schließen Sie die Augen. Beobachten Sie Ihren Atem und kommen Sie zur Ruhe. Nun sprechen Sie innerlich die folgenden Sätze. Nehmen Sie wahr, was Sie sagen:

1. Ich spüre die Atemluft in meinen Nasenöffnungen.
2. Ich fühle die Bewegung von Brust und Bauch, während ich atme.
3. In diesem Moment bin ich mir meines ganzen Körpers bewusst.
4. Ich liebe und ich ehre mich – genau so wie ich jetzt bin.

Machen Sie noch drei Atemzüge und öffnen Sie dann achtsam die Augen.

Anahata – Sattva

Das rein sattvische Herz gibt nicht nur Liebe, es *ist* Liebe. Jeden Moment lebt es in und aus einem Zustand der Liebe heraus. Wenn eine solche Person einen Raum betritt, strahlt sie eine Liebe aus, welche die Kraft hat, Feindseligkeiten aufzulösen. Es sind Menschen, die andere Personen und Situationen positiv zu verändern in der Lage sind. Das *Yogasutra* spricht im Zusammenhang mit *Ahimsa,* dem zentralen Gebot des Nicht-Verletzens, von einem solchen Wunder: „Ist einer fest in Gewaltlosigkeit verankert, so versiegt in seiner Gegenwart jegliche Feindseligkeit.“[151] Es ist ganz offensichtlich, dass *Ahimsa,* die Gewaltlosigkeit, hier nicht bloß ein oberflächliches und passives Sich-Enthalten gewaltsamer Mittel bedeutet, sondern eine aktive Qualität hat und die Energie einer liebenden Ausstrahlung meint, die nur aus der Tiefe des Seins kommen kann. Jemand, der so viel Frieden ausstrahlt, dass in seiner Gegenwart Animositäten verschwinden, ist die Liebe selber.

Im *Sat-Chakra-Nirupana* lesen wir über einen, der den Lotos des Herzens erweckt hat:

> „Er ist unübertroffen weise und nobel im Handeln. Seine Sinne hat er ganz unter Kontrolle. Sein intensiv konzentrierter Geist ist ganz eingetaucht in die Gedanken an Brahman, das Höchste. Seine inspirierten Worte fließen wie ein Strom klaren Wassers (...) und er ist fähig, willentlich in den Körper anderer einzugehen."[152]

Das Eingehen in den Körper eines anderen ist ein *Siddhi* oder *Vibhuti,* eine paranormale Fähigkeit, von der auch das *Yogasutra* berichtet.[153] Dort heißt es außerdem, dass das Herz (nicht der Kopf!) der Ort ist, an welchem wir die Natur des Geistes erkennen können.[154] Wenn wir das alles konkret und wörtlich nehmen, stellt es eine beträchtliche Herausforderung für unseren „gesunden Menschenverstand" dar – eine Gabe übrigens, über die Albert Einstein einmal sagte, dass sie eigentlich nur eine Anhäufung von Vorurteilen sei. Dass das Loslassen des Körpers, die außerkörperliche Erfahrung, kein ungewöhnliches Phänomen im Kontext des Yoga ist, wurde schon gesagt. Im Zusammenhang mit Anahata ist es aber auch ein sehr schönes Bild für die Empathie. In den Körper eines anderen einzugehen, das können wir auch verstehen als ein Mitfühlen im äußersten Sinne. Spüren, was der andere spürt – Mitgefühl und Hingabe in seiner höchsten Form.

Vishuddha – Kommunizieren

Mensch, wo du deinen Geist schwingst
über Ort und Zeit,
da kannst du jeden Augenblick sein
in der Ewigkeit.[155]

Angelus Silesius, christlicher Mystiker, 17. Jahrhundert.

BEGRIFF UND ALLGEMEINES

Vishuddha heißt wörtlich Reinigung. Das meint vor allen Dingen eine *innere* Reinigung, die unsere energetischen und mentalen Schichten erfasst. Die Tradition des Christentums kennt hierfür das heute kaum noch gebräuchliche Wort *Läuterung*. Läuterung ist ein Wort, das stark moralisch aufgeladen ist. Natürlich ist das in unserem Kontext ein Thema, denn das Ideal des *Gut-Seins* ist aus der Spiritualität nicht wegzudenken. Doch die moralische Ebene allein greift zu kurz, denn Reinheit meint nicht nur ethisches Verhalten, sie versteht sich vielmehr als ein *Zustand des Bewusstseins,* als Voraussetzung dafür, dass der Mensch inneren Frieden finden kann. Der Geist ist der Filter oder Schleier, durch den wir die Welt erfahren. Je reiner er ist, je klarer und akkurater er uns die Dinge zeigt, desto klüger ist unser Sprechen und Handeln, mit dem wir in die Welt hineinwirken und sie gestalten. Die Idee vom reinen Geist, die mit ihm verbundene Klarheit der Wahrnehmung sowie die aus ihm fließende Kraft hat wohl kaum einer treffender zum Ausdruck gebracht als Angelus Silesius, ein Dichter und Mystiker, der im Breslau des 17. Jahrhunderts lebte. Sein wichtigstes Buch ist der *Cherubinische Wandersmann*. Der erste Vers dieses Werkes lautet:

> „Rein wie das feinste Gold, steiff wie ein Felsenstein
> Gantz lauter wie *Cristall* sol dein Gemuethe seyn."[156]

Es geht hier um viel mehr als nur um die äußere Moral, nämlich um den mentalen Zustand kristallener Klarheit, dessen Energie unsere Wahrnehmung, unser Sprechen und Handeln trägt. Die Idee des Kristalls findet sich auch in Patanjalis *Yogasutra*. Erst wenn wir die Dinge so sehen, wie sie *sind,* jenseits der Eigenschaften also, die wir ihnen zuschreiben, können wir *wirkliche Erkenntnis* erlangen, eine Erkenntnis, in welcher keine Trennung mehr zwischen uns und den Dingen ist: Ein Verschmelzen mit dem Sein. Patanjali sagt:

> „So wie ein reiner Kristall die Farben und Formen des Objektes annimmt, das neben ihn gelegt wird, nimmt das Bewusstsein, dessen Regungen fast ganz zur Ruhe gekommen sind, die Qualitäten jedes beobachteten Objektes an, so dass der Beobachter, das beobachtete Objekt und der Prozess des Beobachtens eins werden: Dieser Zustand der Verschmelzung heißt Samapatti, das Zusammenfallen.“[157]

Den Weg zum gereinigten oder geläuterten Geist beschreibt das *Yogasutra* als ein System ineinandergreifender Elemente der Lebensgestaltung. Ihr methodischer Kern ist die psychologische und vor allem meditative Selbsterforschung. Neben ethischen Aspekten spielt die Energie- und Atemarbeit eine bedeutende Rolle. Eine ebenso einfache wie auch wirksame Technik, Atem und Meditation miteinander zu verbinden, ist *Ujjayi-Pranayama,* „die Atmung des Siegers“, eine zutiefst beruhigende Fom der Atmung, bei der unser Kelhkopf eine besondere Rolle spielt. Sie gehört zu den wichtigsten Pranayama-Übungen des Yoga:

Übung: Ujjayi-Pranayama

Setzen Sie sich in Meditationshaltung (oder auch in jede andere bequeme Haltung) und schließen Sie die Augen. Bringen Sie Ihre Aufmerksamkeit zum Kehlkopf. Atmen Sie, als würden Sie nicht durch die Nasenlöcher, sondern durch den Kehlkopf atmen, und verengen Sie dabei etwas die Glottis. (Das ist die spaltförmige Öffnung zwischen den beiden Stimmlippen). Dabei entsteht im Kehlkopf ein weicher Reibungslaut, ein sehr sanftes „Schnarchen“ (das allerdings nicht in der Nase entsteht). Es ist in etwa so, als würden sie bei der Aus- und Einatmung hörbar hauchen. Die Bewegung des Atems kommt von ganz unten, tief aus dem Bauch.

Konzentrieren Sie sich auf das sanfte Reiben im Kelhkopf und den feinen Klang, der dabei entsteht.

Die Verengung der Glottis lässt sich mit etwas Übung steuern, was einen direkten Einfluss auf die Länge der Atemzüge hat. Das Ziel dabei ist, die Atemzüge so tief, gleichmäßig, fein und langsam wie möglich werden zu lassen. Üben Sie anfangs zwei oder drei Minuten und dehnen Sie die Dauer der Praxis allmählich aus. Sie können Ujjayi so lange üben, wie Sie sich wohl damit fühlen. Diese beruhigende Atmung kann jede meditative Praxis begleiten (außer jene Übungen, die mit hörbaren Mantras arbeiten).

Variation – Ujjayi mit dem Mantra Soham

Um Ujjayi zu vertiefen, kann man das Mantra *Soham* mit einbeziehen. Es gilt als das natürliche Mantra des Atems. Bei der Einatmung sagen Sie innerlich *So,* bei der Ausatmung *Ham. Soham* ist nicht nur ein Klang, sondern auch ein Wort, das so viel wie „Das bin ich“ bedeutet.

Wenn wir Soham umdrehen, wird übrigens *Hamsa* daraus, der Schwan. Er symbolisiert Reinheit, Läuterung und Heimkommen.

Die Ujjayi-Atmung hat einen tief beruhigenden Einfluss auf den Geist. Sie reduziert den Blutdruck und löst innere Spannungen.[158] Sie ist ein mächtiger Weg, Pratyahara zu erreichen, das Loslösen der Sinne vom äußeren Geschehen und die Ausrichtung nach innen. Sie kann in nahezu jeder Haltung ausgeführt werden, „während wir uns bewegen, stehen, sitzen oder gehen“, wie die *Hatha Yoga Pradipika* lehrt, eine zentrale Schrift des Yoga, verfasst von einem Yogi namens

Svatmarama im 14. Jahrhundert.[159] Lediglich im Liegen sollte man Ujjayi nicht üben, weil das den Kehlkopf zu stark anstrengt.

Vishuddha, das Kehlkopf-Chakra, hat natürlich viel mit Sprache zu tun, allgemeiner ausgedrückt: Mit der Kommunikation des Menschen. Man nennt es deshalb auch *Bharata-Sthana,* das Sprach-Zentrum, verweisend auf Bharati, die Göttin der Sprache. Vishuddha steht zudem in enger Verbindung mit *Amrita,* dem Nektar der Unsterblichkeit, den wir im Abendland aus Homers Epen *Odyssee* und *Ilias* als *Ambrosia* kennen, die Speise der Götter. Amrita, so sagen Yogis, fließt aus einem Punkt namens *Bindu* am Hinterkopf (etwa auf Höhe des Augenbrauen-Zentrums) ins Kelhkopf-Chakra. Bindu wiederum steht in direkter Verbindung mit Sahasrara, dem Kronen-Chakra, Shivas „Wohnstatt" reinen Bewusstseins.

Der kühle Nektar der Unsterblichkeit steht für den Zustand von *Sat-Chit-Ananda* – Sein, Bewusstsein und Glückseligkeit. Er ist, wenn man so will, „Stoff" gewordenes Glück, physisch gewordene Transzendenz, und man schreibt ihm Vitalität, Gesundheit, Langlebigkeit und Glück zu. Es gibt noch andere Worte für Amrita. Die Veden sprechen von *Soma*, das zugleich den kühlenden Mond meint, und im Tantra sagt man *Madya* – Likör oder Rauschmittel – dazu.

Amrita wird die Kraft nachgesagt, alles harmonisieren zu können, sei es giftig oder süß. Gut und Böse und alle Gegenteile werden im wahrsten Sinne aufgehoben, transzendiert. Amrita und Vishuddha stehen damit für die Überwindung der Dualität des Lebens, für die Reinheit und harmonische Einheit des Seins und ein *Fließen mit dem Leben,* statt einer „unreinen", zersplitterten Existenz, die uns jeden Moment zwischen „Mag ich" und „Mag ich nicht" hin und her zerrt. Kehlkopf und Amrita, die Sprache und der kühlende, reinigende, ausgleichende Nektar. Auf diese so wichtige Verbindung von Kommunikation und Reinheit verweist auch ein Logion des *Thomas-Evangeliums.* Die Schüler fragen ihren Meister, an welche Gebote sie sich halten und welche Gebete sie sprechen sollen, was sie essen dürfen und was nicht. In krasser Ablehnung eines rein äußerlichen Verständnisses von Spiritualität antwortet Jesus:

> „Wenn ihr fastet, werdet ihr Sünde über euch bringen, und wenn ihr betet, werdet ihr verdammt, und wenn ihr Almosen gebt, werdet ihr eurer Seele Schaden zufügen. Wenn ihr in irgendein Gebiet geht und durch das Land wandert und euch Menschen empfangen, dann esst, was sie euch geben, und heilt die Kranken unter ihnen. Denn das, was in euren Mund hinein geht, wird euch nicht beschmutzen; vielmehr ist es das, was aus eurem Mund heraus kommt, das euch beschmutzen wird."[160]

Es ist nicht wichtig, sagt Jesus, ob ihr koscher esst oder nicht, sondern ob ihr ein reines Herz habt. Es ist bedeutungslos, wenn ihr Almosen gebt, nur weil eine religiöse Vorschrift das von euch verlangt. Wichtig ist die *innere Haltung,* aus der heraus ihr gebt. Gebete, die ihr morgens und abends auswendig dahersagt, sind vergebens, wenn sie nicht mit einer inneren Zugewandtheit dem Heiligen gegenüber geschehen. Die Hostie am Sonntag oder fünf Verneigungen nach Mekka und Medina bringen uns nicht in den Himmel; denn der Himmel, so wie die Mystiker ihn verstehen, meint einen Zustand des Bewusstseins. Was unser Sprechen anlangt: Wer unwahrhaftig ist, unachtsam, gedankenlos und unsensibel kommuniziert, der richtet Schaden an.

Sprache ist Ausdruck, und Ausdruck meint immer auch *Selbstausdruck.* Was ich sage, ist nicht nur *irgendein* Gedanke, sondern *mein* Gedanke. Im weiteren Sinne meint der Selbst-Ausdruck die Selbst-Entfaltung, das schöpferische Tun und die Kreativität. Im tiefsten Sinne meint das dann: Durch jedes Wort, in jeder Handlung und in jedem kreativen Akt drückt sich das Höchste durch uns aus – wir werden zum Instrument Gottes.

Übung: „Ich bringe mich zum Ausdruck“

Setzen Sie sich in Meditationshaltung und schließen Sie die Augen. Kommen Sie zur Ruhe. Sprechen Sie innerlich die folgenden Sätze, und gehen Sie in die Wahrnehmung dessen, was Sie sagen:

1. Ich fühle die Atemluft, die durch meine Nasenöffnungen strömt.
2. Ich fühle die Bewegung von Brust und Bauch, während ich atme.
3. Ich bin mir in diesem Moment meines ganzen Körpers bewusst.
4. Ich bringe mein Wesen zum Ausdruck mit klarem Geist und achtsamen Worten.

Machen Sie noch drei Atemzüge, und öffnen Sie dann achtsam die Augen.

SYMBOLIK UND ZUSCHREIBUNGEN

Der Vishuddha symbolisierende Lotos ist violett und trägt sechzehn Blütenblätter. Das Chakra ist im Nackenbereich hinter dem Kehlkopf lokalisiert und kann über die Halsgrube, sein Kshetram, angesprochen werden. Physiologisch sind diesem Energiezentrum Hals, Kehlkopf, Schilddrüse sowie die zugehörigen Nervengeflechte zugeordnet, außerdem Speiseröhre, Nacken und Oberarme.

Das mit Vishuddha korrelierende Energiefeld ist Udana-Vayu. Es durchdringt den Kopf, die Arme und Beine. Das unterstützt ganz entscheidend die Idee der Kommunikation, das Lebensthema von Vishuddha. Im Bereich des Kopfes sind unsere Sinnesorgane – Augen, Ohren, Nase, Zunge – und wir erfahren und interpretieren die Welt im Wesentlichen über sie. Mit unseren Aktionsorganen – Hände, Arme, Beine – reagieren wir auf die Welt, die wir erfahren. Udana-Vayu, das Energiefeld, in welchem Vishuddha liegt, lässt uns in Beziehung mit der Welt treten.

Das *Yogasutra* berichtet davon, dass die Beherrschung von Udana uns die Fähigkeit zur Levitation verleiht, die nur halb so wundersam erscheint, wenn wir sie uns als Phänomen im Rahmen einer außerkörperlichen Erfahrung vorstellen. Wir kennen das auch vom Träumen. Es ist ein Leichtes, zu fliegen, wenn die Schwerkraft keinen Einfluss mehr ausübt – und genau das ist der Fall, wenn wir den grobstofflichen Körper verlassen. Patanjali sagt im schon zitierten Vers 3.40 des *Yogasutra:*

> „Durch die Beherrschung von Udana bleibt der Yogi unberührt von Wasser, Sumpf und Dornen und erhebt sich über sie."[161]

Das Unberührtsein von Wasser, Sumpf und Dornen ist nicht allein ein Hinweis auf die Levitation, sondern zugleich eine psychologische Metapher, die sich perfekt in das Bild von Vishuddha und Udana-Vayu einfügt. Wenn wir auf die Welt, die wir erfahren, nicht so intensiv reagieren, wie wir das oft tun, zum Beispiel in Form von Ärger oder Zorn, dann reagieren wir hilfreicher und handeln vernünftiger. Es lebt sich leichter und schmerzloser, wenn wir „über den Dingen stehen". Wenn es uns gelingt, die positiven wie auch die negativen Erfahrungen von einer höheren Warte aus zu betrachten und uns nicht zur Gänze von ihnen vereinnahmen zu lassen, dann integrieren wir die Dualität des Seins. Wir *erheben* uns. Dazu eine kurze Geschichte:

Am Anfang der Zeit, noch vor der Schöpfung der Welt, stritten sich die *Suras* und *Asuras*. Das sind gute und böse Wesen, die wir im Christentum Engel und Dämonen nennen würden, oder, moderner ausgedrückt, die hilfreichen und hinderlichen Energien in uns. Suras und Asuras also stritten, und Gott Vishnu wollte sie miteinander versöhnen. Seine Idee war, dass sie den Ur-Ozean, aus dem das Weltall ausfließt, umrühren und seinen Inhalt gerecht teilen sollten. Beide Seiten akzeptierten Vishnus Vorschlag und man machte sich ans Umrühren. Doch dann kam ekliges Gift an die Oberfläche des Meeres. Weder die Suras noch die Asuras wollten es trinken, entsorgen oder es auf andere Weise unschädlich machen. Was tun? Vishnu ging zu Shiva, um sich Rat zu holen. Shiva überlegte nicht lange und verschluckte kurzerhand das ganze Gift. Es fügte ihm keinerlei Schaden zu, lediglich sein Hals färbte sich blau. Deshalb nennt man Shiva seither auch den „Blauhalsigen". Das Gift jedenfalls war aus der Welt.

Die Geschichte vermittelt die Idee der Integration positiver und negativer Erfahrungen. Zum Leben gehören Gut und Schlecht gleichermaßen, das eine macht ohne das andere nicht einmal begrifflichen Sinn. Loslassen und Annehmen sind letztlich dasselbe. Annehmen ist das Loslassen, die Dinge anders haben zu wollen, als sie sind. Wenn wir es schaffen, loszulassen, was nicht hilfreich ist – unser negatives Denken, unsere nicht hilfreichen Gewohnheiten und so weiter –, und anzunehmen, was wir nicht ändern können, dann öffnen wir uns dem Fluss des Lebens. Die Welt wird dann als „Lernspielfeld" erkannt, auf dem es Nektar und Gift gleichermaßen zu trinken gibt. Wir kommen schlicht nicht umhin, ab und an auch eine Portion Gift zu schlucken. Wenn wir uns zu sehr dagegen wehren, wird uns das viel mehr Schmerz bereiten, als wenn wir das Gift integrieren und verarbeiten. Mit allem *bedingungslos* in Beziehung zu treten, ohne Habenwollen und Nicht-Habenwollen: Erst das lässt uns die Ganzheit hinter der Dualität erkennen. Fließen statt Konflikt.

Die Vishuddha zugeordnete Körpersubstanz ist die Haut. Damit hier keine Verwechslung aufkommt: Die Haut ist auch ein Wahrnehmungsorgan (Jnanendriya: Fühlen) und korreliert als solches mit dem Herz-Zentrum. Als Dhatu jedoch gehört die Haut zum Hals-Chakra und erinnert uns ein wenig an die sensible und dünne Hülle, die einen Ballon umspannt, oder auch an ein schützendes Zelt. In seinem Inneren ist „leerer" Raum. *Akasha,* der Raum, ist auch das zu Vishuddha gehörende Element. Der Raum ist zugleich das Medium, in welchem Schall oder Klang sich ausbreiten. So ist der Gehörsinn ganz logisch das feinstoffliche Element und die Ohren das Wahrnehmungsorgan des Hals-Chakras. Das Aktionsorgan bilden sinnigerweise die Stimmbänder, mit denen wir Schall erzeugen.

Raum und Klang, das wurde im Kapitel *Die Energie des Lebens* ausführlich thematisiert, sind innigst miteinander verwoben. Wenn die Klang-Energie des Höchsten die Schöpfung hervorbringt, bedeutet das: Die Klangschwingung *erschafft* den Raum, in den hinein sie sich ausdehnt. So ist der Raum das erste unter den Elementen: Aus dem Raum Vishuddhas entspringt die Luft Anahatas, das Feuer Manipuras, das Wasser Svadhishthanas und die Erde Muladharas: Vom Feinen zum Groben, vom Reinen zum Unreinen, von oben nach unten verläuft der Schöpfungsstrahl. Dies ist der sinnbildliche „Abstieg" auf der Leiter. Inkarnation, Fleischwerdung – oder auch Evolution. *Evolution* heißt wörtlich „Auswicklung" oder „Ausdrehung" (lateinisch: *ex* + *volvere* = herausdrehen). Aus dem uranfänglichen Potenzial (reines Bewusstsein, Shiva, Purusha) wickelt sich die Welt (Energie, Shakti, Prakriti) aus. Purusha, unser inneres Licht, verwickelt sich zugleich in sie. So betrachtet, liegt der „Aufstieg" also ganz in der energetischen Logik der Schöpfung, die sich in uns als Mikrokosmos spiegelt: Der eingewickelte Purusha befreit sich von den Seilen, *ent*-wickelt sich. Vishuddhas originärer Klang, sein Bija-Mantra, ist HAM.

Übung: Meditation auf Vishuddha

Begeben Sie sich in Ihre Meditationshaltung und entspannen Sie sich. Nach ein, zwei Minuten atmen Sie tief ein und chanten mit der Ausatmung: HAM-HAM-HAM, HAM-HAM-HAM, HAM-HAM-HAM.

Fühlen Sie die Vibration, die vor allem im Hals- und Kopfbereich entsteht. Wiederholen Sie die Übung, so lange Sie sich gut damit fühlen.

Vishuddhas Yantra ist ein Kreis. Er symbolisiert den Nachthimmel, den der Vollmond erleuchtet: Es ist ein Bild für Manas-Shakti, psychische oder mentale Energie. Der Mond steht auch für die Kühle von Amrita. Der Kreis symbolisiert aber vor allem den Raum.

Die alten Schriften unterscheiden verschiedene Arten von Raum. Da gibt es zum einen den atmosphärischen Raum, *Abhrakasha,* das ist der Raum zwischen den Objekten. Hier steht ein Stuhl, dort ein Tisch, und Abhrakasha ist die „Leere“ zwischen beiden. Dann gibt es den Raum von *Jaladkasha,* die „Leere“ des Wassers, der weite Raum des Ozeans, der auch ein Bild für den stillen, weiten und „leeren“ Geist ist. *Gatakasha* ist die „Leere“ im Inneren von Dingen, die Hohlräume in Gefäßen zum Beispiel. Weiter ist da *Patakasha,* die Leere zwischen zwei Vibrationen oder Klängen, die „leeren“, nicht hörbaren Klänge sozusagen, oder die Stille zwischen den Tönen. Schließlich gibt es noch *Mahakasha,* der „Große Raum“, die absolute und höchste „Leere“, die man auch *Shunya* nennt. Die Nicht-Existenz, die zugleich das totale Sein meint.

Das Wort „Leere“ steht hier unter Anführungszeichen. Das ist deshalb so, weil die Leere zwar Nicht-Existenz ist, nicht aber ein Nicht-Sein, sondern vielmehr sogar ein äußerstes Sein, eines nämlich, aus der die Fülle der Existenz und der Sinn der Dinge kommt.

Das kann anders gar nicht sein. Gäbe es Abhrakasha nicht, den leeren Raum zwischen den Objekten, so wäre alles untrennbar miteinander „verwachsen". Die Ideen von Stuhl und Tisch verlören ihren Sinn und ihre Wirklichkeit. Oder nehmen wir Patakasha, die Stille zwischen zwei Schwingungen. Was wäre Musik, wenn es nicht die Pause zwischen den Tönen gäbe? Nichts als amorpher Klangbrei und Lärm. Klang gewinnt seine Wirklichkeit allein aus der Stille, aus der er kommt. Topf oder Krug wären unbrauchbar, gäbe es nicht Gatakasha, den Hohlraum in ihrem Inneren. Erst die „Leere" oder das „Nichts" gibt also den Dingen ihre Gestalt. Das *Tao Te King* sagt es so:

> „Die dreißig Speichen eines Rades vereinen sich in der Nabe, doch erst das Loch in ihrem Zentrum ermöglicht es dem Rad, sich zu drehen. Lehm wird geformt, um daraus eine Tasse zu machen, doch erst der leere Raum darin ermöglicht es der Tasse, Wasser aufzunehmen. Wände werden errichtet, um einen Raum zu schaffen, doch erst, indem man Fenster und eine Tür herausschneidet, kann man den Raum betreten und darin leben."[162]

So ist es mit der ganzen Schöpfung. Nur aus Shunya, der „Nicht-Existenz", kann die Existenz ausfließen. Alles, was ist, sagt Jesus, ist Ruhe und Bewegung. Aus dem reinen Bewusstsein fließt die Energie. Über diese ursprüngliche Leere – das Tao – das der Fülle des Seins die Existenz ermöglicht, dichtete Laotse, der Schöpfer des *Tao Te King,* vor 2500 Jahren diese wunderbaren Worte:

> „Obwohl formlos und unberührbar,
> steigen doch alle Formen aus ihm auf.
> Vage und undefinierbar,
> ist es doch der Ursprung aller Gestalten.
> Obgleich dunkel und geheimnisvoll,
> ist es der Geist, die Essenz, der Lebensatem aller Dinge.

Du fragst: „Aber ist es wirklich?“ –
Ich sage, dass alles in der Schöpfung es beweist!“[163]

Vishuddha, der Ort der Reinigung, wird in Verbindung gebracht mit *Taijasa,* dem Traumzustand. Das Symbol hierfür ist der Klang U im Pranava AUM. (Zur Erinnerung: Der Klang M gehört zum Herzen und steht für Prajna, den tiefen, traumlosen Schlaf.) Im tibetischen Traum-Yoga spielt Vishuddha eine wichtige Rolle in einem ganz methodisch-technischen Sinne, wenn es nämlich darum geht, luzide Träume hervorzurufen. Die Konzentration auf das Hals-Chakra, in Verbindung mit der Visualisierung des Buchstaben A während der Einschlafphase, kann dazu verhelfen, wachbewusst zu träumen. A steht für den Wachzustand: Man trägt das A zum U, Vaishvanara zu Taijasa, die Bewusstheit zur Nicht-Bewusstheit, die Achtsamkeit zur Selbst-Vergessenheit oder ein Licht ins Dunkel.

Das Tiersymbol Vishuddhas, dem das feinste der Elemente entspricht, ist ein Elefant. Der Elefant ist auch ein Symbol für Muladhara, das dem gröbsten der Elemente entspricht, der Erde. Das Grobe und das Feine, beides wird also von Elefanten dargestellt, doch Vishuddhas Elefant ist nicht grau, sondern weiß – ein Bild für die Reinheit. Nach seinem Aufstieg auf der Leiter der Selbstentwicklung ist der Elefant, dieses starke, demütige und hingebende Wesen, licht, weiß und sattvisch geworden.

DIE PSYCHOLOGIE VON VISHUDDHA-CHAKRA

Vishuddha – Tamas

Dieser Typ ist zurückgezogen und verschlossen, ein isolierter Mensch mit blockierter Kommunikation. Wer sich nicht regelmäßig darin übt, sich mit seinem Umfeld auszutauschen, bleibt unbeholfen darin, sich auszudrücken. Das führt zu Missverständnissen, zur Entfremdung von der Gemeinschaft und zu weiterer

Isolation. Dem Tamas-Typen werden die Menschen fremd. Aus der Perspektive der anderen stellen sich Fragen wie diese: Warum verschließt er sich so vor uns? Will er nichts von uns wissen? Hat er etwas zu verbergen? Der Vishuddha-Tamas-Typ fühlt sich schnell bedroht. Was wollen die von mir? In der pathologischen Übersteigerung begegnen wir dem Bild eines Menschen, der an Paranoia leidet.

Vishuddha – Tamas-Rajas

Auch dieser Typ hat ein sehr zurückgezogenes Wesen, Gesprächigkeit ist seine Sache nicht. Der Rajas-Anteil im Temperament sorgt immerhin dafür, dass er sich nicht total von der Gemeinschaft ausschließt. Vielredner schätzen sein Wesen durchaus, denn sie treffen hier auf einen, der ihnen als guter Zuhörer gilt. Was einen *wirklich* guten Zuhörer ausmacht, ist nicht Mundfaulheit, sondern Präsenz und Achtsamkeit. Doch wo Tamas regiert, ist davon kaum etwas zu finden.

Vishuddha – Rajas-Tamas

Mehr Rajas macht Menschen kommunikativer. Das nach wie vor vorhandene Tamas lenkt die Kommunikation jedoch in eine ungute Richtung. Rajas-Tamas-Typen jammern und meckern meist. Sie sind immer unzufrieden und dazu der Meinung, dass jeder auf der Welt das wissen sollte. Auch die positiven Aspekte des Lebens werden negativ gewendet, überall suchen sie den Wurm. Wer ihnen etwas Schönes berichtet, wird oft eine Antwort zu hören bekommen, die mit „Ja, aber …“ beginnt.

Vishuddha – Rajas

Rajas-Typen ratschen gerne. Sie haben ein ausgesprochen kommunikatives Wesen und können durchaus gute Gesprächspartner sein, die ab und an gut zuhören können. Viel Rajas bedeutet aber auch ein großes Ego in Verbindung mit einer guten Portion Opportunismus. Das kann sie zu regelrechten „Totquatschern" machen, die jede Gesprächssituation nicht nur dominieren, sondern sie auch zu ruinieren vermögen.

Vishuddha – Rajas-Sattva

Wer nicht nur *viel,* sondern auch *gut* reden kann, ist eloquent. Seine Gedanken sind geordnet und sein Wissen gut organisiert. Rajas-Sattva-Menschen können auch komplizierte Sachverhalte verständlich erklären und auf den Punkt bringen. Sie haben ein Gespür dafür, was das Gegenüber aufnehmen muss oder kann. Ihre mentalen und kommunikativen Gaben reichen damit über den Tellerrand ihres persönlichen Lebens hinaus und bereichern in hilfreicher Weise das Leben der anderen. Mit anderen Worten: Rajas-Sattva-Typen sind gute Lehrer.

Vishuddha – Sattva-Rajas

Überstrahlt Sattva das Wesen eines Menschen, dann sind es vor allen Dingen die *anderen*, die ihm am Herzen liegen. In der Kommunikation ist ihm vor allem wichtig, dass sie allen Beteiligten gut tut. Sattva-Rajas-Persönlichkeiten sind deshalb immer ausgesprochen freundlich und feinfühlig. Zudem verfügen sie über ein hohes Maß an Intuition. Sie spüren, was der andere im Moment benötigt und welche Fragen im Raum stehen. So können sie Antworten auch auf unausgesprochene Fragen geben. Sattva-Rajas-Typen sind noch bessere Lehrer.

Vishuddha – Sattva

Wer ganz von Sattva durchdrungen ist, steht in konstanter Verbindung mit Buddhi, der Weisheitsebene seines Geistes, in die hinein das Höchste strahlt. Wir könnten Sattva-Menschen deshalb auch „Buddhi-Menschen“ nennen. Buddhi steht im Geistkonzept des Yoga über dem Ego. Es ist die Weisheit selbst, die durch Buddhi-Menschen strahlt. Hier sagt kein Ich, was es denkt oder meint, sondern der Mensch wird zum Kanal oder Instrument, durch den etwas Höheres fließen kann. Für Sattva-Menschen ist die Vermittlung von Wissen keine trockene, intellektuelle Übung, sondern es ist viel Intuition mit im Spiel. Sie sind absolut authentisch, deshalb inspirieren ihre Worte die Menschen – intellektuell wie emotional. Es sind charismatische Persönlichkeiten wie Mahatma Gandhi oder Martin Luther King, bei denen wir diese Qualitäten finden. Von allen Lehrern wären sie wohl die besten – wirkliche Lebenslehrer. Weil sie so authentisch sind, also Denken, Sprechen und Handeln bei ihnen eine Einheit bilden, und weil sie auch bittere Wahrheiten, Probleme und Ungerechtigkeiten ganz offen aussprechen, werden sie nicht immer von allen geliebt. Sie streben das auch gar nicht an, denn Opportunismus ist die Sache von Rajas. Wenn der reine Sattva-Typ sich gesellschaftlich engagiert, so setzt er sich auch starken negativen Energien aus. Gandhi und King wurden erschossen, so wie viele große Menschen gewaltsam zu Tode kamen. Doch hinterlassen sie oft ein großes Erbe und werden dadurch zu Lehrern für die ganze Menschheit.

Ajna – Wissen

In süßen Strömen nicht endender Lieder
erhallt die Glocke in deinem Körper.
Tag und Nacht donnert der Schlag der Trommel
in deinem Körper, der zehn Tore hat.[164]

Mirabai, indische Dichterin, Musikerin und Mystikerin, 15. Jahrhundert

BEGRIFF UND ALLGEMEINES

Den physischen Körper nennt man auch die „Stadt der neun Tore“ und meint damit die neun Öffnungen von Augen, Ohren, Nasenlöchern, Mund, Genital- und Ausscheidungsorganen. Sie verbinden unseren Körper mit der äußeren Welt. Die Mystikerin und Musikerin Mirabai (1498–1546), eine gute Bekannte von Kabir, spricht im Eingangszitat zu diesem Kapitel von *zehn* Toren. Das geheimnisvolle zehnte Tor ist *Ajna-Chakra,* unser „Drittes Auge“. Die Yogini Mirabai richtete sich während ihrer Meditation immer wieder auf diesen Punkt aus und tauchte ganz in ihre Klang- und Lichterfahrungen in *Chidakasha* ein, dem inneren Raum, der sich vor ihren geschlossenen Augen öffnete. Manche Yogis, sagt Mirabai, würden sich in Atemübungen und „komplizierte, körperliche Quälereien“ flüchten und dabei das Wichtigste übersehen, denn „das Augenbrauen-Zentrum ist der Sitz des Schwans, wo immer eine helle Flamme leuchtet“.[165]

Ajna-Chakra, das zehnte Tor, verbindet uns nicht mit der Außenwelt, wie die anderen Tore, sondern mit unserer inneren Dimension. Erinnert die Idee vom zehnten Tor nicht ein wenig an den „Sechsten Sinn“ des Abendlandes? Beide Bilder verweisen jedenfalls auf eine Ebene, die jenseits der Begrenzungen unserer sinnlichen Wahrnehmung liegt. Genau dahin, jenseits von sinnlicher Wahrnehmung, Emotionen und Denken, zieht es Hamsa, den Schwan.

Bhrumadhya, das Augenbrauen-Zentrum, ist das Kshetram von Ajna, der Punkt also, über den wir das eigentlich im Zentrum des Schädels liegende Chakra anregen können. Das Augenbrauen-Zentrum ist über einen feinstofflichen Kanal mit dem Ajna-Chakra verbunden. Diese Verbindung trägt einen erhabenen Namen: *Maha-Nadi*, der „Große Strom“. Augenbrauen-Zentrum und Chakra sind so eng miteinander verbunden, dass es in praktischer Hinsicht vertretbar ist, beide als eins zu betrachten. Es ist auch kaum möglich, sich auf das Chakra *direkt* auszurichten, denn das

Zentrum unseres Schädels können wir nicht spüren. Wir können es aber „orten" und visualisieren. Wenn man sich eine gerade Linie zwischen beiden Schläfen vorstellt und eine weitere zwischen Augenbrauen-Zentrum und Bindu, dem gegenüberliegenden Punkt am Hinterkopf, dann liegt Ajna am Kreuzungspunkt der beiden Linien.

Ajna trägt viele Namen, die fast alle mit der Idee des Auges zu tun haben: *Trikuti,* das Dritte Auge, oder auch *Shiva-Chakshu,* das Auge Shivas. Manche nennen es „Auge der Intuition" oder *Divya-Chakshu,* göttliches Auge. Auch „Auge des Ostens" ist ein Name dafür. Der Osten steht für die Ausrichtung nach innen, zum wirklichen Sein hin in einem spirituellen Sinne, verbunden mit dem Lösen der Sinne vom Westen, der für die äußere Welt steht. Man kennt dieses Bild auch aus der ägyptischen Mystik. Da versinnbildlicht die Region westlich des Nils den Tod (das Materielle, Vergängliche, Irdische), der Osten aber das Leben (das Geistige, Ewige, Göttliche). Aus dem Osten kamen auch die *Magis* Kaspar, Melchior und Balthasar zum Jesuskind. Im Osten, dem Morgenland, geht die Sonne auf: Er ist die Quelle des Lichtes. Manchmal wird Ajna auch *Guru-Chakra* genannt, eine Bezeichnung, die auf die wortlose Kommunikation zwischen Lehrer und Schüler anspielt. Der Geist des einen trifft auf den Geist des anderen, eine Begegnung im Inneren.

Begegnung ist auch das Stichwort für weitere Bilder, denn Ajna ist der Zusammenfluss der drei zentralen Energieströme – das Flussdelta von Pranamaya-Kosha sozusagen. Die Hauptnadis Ida, Pingala und Sushumna vereinen sich in diesem Punkt, um von dort aus gemeinsam dem Kronen-Chakra zuzufließen. Deshalb heißt Ajna auch *Triveni,* die drei Flüsse. Sie werden symbolisiert durch die Ströme Ganges (Ida), Jamuna (Pingala) und den legendären unterirdischen Fluss Saraswati (Sushumna). Ganges, Jamuna und Saraswati treffen in der indischen Stadt *Allahabad* zusammen, auch das ein Name und Symbol für das sechste Energiezentrum, wo die drei Ströme der Befreiung, die *Mukta-Triveni,* ineinanderfließen: Links, Rechts, Mitte, Dualität, Zeit und Raum. Alles das hebt sich auf und kollabiert in *eins*.

Überall auf der Welt, durch alle Zeiten und Kulturen, maß man dem Dritten Auge eine zentrale Bedeutung zu. Platon, der große Philosoph der Antike, sprach vom „Auge der Seele“. Mit ihm allein könne man die Wahrheit sehen. Mit der Seele schauen, das meint Innenschau und Intuition, eben jene Art des Sehens, die dem Ajna-Chakra zugeschrieben wird. Auch der Kopfschmuck vieler Kulturen, so zum Beispiel der alten Ägypter oder der Indianer Nordamerikas, weist Bezüge zum sechsten Energiezentrum auf, oft in Form einer Schlange, die der Stirn entspringt. Millionen von Indern schmücken ihre Stirn täglich mit einem *Tilaka*, ein Segenszeichen aus gefärbtem Pulver, meist in roter Farbe. Es mag überraschen, doch sogar das bekannteste Symbol des Kapitalismus – die US-amerikanische Ein-Dollar-Note – ziert ein Drittes Auge, wohl eine Reminiszenz an die von der Gnostik stark beeinflusste Tradition der Freimaurer.

Natürlich begegnen wir dem Dritten Auge auch in der Bibel. „Let thine eye be single“, sagt Jesus in der *King-James-Version* der Bergpredigt. Das heißt wörtlich: Lasst euer Auge eins sein. Man ist in diesem Kontext versucht, das Wort *eins* mit *einsgerichtet* zu übersetzen. In der deutschen Übersetzung lesen wir für *single* übrigens das Wort „lauter“, das bedeutet „klar“ oder „rein“. „Das Licht des Leibes ist das Auge. Wenn dein Auge lauter wird, wird dein ganzer Leib von Licht erfüllt sein.“[166] Der bekannte Ausspruch Jesu gibt erst richtig Sinn, wenn man das Auge als „Auge der Seele“ oder zehntes Tor begreift. Mystiker sprechen auch vom „Christus-Auge“. Wenn Ajna bis zu einem gewissen Grad entwickelt, aktiviert und sensibilisiert (also „lauter“) geworden ist, kann die Lebensenergie als Licht in Chidakasha, dem inneren Raum, gesehen werden, denn dieser ist direkt mit Ajna verbunden. Ein sensibilisiertes Augenbrauen-Zentrum ist zudem ein Zeichen dafür, dass der Energiekörper bereits in seiner *Gesamtheit* aktiviert ist. Waldo Vieira, ein zeitgenössischer brasilianischer Arzt, der sein Leben ganz den erweiterten Bewusstseinszuständen der feinstofflichen Dimensionen gewidmet hat, schreibt in seinem umfangreichen Werk *Projectiology* über Ajna-Chakra, das er *Frontalchakra* nennt:

> „Wer im normalen physischen Wachzustand immer wieder ein Pulsieren oder Klopfen im Frontal-Chakra fühlt, tut das, weil *Kundalini* und die anderen Chakras – mit Ausnahme des strahlenden Kronen-Chakras – schon vor langer Zeit ganz geweckt wurden."[167]

Übung: Prana-Vidya

Prana-Vidya, das Sehen und Spüren der Lebensenergie, ist in Ajna leichter möglich als in den anderen Energiezentren, denn es ist sehr sensitiv für Prana. Viele Menschen erleben die Lebensenergie im Sinne einer bewussten Erfahrung erstmals im Ajna-Chakra: Als Pulsieren, als Wärme, als Kribbeln, als Licht. Die folgende Übung bezieht den ganzen Körper mit ein, um Prana zu spüren.

Bestimmt haben Sie schon die tanzenden Lichter bemerkt, kleinen Funken gleich, die man direkt vor den Augen wahrnehmen kann, wenn man an einem sonnigen, klaren Tag draußen ist und in den Himmel schaut. Das ist Prana, die alles durchdringene Lebensenergie, die wir atmen, mit der Nahrung und dem Licht aufnehmen, die feinstoffliche Kraft, die uns am Leben erhält und den physischen Körper verlässt, wenn eintritt, was wir „Tod" nennen.

In der folgenden einfachen Übung können Sie sich ganz bewusst mit dieser nährenden und heilsamen Kraft aufladen. Man kann die Übung in jeder Körperhaltung durchführen: Im

Sitzen, auf dem Rücken oder auf der Seite liegend, auch in einem gemütlichen Fernsehsessel, wichtig ist nur, dass es sich vollkommen bequem anfühlt. Schließen Sie die Augen und entspannen Sie sich. Versuchen Sie, sich nicht zu bewegen und auch nicht einzuschlafen. Die Wachheit in Verbindung mit totaler Bewegungslosigkeit ermöglicht Ihnen, mit etwas Übung aus einer Visualisierung oder Vorstellung ein echtes Spüren werden zu lassen. Ihr Atem fließt ganz natürlich.

Den Körper wahrnehmen

Bringen Sie Ihre Aufmerksamkeit zur rechten Hand und stellen Sie sich vor, Sie würden durch die Poren Ihrer Hand ein- und ausatmen. Sie atmen durch Ihre rechte Hand ein und aus.

Erweitern Sie nach ein paar Atemzügen Ihr Gewahrsein und beziehen nun auch die linke Hand mit ein. Sie atmen durch beide Hände ein und aus. Dabei können Sie vielleicht etwas spüren: Ein Kribbeln, Wärme, ein Pulsieren oder eine innere Bewegung. Dehnen Sie Ihre Aufmerksamkeit aus und kommen Sie zu den Schultern ... zum Nacken, Hinterkopf und zur Krone des Kopfes ... zum Gesicht und zum Hals ... zur Brust ... zum Bauch ... zum Unterleib und den Hüften ... zu den Oberschenkeln ... den Unterschenkeln ... zu den Füßen ... Schließlich atmen Sie mit dem ganzen Körper. Der ganze Körper wird zur Lunge und atmet ein und aus.

Licht atmen

Während Sie sich Ihres ganzen Körpers weiter bewusst bleiben, stellen Sie sich nun vor, dass Sie Licht atmen. Mit jeder Einatmung fließen feine Lichtstrahlen oder Lichtpartikel durch die Poren Ihrer Haut – durch jede einzelne Pore. Mit Ihrem ganzen Körper nehmen Sie Prana auf.

Visualisierung: Licht

Versuchen Sie nun, sich vorzustellen, wie mit jeder Einatmung goldenes Licht in Sie hineinfließt, während mit der Ausatmung blau-grünes Licht aus Ihrem Körper herausströmt. Sie atmen goldenes Licht ein und Sie atmen blau-grünes Licht aus. Ein Prozess der Reinigung. Mit jeder Ausatmung lassen Sie Anspannung und Müdigkeit los. Sie atmen frische, vitalisierende Lebensenergie ein und verbrauchtes Prana aus.

Visualisierung: Manipura

Nach ein paar Minuten bringen Sie Ihre Aufmerksamkeit zum Bauchraum, zu Manipura, dem Nabel-Chakra. Sein Symbol ist das Feuer: Ein Feuerball, dessen Kraft die Lebensenergie aus der Nahrung löst, das Feuer, das uns im Winter wärmt, das Feuer, dem wir Kraft und Lebensfreude verdanken.

Mit der Einatmung strömt das Licht in den Feuerball von Manipura. Von überall her aus Ihrem Körper fließt das Licht, das Sie einatmen, zu Manipura und facht das Feuer weiter an. Mit jeder Ausatmung züngeln die Flammen von Manipura in die Höhe und bringen Lebensenergie, Vitalität, Wärme, Licht und Optimismus in den ganzen Körper – in jede Zelle. Sie erhellen auch die dunkelsten Ecken und Winkel Ihres Bewusstseins.

Abschluss

Bringen Sie Ihre Aufmerksamkeit langsam wieder nach außen. Hören Sie die Geräusche im Raum ... die Klänge in größerer Entfernung ... bewegen Sie sanft Ihre Finger, Hände, Arme, Beine ... recken und strecken Sie sich, ganz wie Sie möchten ... öffnen Sie achtsam Ihre Augen ... Stehen Sie langsam auf und machen ein paar behutsame, achtsame Schritte.

SYMBOLIK UND ZUSCHREIBUNGEN

Ajna kommt von *jna,* was erkennen oder wissen heißt. Es ist die „Kommando-Zentrale“ unter den Chakras, seine Aktivierung gilt als zentral auf dem inneren Weg. In der tantrischen Tradition beginnt man die Energiearbeit damit, das Augenbrauen-Zentrum zu sensibilisieren. Auch bestimmte Pranayama-Übungen wirken direkt auf Ajna, zum Beispiel die schon vorgestellten Techniken *Nadi-Shodana* oder das meditativere *Prana-Shuddhi.* Die Himalaya-Tradition des Yoga praktiziert *Prana-Dharana,* wörtlich: „Sich auf die Lebensenergie ausrichten“ oder „Konzentration auf die Lebensenergie“. Dies ist eine dynamische Atemübung, die dem bekannten *Bhastrika-Pranayama* sehr ähnlich ist, allerdings liegt der Fokus hier nicht auf dem Luftstrom in den Nasenöffnungen, vielmehr wird die Atemluft unter dem Gaumen hinweggezogen, eine Übungstechnik, die man sich direkt zeigen lassen muss, weil es nicht möglich ist, sie nachvollziehbar mit Worten zu erklären. Prana-Dharana ist eine Übung, mittels derer man Prana relativ schnell vor dem inneren Auge als Licht sehen kann.

Das Anregen oder Massieren des Gaumens mit dem Luftstrom während dieser Übung hat einen guten Grund. Oberhalb des Gaumens, in der Schädelmitte, liegt die Epiphyse oder Zirbeldrüse. Sie hat eine pinienzapfenähnliche Form und verdankt ihren deutschen Namen daher wohl der Zirbelkiefer, in englischer Sprache heißt sie *pineal gland,* die „pinienartige“ Drüse. Die Zirbeldrüse ist die einzige Struktur im Gehirn, die nicht doppelt oder symmetrisch ausgelegt ist. René Descartes, ein Philosoph des 17. Jahrhunderts, vermutete darin den Sitz der Seele. Es ist bekannt, dass er sehr stolz auf seine große Sammlung von Tierpräparaten war, allesamt von Wesen stammend, die bei lebendigem Leibe zerschnitten, zersägt und ausgenommen wurden – eine barbarische Forschungspraxis namens Vivisektion, die Descartes zu verdanken ist. Doch wie viele Zirbeldrüsen er auch zerteilte: Die Seele fand er nicht. Überhaupt sprach er allen nicht-menschlichen Wesen die Seele ab. Was der Mensch nicht alles versucht, um sich für größer zu halten als der Rest der Schöpfung!

Seele hin, Seele her – die Yoga-Philosophie betrachtet die Epiphyse als grobstoffliche Entsprechung des sechsten Energiezentrums. Während des Wachstums des Fötus im Mutterleib spezialisiert sich die Zirbeldrüse aus dem Gaumengewebe heraus. Sie gilt als lichtempfindlich und wird mit dem Schlaf-Wach-Rhythmus des Menschen in Verbindung gebracht. Bei Dunkelheit schüttet sie vermehrt das Hormon *Melatonin* aus, das beruhigend auf den Geist wirkt. Je länger die Nachtzeiten, desto mehr Melatonin produziert die Zirbeldrüse. Sie findet sich übrigens nicht nur beim Menschen, sondern auch bei Tieren. Als biologische Uhr ist sie verantwortlich für das Sexualverhalten oder für die Ausbildung von Sommer- und Winterfell. Vieles rund um die Zirbeldrüse ist heute noch unbekannt. Das Dritte Auge ist das wohl wichtigste Zentrum der Meditation im Yoga. In der *Bhagavad Gita* erzählt Krishna seinem Schüler Arjuna von dieser uralten yogischen Praxis:

> „Mit nach innen gerichteten Sinnen fokussieren Yogis das Augenbrauen-Zentrum und atmen gleichmäßig durch die Nase ein und aus. Sinne, Gefühle und Gedanken kommen so zur Ruhe. Frei von Wünschen, Angst und Ärger und als einziges Ziel die Befreiung vor Augen: So erlangt man wirklich die ewige Freiheit.“[168]

Übung: Atmen durch das Augenbrauen-Zentrum

Die Aktivierung von Ajna-Chakra und die Erfahrung von Prana als Licht kann auch durch einfaches Atmen durch das Augenbrauen-Zentrum erreicht werden.

Dunkeln Sie den Raum ab, und setzen oder legen Sie sich in Meditationshaltung. Schließen Sie die Augen. Entspannen

Sie sich. Atmen Sie, als würden Sie durch Brumadhya, das Augenbrauen-Zentrum, ein- und ausatmen.

Wenn Sie sich auf das Augenbrauen-Zentrum ausrichten, werden Sie sehr wahrscheinlich beobachten, dass sich auch die Augen in Richtung dieses Punktes bewegen wollen. Lassen Sie das zu, ein leichtes Schielen nach innen und oben verstärkt die Wirkung der Übung. Doch achten Sie darauf, dass sie dabei entspannt bleiben. Machen Sie eine Pause, sobald Sie die Übung als anstrengend empfinden.

Das regelmäßige Atmen durch Brumadhya aktiviert und sensibilisiert Sie für die Wahrnehmung von Prana.

Die Grundnatur des Ajna-Chakra ist die Steuerung und Kontrolle, das Wissen, Denken sowie das intuitive Erkennen. Sein Symbol ist ein silbergrauer oder rauchfarbener Lotos mit zwei großen Blütenblättern auf der linken und rechten Seite, die das Symbol des Mondes und der Sonne tragen. Das Augenbrauen-Zentrum ist das Kshetram von Ajna. Passend zur anatomischen Lage der Zirbeldrüse am oberen Ende des verlängerten Rückenmarkes (Medulla oblongata) ist die dem Ajna-Chakra zugeordnete Körpersubstanz das Knochenmark. Vijnanamaya-Kosha, der Weisheitskörper, korrespondiert mit Ajna, dem Energiezentrum des Wissens und der Intuition. Sehr einfach zuzuordnen sind die fein- und grobstofflichen Elemente sowie die Wahrnehmungs- und Handlungsorgane. Es ist immer *Manas,* das Mentale.

In Ajna-Chakra findet sich auch *Rudra-Granthi,* der dritte „Knoten“. Rudra ist Shiva, und wir könnten genauso gut „Shivas Knoten“ dazu sagen. (Die anderen beiden Knoten, Brahma- und Vishnu-Granthi, liegen im Muladhara, dem Wurzel-Chakra, und im Anahata, dem Herz-Zentrum, und sie stehen für Anhaftungen an materielle und emotionale Dinge.) Rudra-Granthi steht für Anhaftungen ans Psychische. Die Aktivierung des feinstofflichen Körpers, zumal des Kraftfeldes von Ajna, kann einhergehen mit ungewöhnlichen Fähigkeiten des Geistes, die Patanjali im Yogasutra *Siddhis* oder *Vibhutis* nennt. Es sind Phänomene wie Hellsichtigkeit (die Wahrnehmung feinstofflicher Manifestationen, wie zum Beispiel der Aura), Präkognition oder das Wissen um die Zukunft, eine extrem hoch entwickelte Intuition, Fernsichtigkeit (das mentale Sehen entfernter Ereignisse), telekinetische Fähigkeiten (direkte Einflussnahme auf Materie durch den Geist) und vieles andere mehr. Es geht um die Fähigkeiten, Dinge wahrzunehmen, die jenseits der Möglichkeiten der Sinne liegen. Ein voll aktiviertes Ajna-Chakra macht aus dem Yogi einen *Trikaladarshi,* schreibt Harish Johari, einen Menschen, der um die Vergangenheit, Gegenwart und Zukunft weiß und in vielerlei Hinsicht ungewöhnlich ist:

> „Solange sie [= Menschen, deren sechstes Energiezentrum voll aktiviert ist] in ihrem physischen Körper sind, befinden sie sich in einem dauernden Zustand nicht-dualen Gewahrseins. Sie können in jeden Körper willentlich eindringen. Sie sind in der Lage, die innere Bedeutung des kosmischen Wissens zu begreifen und fähig, Schriften zu verfassen."[169]

„Schriften zu verfassen" bezieht sich auf spirituelle Texte, deren Wahrheitsanspruch autoritativ ist, denn Ajna-Chakra ist das Zentrum der Selbst- und damit zugleich Gott-Erkenntnis:

> „In Ajna-Chakra wird der Yogi eine Manifestation des Göttlichen und verkörpert alle Elemente in ihrer reinsten Form oder Essenz. Alle äußeren und inneren Umstände hören auf, Probleme zu bereiten. Der Geist erlangt einen Zustand nicht-differenzierten kosmischen Gewahrseins."[170]

Patanjali spricht im Blick auf die Siddhis eine Warnung aus. Sie können zum Problem werden, nämlich dann, wenn man sie anstelle der Selbsterkenntnis zum eigentlichen Ziel seiner Praxis macht, erst recht natürlich, wenn man sie missbraucht. Präkognition, Telekinese, Fernsicht, außerkörperliche Aktivitäten und anderes mögen Früchte sein, die wir in der Arbeit mit dem Energiekörper ernten können, aber die Gabe, kommende Ereignisse vorauszuahnen, die Gedanken anderer zu lesen oder den Körper zu verlassen und als feinstoffliches „Geistwesen“ in die private Lebenswelt anderer einzudringen – alles das ist ethisch nicht vertretbar, es ist egoistisch und führt uns nicht weiter auf dem inneren Weg. Für den „weltlich Gesinnten“, sagt Patanjali deshalb, mögen die Siddhis „als Errungenschaft erscheinen“; für Samadhi jedoch, die Erfahrung des Einsseins mit allem, was ist, sind sie „hinderlich“: Rudra-Granthi fesselt uns.[171]

Übung: „Ich habe Zugang zur unerschöpflichen Intelligenz und Weisheit der Schöpfung“

Setzen Sie sich in Meditationshaltung. Schließen Sie die Augen und entspannen Sie sich. Sprechen Sie nun innerlich die folgenden Sätze, und gehen Sie dabei in die Wahrnehmung dessen, was Sie sagen:

1. Ich fühle die Atemluft, die durch meine Nasenöffnungen strömt.
2. Ich fühle die Bewegung von Brust und Bauch, während ich ein- und ausatme.
3. Ich bin mir in diesem Moment meines ganzen Körpers bewusst.

Bringen Sie nun Ihr Gewahrsein zum Punkt zwischen den Augenbrauen und sagen Sie sich:

4. Ich habe Zugang zur unerschöpflichen Intelligenz und Weisheit des Kosmos.

Machen Sie noch ein paar Atemzüge, und öffnen Sie dann achtsam die Augen.

Dem Ajna-Chakra wird kein Tiersymbol zugeschrieben, doch ein Bija-Mantra hat es: Das Mantra OM. OM, das wurde schon gesagt, ist der Klang der Klänge, die Energie, aus der die Schöpfung kommt, die Vibration, die den Raum erschafft, in den hinein sie sich entfaltet. Aus dem Geistprinzip, für das das Ajna-Chakra steht, kommt die Energie (OM), welche die Elemente Raum, Luft, Feuer, Wasser und Erde erschafft, die vom Feinen zum Gröberen, die „Leiter hinab", den darunter liegenden Energiezentren entsprechen.* Das System der Energiezentren, der innere Kosmos, das sieht man nun sehr schön, ist ein Spiegel der Schöpfung und ihrer Elemente, ein Spiegel auch des so zentralen Prinzips, dass alles Sein dem Geist entspringt. Bewusstsein und Energie bilden letztlich eine Einheit als die zwei Pole des *einen* Seins.

Also muss man die Leiter *nach oben* klettern, wenn man zur Wirklichkeit oder Quelle gelangen will. Flussaufwärts liegt der Ursprung. Er liegt jenseits der Elemente, jenseits dessen, was wir riechen, schmecken oder mit den Augen sehen können, jenseits des Fühlens und Hörens, jenseits aller Elemente oder bekannten Erfahrungen. Doch dieses „Jenseits" ist nicht später oder an einem anderen Ort, sondern in einem neuen, erweiterten Bewusstseinszustand im Hier-Jetzt.

---

* Die Entsprechungen sind: Ajna/Geist, Vishuddha/Raum, Anahata/Luft, Manipura/Feuer, Svadhishthana/Wasser und Muladhara/Erde.

Übung: Meditation auf Ajna

Setzen Sie sich in Ihre Meditationshaltung und entspannen Sie sich. Atmen Sie durch das Augenbrauen-Zentrum. Nach ein, zwei Minuten atmen Sie tief ein und chanten mit der Ausatmung:

OM, OM, OM – OM, OM, OM – OM, OM, OM.

Fühlen Sie die Energie dieses Klanges, wie er Ihren ganzen Körper in Vibration versetzt und Spannungen löst.

Üben Sie, so lange Sie sich gut damit fühlen.

DIE PSYCHOLOGIE VON AJNA-CHAKRA

Ajna – Tamas

Der tamasische Ajna-Chakra-Typus kann nicht gut denken. Gemeint ist nicht, dass er unintelligent oder geistig behindert wäre, sondern dass die dunkle Tamas-Qualität seine Fähigkeit einschränkt, die Dinge mit klarem Verstand zu sehen, der in der Lage ist, über logische Folgerungen zu geeigneten Schlüssen zu gelangen. „Ich kann nicht denken!" ist das Motto des Tamas-Typen. Konzentrierte Arbeit an und mit dem Geist kann sehr anstrengend sein. Der Ajna-Tamas-Typ scheut diese Anstrengung.

Ajna – Tamas-Rajas

Ein wenig Rajas-Feuer aktiviert die Denkprozesse, wenngleich sie immer noch stark tamas-gefärbt sind. Menschen, die gerne „den Dummen spielen", fallen in diese Kategorie. Es ist eine typisch tamasische Taktik, manchen Anforderungen aus dem Weg zu gehen, vielleicht auch eine Art des Selbstschutzes, zum Beispiel um sich nicht zu blamieren oder das Gesicht zu verlieren.

Ajna – Rajas-Tamas

Wenn Rajas die Oberhand gewinnt, nimmt die Denkfähigkeit spürbar zu. Doch dieser Typus ist auch sehr ego-zentriert, und Tamas sorgt für Rücksichtslosigkeit. Wir treffen hier auf „den Schlauen", einen Menschen, der immer auf der Suche nach Gelegenheiten ist, um seine Interessen und Wünsche zu verwirklichen. Er ist sich dabei nicht zu schade, andere unter Druck zu setzen, wie etwa der aufdringliche Verkäufer, der uns etwas „andrehen" will.

Ajna – Rajas

Rajas in Reinformat macht den durchschnittlichen Denktypus aus, ein Mensch, der durchaus intellektuell kompetent ist und sich um seine eigenen Interessen ebenso kümmert wie um die seiner Familie und engen Freunde. Der Ajna-Rajas-Typ ist gut im Beruf, ein fleißiger Arbeiter, Haushälter und Elternteil. Er ist das ideale Werbeziel der Massenmedien: Fleißige Menschen, die sich gut um ihre Familie kümmern. Menschen, die intelligent (aber auch nicht *zu* intelligent) sind. Sie sprechen gut auf die Versprechungen der Geld- und Konsumwirtschaft an.

Ajna – Rajas-Sattva

Der Sattva-Einfluss macht Menschen sehr intelligent. Ihr Denken ist schnell, präzise und klar. Sie sind in der Lage, Situationen aus einer höheren Warte oder in einem größeren Kontext zu sehen. Sie haben ein gutes Gedächtnis und die Fähigkeit, eine Vielzahl von Fakten sinnvoll zu strukturieren und zu integrieren. Strukturiertes Wissen ist viel mehr als nur viel Wissen – die Zusammenhänge sind es, die erst echtes Verstehen ermöglichen. Rajas-Sattva-Typen schätzen Bildung und gute Erziehung und fühlen sich an ethische Regeln gebunden. Ein Problem ist, dass sie dazu neigen, den Intellekt überzubetonen und andere Wege, um zu Wissen zu gelangen, eher geringschätzen. Reine Kopfmenschen können Schwierigkeiten haben, in höhere Ebenen des Geistes – Intuition, Weisheit und Spiritualität – vorzudringen. Die Welt wird ein kalter Ort, wenn wir den Intellekt zu unserem Gott machen. Ein geradezu grausamer Ort wird sie dann, wenn mit hoher Intelligenz schlimme Dinge angerichtet werden. Die Erzeugung von Massenvernichtungswaffen und die rücksichtslose Ausbeutung und Zerstörung der Schöpfung sprechen davon.

Ajna – Sattva-Rajas

Gewinnt Sattva die Oberhand, dann treffen wir auf das Genie. Es sind Menschen vom Schlage eines Einsteins, die wir dieser Kategorie zuordnen können. Sie sind kreativ, originell und visionär. Sie können weit mehr, als nur logisch zu denken. Den intellektuellen Fähigkeiten gesellt sich die Qualität der Weisheit hinzu, und ihr Denken bewegt sich in ganz neue, „unorthodoxe“, doch sehr fruchtbare Richtungen. Das ist der Typus des „Querdenkers“. Der Philosoph Bertrand Russel (1872–1970) hielt Einstein nicht nur für den fähigsten Wissenschaftler seiner Zeit, sondern auch für einen Weisen, was durchaus nicht dasselbe ist.

Ajna – Sattva

Der sattvische Ajna-Typus steht in drekter Verbindung mit Buddhi, der Weisheitsebene des Geistes. Er hat sich ganz befreit aus der Mechanisiertheit von Manas. Reine Sattva-Typen entwickeln oft die bereits angesprochenen Siddhis. Sie missbrauchen ihre Fähigkeiten jedoch nicht, denn Sattva sorgt für Weisheit und Güte. Wenn sie ihre Fähigkeiten nutzen, dann nicht für sich, sondern zum Guten für die Welt. Ajna-Sattva-Menschen sind wie der weiße Schwan – spirituell gewachsen, lichthaft, weiß und rein.

Mirabai schreibt in einem ihrer Texte über Hamsa, den Schwan, der einst die Glückseligkeit erfuhr, in seinem ursprünglichen Zuhause leben zu dürfen, am kristallenen See *Mansarovar.* Doch er kam in die Welt, verstrickte sich in sie, verschmutzte sein reines Gefieder und litt. So bittet sie den Schöpfer nun, sie wieder in seine Arme zu nehmen, sie heimzuholen. Ihre Worte sind eine bewegende Allegorie auf die prekäre Situation des Menschen, der das Gewahrsein für seine heilige Natur verloren hat. Doch ebenso drücken sie die Hoffnung aus, dass er sie wiederfinden kann. Zum Abschluss dieses Kapitels also Mirabais Lied *Der Schwan vom Kristallsee:*

„Ohne Gott scheint mir diese Stadt trostlos und düster.
Der Schwan, der einst funkelnde, göttliche Perlen aß,
ist nun hinter Hirsebrei her.
Er verließ den kristallenen See der Glückseligkeit,
der einmal sein Zuhause war, um Wohnstatt zu nehmen
in einem schlammigen Tümpel.
So rein war sein Gefieder einst, doch nun ist es verdreckt.
Bald wird der Tümpel ausgetrocknet sein,
dann ist es Zeit, ihn zu verlassen und zu fliegen.
Geliebter Gott, wann wirst du deine Arme ausbreiten,
um Mira in Liebe und Gnade zu umfangen?“[172]

Sahasrara – Heimkommen

Es ist Brahman. Es ist alles und nichts.[173]

Satyananda Saraswati, ein Yogi des 20. Jahrhunderts

Die Schriften und Abhandlungen der Seher und Yogis verlieren über *Sahasrara,* das Kronen-Chakra, nicht sehr viele Worte, denn es ist der Ort, an dem alle Worte enden. Nein, es ist eigentlich gar kein Ort, auch keine Zeit, sondern ein *Zustand des Bewusstseins.* Weder Elemente noch Tiersymbole werden diesem Zentrum zugeordnet, auch kein Bija-Mantra. Es korreliert nicht mit den Wahrnehmungs- und auch nicht mit den Handlungsorganen. Sahasrara ist sogar jenseits des individuellen Geistes des Menschen. Es transzendiert Körper, Denken und Fühlen und steht für das, was ohne Grenzen ist, namenlos, ohne Anfang und ohne Ende, das Absolute jenseits der Zweischneidigkeit des Lebens, nicht *dvaita* oder zwei, sondern *advaita* oder Nicht-Zwei. Die Begegnung von Shakti und Shiva, Prakriti und Purusha, Bräutigam und Braut, Himmel und Erde, Gott und Welt, Vater und Sohn – die Einswerdung des reinen Bewusstseins mit der Energie des Lebens. Alle mystischen Traditionen wussten und wissen um Sahasrara, wenn auch ihre Sprache ganz unterschiedlich ist. Sahasrara ist der Zustand des Yoga. *Samadhi,* das Verschmelzen, oder *Malkutah,* das Königreich, von dem Jesus einst sprach. Sahasrara ist Buddhas *Nirvana*, das Verlöschen. Es ist *Kaivalya,* das vollkommene Losgelöstsein, oder *Moksha,* die Befreiung. Sahasrara ist *Turiya,* der vierte Bewusstseinszustand. Es ist das Aufgehen im *Tao* … in *Brahman* … in Gott … die Heimkehr … das klare Licht … alles das sind nur Worte für das Unsagbare.

Von der Wortbedeutung her heißt *Sahasrara* „eintausend". Der tausendblätterige Lotos ist sein Symbol. „Es ist dieses ganze Weltall", sagt Swami Rama darüber, und ergänzt: „Im Sahasrara-Chakra sind alle Begrenzungen und Dualitäten aufgehoben. Es repräsentiert den Zustand kosmischen Bewusstseins."[174] Doch dann gehen auch diesem großen Yogi die Worte aus.

Die tausend Blütenblätter, die sich sich wie ein voller Mond um die Krone des Kopfes schmiegen, meinen natürlich nicht bloß tausend, sondern sie stehen für die Unendlichkeit, für die nicht nennbare Summe aller Farben und Schattierungen, die zusammen das weiße, reine Licht bilden – die Leerheit und Stille aus der die Fülle und Musik des Daseins ausströmen und in die hinein sie sich wieder ergießen. Die Unendlichkeit lässt sich eben nicht zeichnen.

Im Inneren des Lotos ist ein weiß strahlendes Lingam, das Symbol für Shiva oder reines Bewusstsein, wie wir es auch am Ausgangspunkt der Reise im Muladhara finden, freilich nicht mit dieser Strahlkraft. Doch die Energie seines Lichtes, so vermittelt uns dieses Bild, reicht hinab bis nach ganz unten. Das Höchste findet sich auch in den tiefsten Tiefen und in der schwärzesten Dunkelheit. Das Lingam mag uns wie ein Tor aus Licht innerhalb eines gläsernen Domes aus zahllosen Farben erscheinen – der Eingang zum Himmel. „Wenn du weitere Beschreibungen von Sahasrara suchst", sagt Swamai Satyananda uns, „dann schlage ich vor, dass du irgendeine aus den tausenden Schriften der Mystik und Religion liest." Und er gibt uns diesen guten Rat mit auf den Weg:

> „Aber bleibe nicht an einer intellektuellen Analyse hängen. Sie wird dich nirgendwo hinführen, außer in einen Sumpf von falschen Konzepten. Es ist viel besser, Yoga zu üben oder irgendein anderes spirituelles System, um dein eigenes Bewusstsein auf eine höhere Ebene zu heben."[175]

Den Energiekörper auf allen Ebenen zu aktivieren und damit unsere Bewusstheit auszuweiten, ist eine Frage der Praxis. Im Yoga und den vielen anderen spirituellen Traditionen der Menschheit gibt es eine unübersehbare Fülle von Methoden dafür. Einige wenige habe ich versucht, in diesem Buch vorzustellen. Sie wollen eine Anregung sein, die feinstofflichen Kraftfelder zu aktivieren und sich auf den Weg des „inneren Aufstiegs" zu machen.

Ich will am Ende dieses Buches eine sehr einfache Übung vorstellen, die alle Kraftfelder als ein integriertes Ganzes mit einbezieht. Es ist eine Zusammenstellung von Einzelpraktiken, die hier schon vorgestellt wurden, nämlich das Atmen durch die Energiezentren in Verbindung mit einer positiven Affirmation. Sich auf diese Weise mit dem Energiekörper zu verbinden und sich positive Botschaften zu geben, ist eine sehr sanfte, aber wirkungsvolle Methode, die Chakras zu aktivieren. Und es ist ein einfacher Weg, *gut zu sich selbst* zu sein – ein Akt der Selbstliebe. Die Meditation nimmt, je nachdem wie lange man beim jeweiligen Energiezentrum verweilt, etwa fünfzehn bis dreißig Minuten Zeit in Anspruch und kann im Sitzen oder Liegen durchgeführt werden.

Übung: Integrierte Chakra-Meditation

1. Meditationshaltung: Setzen Sie sich in Ihre Meditationshaltung oder legen Sie sich auf den Rücken. Wenn möglich, bewegen Sie sich während der ganzen Meditation nicht mehr.

2. Den Atem wahrnehmen: Bringen Sie Ihre Aufmerksamkeit zu Ihren Nasenöffnungen und spüren Sie, wie die Atemluft in Ihren Körper hinein- und wieder herausfließt. Bei der Einatmung ist die Atemluft kühl, bei der Ausatmung ist sie warm. Beeinflussen Sie Ihre Atmung nicht. Der Atem ist, wie er ist. Die Beobachtung selbst macht ihn langsamer, tiefer, feiner und gleichmäßiger.

3. Kurzmeditation auf Muladhara, das Wurzel-Chakra: Wenn Sie zur Ruhe gekommen sind, bringen Sie Ihr Gewahrsein in den Beckenboden. Atmen Sie, als würden Sie durch Ihr Perineum (den Punkt zwischen Anus und Gechlechtsorgan) ein und ausatmen. Spüren Sie in diesen Punkt hinein. Vielleicht fühlen Sie ein Pulsen dort, Wärme, ein Kribbeln oder auch eine kreisende innere Bewegung. Haben Sie Vertrauen in Ihre Wahrnehmung. Sollten Sie im Moment nichts wahrnehmen, dann ist auch das in Ordnung. Mit der Zeit und bei regelmäßiger Praxis wird sich Ihre Fähigkeit zur inneren Wahrnehmung immer mehr verfeinern. Atmen Sie durch das Perineum ein und aus.

Nach ein, zwei Minuten sagen Sie sich innerlich: *„Muladhara. Muladhara. Muladhara. Ich bin sicher und beschützt."* Wenn Sie möchten, wiederholen Sie die positive Affirmation ein- oder mehrmals. Gehen Sie ganz hinein in dieses gute Gefühl der Erdung und des Sich-beschützt-Fühlens.

4. Kurzmeditation auf Svadhishthana, das Sakral-Chakra: Verlagern Sie ihre Aufmerksamkeit etwas weiter nach oben in den Unterleib. Atmen Sie durch den Unterleib ein und aus. Spüren Sie tief hinein in diesen Bereich und erforschen Sie Ihre Wahrnehmungen.

Nach einigen Atemzügen sagen Sie sich innerlich: *„Svadhishthana. Svadhishthana. Svadhishthana. Ich freue mich an meinem Leben."* Wiederholen Sie diese Affirmation, wenn Sie möchten, während Sie weiter bewusst in den Unterleib ein- und ausatmen.

5. Kurzmeditation auf Manipura, das Nabel-Chakra: Bringen Sie Ihre Aufmerksamkeit ein Stück weiter nach oben auf Höhe des Bauchnabels. Atmen Sie, als würden Sie durch den Bauchnabel ein- und ausatmen. Nehmen Sie bewusst wahr, wie die Bauchdecke sich hebt, während Sie einatmen, und wie sie sich senkt, wenn Sie ausatmen.

Nach ein, zwei Minuten sagen Sie sich: *„Manipura. Manipura. Manipura. Ich bin stark, vital und gesund."* Es ist im Moment nicht wichtig, ob Sie sich tatsächlich vital und gesund fühlen.

Auch wenn Sie sich im Moment schwach fühlen sollten, erlauben Sie sich einfach die wunderbare Vorstellung, gesund und vital zu sein.

6. Kurzmeditation auf Anahata, das Herz-Zentrum: Bringen Sie Ihr Gewahrsein zur Mitte der Brust. Atmen Sie, als würden Sie durch diesen Punkt ein- und ausatmen. Spüren Sie tief hinein in Ihr Herz-Zentrum. Nehmen Sie die Bewegung des Brustkorbes wahr, während Sie atmen.

Wenn Sie so weit sind, sagen Sie sich: *„Anahata. Anahata. Anahata. Ich liebe und ehre mich so, wie ich bin."* Wiederholen Sie die positive Affirmation ein oder zweimal, wenn Sie möchten. Seien Sie gut zu sich selber.

7. Kurzmeditation auf Vishuddha, das Kehlkopf-Chakra: Bringen Sie Ihre Aufmerksamkeit weiter nach oben zum Kehlkopf. Atmen Sie, als würden Sie durch Ihren Kehlkopf ein- und ausatmen. Wenn Sie möchten, intensivieren Sie die Atmung, indem Sie *Ujjayi* einsetzen.

Nach einigen Atemzügen sagen Sie sich innerlich: *„Vishuddha. Vishuddha. Vishuddha. Ich bringe mein Wesen zum Ausdruck mit klarem Geist und achtsamen Worten."*

8. Kurzmeditation auf Ajna, das Augenbrauen-Zentrum: Gehen Sie ein Stück weiter nach oben. Atmen Sie, als würden Sie durch den Punkt zwischen den Augenbrauen ein- und ausatmen. Dieser Punkt ist sehr sensitiv, und es kann sein, dass Sie schon sehr bald ein Pulsieren oder Wärme fühlen. Atmen Sie durch das Augenbrauen-Zentrum ein- und aus und blicken Sie in den schwarzen Raum vor Ihren Augen.

Vielleicht sehen Sie innere Bilder, Licht, Bewegung. Nehmen Sie all das wahr, doch halten Sie sich an nichts fest. Atmen Sie einfach ein paar Minuten durch Ajna-Chakra.

Dann sagen Sie sich: *„Ajna. Ajna. Ajna. Ich habe Zugang zur unerschöpflichen Weisheit und Energie der Schöpfung."* Wiederholen Sie die Affirmation ein paarmal, wenn Sie möchten.

Die innere Ausrichtung auf Ajna kann dazu führen, dass Sie bereits das Kronen-Chakra zu fühlen beginnen, dass es Ihre Aufmerksamkeit förmlich „nach oben zieht".

9. Kurzmeditation auf Sahasrara, die Krone des Kopfes: Richten Sie Ihr Gewahrsein nun ganz auf die Krone des Kopfes und atmen Sie, als würden Sie durch die Krone des Kopfes ein- und ausatmen. Lassen Sie Ihre Wahrnehmung zu. Sie können nichts falsch machen.

Sagen Sie sich innerlich: *„Sahasrara. Sahasrara. Sahasrara. Ich bin eins mit allem, was ist."* Verweilen Sie im Kronen-Chakra, so lange es Ihnen gut tut.

10. Abschluss: Zurückkommen ins Herz-Zentrum: Sie sind ein Kind des Himmels und ein Kind der Erde. Shiva und Shakti. Bringen Sie zum Abschluss der Meditation Ihre Konzentration zurück ins Herz-Zentrum. Atmen Sie durch den Punkt in der Mitte der Brust ein und aus. Sagen Sie nochmals die Affirmation: *„Anahata. Anahata. Anahata. Ich liebe und ehre mich so, wie ich bin."*

Wenn Sie so weit sind, bewegen Sie achtsam Ihre Finger und Hände. Reiben Sie Ihre Hände schnell aneinander, bis Sie warm werden, und legen Sie sie dann sanft über die Augen. Öffnen Sie Ihre Augen in die samtene Dunkelheit.

Stehen Sie auf und machen Sie ein paar sehr bewusste und achtsame Schritte.

Über Sahasrara noch mehr Worte zu verlieren, ist ein Unding. Ich will deshalb mit den Worten des großen Yogi Tirumular schließen. Einst dichtete er über das Ende des Weges:

> „Ich befreite mich selbst aus den Ketten,
> in welche der Schöpfer mich legte.
> Ich fand den Weg zu Shiva.
> Ich zerschlug das Schicksal
> mit dem scharfen Schwert des Geistes.
> Das Ego verloren – so stand ich da.
> Und nun eile ich zur Wohnstatt Gottes.“[176]

Quellennachweise

1 Zit. in: Daniel Ladinsky: I Heard God Laughing. Poems of Hope and Joy, New York 2006, S. 7; (eigene Übersetzung).
2 Swami Rama: Path of Fire and Light, Volume 2. Practical Companion to Volume 1, Honesdale 1996, S. 6; (eigene Übersetzung).
3 Swami Rama: Path of Fire and Light, Volume 2. Practical Companion to Volume 1, Honesdale 1996, S. 15; (eigene Übersetzung; eigene Hervorhebung).
4 Erwin Schrödinger in einem Brief an Franz Theodor Csokor, datiert Alpbach, 17. September 1960, zitiert in: Mein Leben, meine Weltansicht, Zürich 1989, innere Umschlagseite ohne Seitennummer.
5 Shankara: Atmabodha, Vers 15; in: Swami Nikhilananda: Self-Knowledge (Atmabodha), New York 2005, S. 135; (eigene Übersetzung).
6 Taittiriya-Upanishad, Kap. 2, in: Satyananda Saraswati (Hg.): Nine Principal Upanishads, Munger, Bihar, 2. Auflage 2004, S. 232; (eigene Übersetzung).
7 Zhuangzi: Das Buch der Spontaneität. Über den Nutzen der Nutzlosigkeit und die Kultur der Langsamkeit. Das klassische Buch daoistischer Weisheit, herausgegeben von: Victor H. Mair, Aitrang 2008, S. 136.
8 Taittiriya-Upanishad, Kap. 2, in: Satyananda Saraswati (Hg.): Nine Principal Upanishads, Munger, Bihar, 2. Auflage 2004, S. 234; (eigene Übersetzung).
9 Taittiriya-Upanishad, Kap. 2, in: Satyananda Saraswati (Hg.): Nine Principal Upanishads, Munger, Bihar, 2. Auflage 2004, S. 233; (eigene Übersetzung).

10 Taittiriya-Upanishad, Kap. 2, in: Satyananda Saraswati (Hg.): Nine Principal Upanishads, Munger, Bihar, 2. Auflage 2004, S. 234; (eigene Übersetzung).
11 Taittiriya-Upanishad, Kap. 2, in: Satyananda Saraswati (Hg.): Nine Principal Upanishads, Munger, Bihar, 2. Auflage 2004, S. 235; (eigene Übersetzung).
12 Taittiriya-Upanishad, Kap. 2, in: Satyananda Saraswati (Hg.): Nine Principal Upanishads, Munger, Bihar, 2. Auflage 2004, S. 235f.; (eigene Übersetzung).
13 Auszug aus Kabirs Lied *Bliss of Sahaj*, in: Jagdish Chander Sethi: Kabir. The Weaver of Gods Name, Punjab 1998, S. 494; (eigene Übersetzung).
14 Erwin Schrödinger: Das arithmetische Paradoxon – Die Einheit des Bewusstseins, in: Hans-Peter Dürr (Hg.): Physik und Transzendenz. Die großen Physiker unserer Zeit über ihre Begegnung mit dem Wunderbaren, Ibbenbühren 2012, S. 114.
15 Katha Upanishad, Teil II, Kap. 3, Vers 2, in: Swami Nikhilananda: The Upanishads. A New Translation, Vol I, New York 2003, S. 181; (eigene Übersetzung).
16 Swami Nikhilananda: The Upanishads. A New Translation, Vol I, New York 2003, S. 55; (eigene Übersetzung).
17 Vijnana Bhairava Tantra, Vers 21, in: Swami Satyasangananda Saraswati: Sri Vijnana Bhairava Tantra. The Ascent, Bihar 2006, S. 142; (eigene Übersetzung).
18 Mandukya Upanishad, Vers 1, in: Ralph Skuban: Yoga Nidra. Tiefenentspannung und geistige Klarheit, München 2012, S. 124.
19 Yogasutra 1.28, in: Ralph Skuban: Patanjalis Yogasutra. Der Königsweg zu einem weisen Leben, München 2013, S. 56.
20 Mandukya Upanishad, Vers 1, in: Ralph Skuban: Yoga Nidra. Tiefenentspannung und geistige Klarheit, München 2012, S. 124.
21 Anagarika Govinda: Grundlagen tibetischer Mystik, Zürich 1966, S. 46; zit. in: Alexander Lauterwasser: WasserMusik. Geheimnis und Schönheit im Zusammenspiel von Wasser- und Klangwellen, Baden und München 2005, S. 30.

22 Katha Upanishad, Teil 1, Kap. 2, Vers 16, in: Swami Satyananda Saraswati: Nine Principal Upanishads, Bihar 2007, S. 117; (eigene Übersetzung).

23 Chandogya Upanishad, Teil 1, Kap. 1, Verse 5–6, in: Swami Nikhilananda: The Upanishads. A New Translation, Vol IV, New York 2008, S. 114; (eigene Übersetzung).

24 Anagarika Govinda: Grundlagen tibetischer Mystik, Zürich 1966, S. 16; zit. in: Alexander Lauterwasser: WasserMusik. Geheimnis und Schönheit im Zusammenspiel von Wasser- und Klangwellen, Baden und München 2005, S. 32.

25 Swami Rama: OM – The Eternal Witness. Secrets of the Mandukya Upanishad, Dehradun 2007, S. 14; (eigene Hervorhebungen; eigene Übersetzung).

26 Vijnana Bhairava Tantra, Vers 39, in: Swami Satyasangananda Saraswati: Sri Vijnana Bhairava Tantra. The Ascent, Bihar 2006, S. 190; (eigene Übersetzung).

27 Rumi, zit. in: Jonathan Star: Rumi. In the Arms of the Beloved, New York 1997, S. 80; (eigene Übersetzung).

28 Chandogya Upanishad, Teil 1, Kap. 11, Vers 5, in: Swami Nikhilananda: The Upanishads. A New Translation, Vol IV, New York 2008, S. 114; (eigene Übersetzung).

29 Kabir, in: Ralph Skuban: In diesem Gefäß erklingt das Ewige. Kabirs Yoga des Glücks – Poetische Texte des großen indischen Mystikers, Petersberg 2013, S. 47.

30 Vgl. Swami Satyananda Saraswati: A Systematic Course in the Ancient Tantric Techniques of Yoga and Kriya, Bihar 2008, S. 514.

31 Dadu, in: K. N. Upadhyaya: Dadu. The Compassionate Mystic, Punjab 1997, S. 33; (eigene Übersetzung).

32 Bhagavad Gita, Kap. 8, in: Ralph Skuban: Die Bhagavad Gita. Das Weisheitsbuch fürs 21. Jahrhundert, München 2013, S. 107.

33 Hatha Yoga Pradipika, Kap. 2, Vers 2, in: Swami Muktibodhananda: Hatha Yoga Pradipika. Light on Hatha Yoga, Bihar 2009, S. 150; (eigene Übersetzung).

34 Bruce H. Lipton, Ph. D.: Intelligente Zellen. Wie Erfahrungen unsere Gene steuern (Amerikan. Originaltitel: Biology of Beliefs), Burgrain 2007, S. 133.
35 Thomas-Evangelium, Logion 50.
36 Vgl. Swami Nikhilananda: The Upanishads. A New Translation, Vol I, New York 2008, S. VII.
37 Bruce H. Lipton, Ph. D.: Intelligente Zellen. Wie Erfahrungen unsere Gene steuern (Amerikan. Originaltitel: Biology of Beliefs), Burgrain 2007, S. 34f.
38 Hatha Yoga Pradipika, Kap. 2, Vers 3, in: Swami Muktibodhananda: Hatha Yoga Pradipika. Light on Hatha Yoga, Bihar 2009, S. 153; (eigene Übersetzung).
39 Bhagavad Gita, Kap. 15, in: Ralph Skuban: Die Bhagavad Gita. Das Weisheitsbuch fürs 21. Jahrhundert, München 2013, S. 160f.
40 Vgl. Sankhya Karika, Vers 29, in: Ralph Skuban: Die Psychologie des Yoga, München 2014.
41 Yogasutra Kap. 3, Vers 35, in: Ralph Skuban: Patanjalis Yogasutra. Der Königsweg zu einem weisen Leben, München 2011, S. 211.
42 Vgl. Swami Niranjanananda Saraswati: Prana and Pranayama, Bihar 2009, S. 51.
43 Yogasutra Kap. 1, Vers 2–3, in: Ralph Skuban: Patanjalis Yogasutra. Der Königsweg zu einem weisen Leben, München 2011, S. 19f.
44 Yoga Chudamani Upanishad, Mantra 27, in: Swami Satyadharma: Yoga Chudamani Upanishad. Crown Jewel of Yoga, Bihar 2003, S. 78; (eigene Übersetzung).
45 Shiva Samhita (Kap. 3, Vers 6), in: Swami Niranjanananda Saraswati: Prana and Pranayama, Bihar 2009, S. 55; (eigene Übersetzung).
46 Swami Niranjanananda Saraswati: Prana and Pranayama, Bihar 2009, S. 56; (eigene Übersetzung).
47 Bhagavad Gita Kap. 4, in: Ralph Skuban: Die Bhagavad Gita. Das Weisheitsbuch fürs 21. Jahrhundert, München 2013, S. 74.

48 Vgl. Swami Niranjanananda Saraswati: Prana and Pranayama, Bihar 2009, S. 53.

49 Yogasutra Kap. 3, Vers 40, in: Ralph Skuban: Patanjalis Yogasutra. Der Königsweg zu einem weisen Leben, München 2011, S. 217.

50 Vgl. Swami Niranjanananda Saraswati: Prana and Pranayama, Bihar 2009, S. 58.

51 Yogasutra Kap. 2, Vers 33, in: Ralph Skuban: Patanjalis Yogasutra. Der Königsweg zu einem weisen Leben, München 2011, S. 132.

52 Hatha Yoga Pradipika, Kap. 2, Vers 3, in: Swami Muktibodhananda: Hatha Yoga Pradipika. Light on Hatha Yoga, Bihar 2009, S. 153; (eigene Übersetzung).

53 Yogasutra Kap. 2, Vers 50, in: Ralph Skuban: Patanjalis Yogasutra. Der Königsweg zu einem weisen Leben, München 2011, S. 153.

54 Swami Satyananda Saraswati: Meditations from the Tantras, Bihar 2005, S. 138; (eigene Übersetzung).

55 Tirumular: Tirumantiram, Tantra 3, Vers 566; übersetzt aus dem Tamilischen von: B. Natarajan: Tirumantiram. A Tamil Scriptural Classic, Mylapore 1991, S. 89; (eigene Übersetzung).

56 Vgl. Vgl. Swami Niranjanananda Saraswati: Prana and Pranayama, Bihar 2009, S. 116.

57 Vgl. Shiva Samhita Kap. 3, Vers 57.

58 Kabir, in: Jagdish Chander Sethi: Kabir. The Weaver of Gods Name, Punjab 1998, S. 303; (eigene Überstezung).

59 Yogasutra, Kap. 4, Vers 1.

60 Vgl. Swami Satyananda Saraswati: Kundalini Tantra, Bihar 2007, S. 41.

61 Vgl. Stanislav Grof: Impossible – Wenn Unglaubliches passiert. Das Abenteuer außergewöhnlicher Bewusstseinserfahrungen, München 2008, S. 86ff.

62 Sri Ramakrishna Math (Hg.): Thus Spake Sri Ramakrishna, Chennai (ohne Jahresangabe), S. 47f.

63 Vgl. Jagdish Chander Sethi: Kabir. The Weaver of Gods Name, Punjab 1998.

64 Kabir, in: Jagdish Chander Sethi: Kabir. The Weaver of Gods Name, Punjab 1998, S. 292; (eigene Überstezung).

65 Swami Rama: OM – The Eternal Witness. Secrets of the Mandukya Upanishad, Dehradun 2007, S. 186; (eigene Übersetzung).

66 Swami Rama: Path of Fire and Light, Volume 2. Practical Companion to Volume 1, Honesdale 1996, S. 29; (eigene Übersetzung).

67 Vgl. Ralph Skuban: Yoga Nidra. Tiefenentspannung und geistige Klarheit, München 2012, S. 13.

68 Yogasutra, Kap. 3, Vers 43.

69 Yogasutra, Kap. 3, Vers 44, in: Ralph Skuban: Patanjalis Yogasutra. Der Königsweg zu einem weisen Leben, München 2011, S. 295.

70 Kabir, in: Jagdish Chander Sethi: Kabir. The Weaver of Gods Name, Punjab 1998, S. 201.

71 Tirumular: Tirumantiram, Tantra 3, Vers 568; übersetzt aus dem Tamilischen von: B. Natarajan: Tirumantiram. A Tamil Scriptural Classic, Mylapore 1991, S. 89; (eigene Übersetzung).

72 Tabula Smaragdina, zit. in: Anonymus D'Outre-Tombe: Die großen Arkana des Tarot. Meditationen, Bamberg 1993, S. 13.

73 Thomas-Evangelium, Logion 3, in: Willis Barnstone and Marvin Meyer (Hg.): The Gnostic Bible. Revised Edition, Boston und London 2009, S. 45; (eigene Übersetzung).

74 Sankhya Karika, Vers 44, in: Ralph Skuban: Die Pschologie des Yoga, München 2014.

75 Zit in: Peter Hujs: Gnosis. Ströme des Lichtes in Europa, Birnbach 2005, S. 62.

76 Vgl. die ausführliche Darlegung der Sankhya-Philosophie in: Ralph Skuban: Die Psychologie des Yoga, München 2014.

77 Jakob Böhme: Aurora oder Morgenröte im Aufgang; Herausgeber: Michael Holzinger, Berliner Ausgabe 2013, S. 139.

78 Jakob Böhme: Aurora oder Morgenröte im Aufgang; Herausgeber: Michael Holzinger, Berliner Ausgabe 2013, S. 133.

79 Vgl. J. G. Gichtel & J. G. Graber: Theosophica Practica. Sie Verwandlung des mikrokosmischen Menschen bis zu seiner Wiedergeburt nach Seele, Geist und Körper, Basel 2010, S. 19 u. 52-55.

80 Der vollständige Titel lautet: Theosophica Practica. Die Verwandlung des mikrokosmischen Menschen bis zu seiner Wiedergeburt nach Seele, Geist und Körper.

81 Saint John of the Cross, in: Mirabai Star (Hg.): Devotions, Prayers and Living Wisdom, Boulder 2008, S. 111; (eigene Übersetzung).

82 Vgl. Swami Satyananda Saraswati: A Systematic Course in the Ancient Tantric Techniques of Yoga and Kriya, Bihar 2008, S. 547.

83 Porete, Margareta: Der Spiegel der einfachen Seelen. Mystik der Freiheit, herausgegeben und übersetzt von Louise Gnädinger, Kevelaer 2010.

84 Vgl. z.B. Harish Johari: Chakras. Energy Centers of Transformation, Rochester 2000, S. 141ff.; oder auch: Swami Satyananda Saraswati: A Systematic Course in the Ancient Tantric Techniques of Yoga and Kriya, Bihar 2008, S. 547.

85 Zit. in: Peter Hujs: Gnosis. Ströme des Lichtes in Europa, Birnbach 2005, S. 63.

86 Zit. in: Ralph Skuban: „In diesem Gefäß erklingt das Ewige" – Kabirs Yoga des Glücks. Poetische Texte des großen indischen Mystikers, Petersberg 2013, S. 61.

87 Zit. in: Swami Satyananda Saraswati: A Systematic Course in the Ancient Tantric Techniques of Yoga and Kriya, Bihar 2008, S. 548; (eigene Übersetzung).

88 Swami Purnananda: Sat-Chakra-Nirupana, Vers 1; abgedruckt in: Arthur Avalon (Sir John Woodroffe): The Serpent Power. The Secrets of Tantric and Shaktic Yoga, New York 1974, S. 317; (eigene Übersetzung).

89 Zit. in: G. P. S. Bhalla: Tales of the Mystic East. An Anthology of Mystic and Moral Tales Taken from the Teachings of the Saints, New Dehli 2006, S. 10; (eigene Übersetzung).

90 1 Kor 3,16.
91 z.B. Arthur Avalon (Sir John Woodroffe): The Serpent Power. The Secrets of Tantric and Shaktic Yoga, New York 1974.
92 Joh 5,25, King-James-Version; (eigene Übersetzung).
93 Vgl. Yoga Chudamani Upanishad, Mantra 6b–8, in: Swami Satyadharma: Yoga Chudamani Upanishad. Crown Jewel of Yoga, Bihar 2003, S. 52.
94 Harish Johari: Chakras. Energy Centers of Transformation, Rochester 2000, S. 86; (eigene Übersetzung).
95 Vgl. Swami Satyananda Saraswati: A Systematic Course in the Ancient Tantric Techniques of Yoga and Kriya, Bihar 2008, S. 554.
96 Harish Johari: Chakras. Energy Centers of Transformation, Rochester 2000, S. 88.
97 Vgl. Swami Rama: Path of Fire and Light, Volume 2. Practical Companion to Volume 1, Honesdale 1996, S. 152f.
98 Swami Satyananda Saraswati: Kundalini Tantra, Bihar 2007, S. 143; (eigene Übersetzung).
99 Vgl. Thomas-Evangelium, Logion 15.
100 So steht es geschrieben im Rudrayamala Tantra (Vgl. Harish Johari: Chakras. Energy Centers of Transformation, Rochester 2000, S. 87).
101 Bhagavad Gita, Kap. 6.
102 Vgl. Swami Satyananda Saraswati: Kundalini Tantra, Bihar 2007, S. 143.
103 Shiva Samhita, Kap. 4, Verse 41–44, zit. in: Swami Buddhananda: Moola Bandha. The Master Key, Bihar 2009, S. 13; (eigene Übersetzung).
104 Vgl. John Selby: Kundalini Awakening. A Gentle Guide to Chakra Activation and Spiritual Growth, New York 1992, S. 98.
105 Was die psychologische Deutung der Chakras mittels der Gunas anbelangt, bin ich sehr dankbar für die Inspiration, die mir das Buch *Practical Yoga Psychology* von Rishi Vivekananda (Dr. Brian Thomson) geschenkt hat (Bihar 2008).

106 Mat 6,25
107 Joh 8,58
108 Rig-Veda, Kap. 10, zit. in: Swami Nikhilananda: The Upanishads. A New Translation, Vol I, New York 2003, S. 50; (eigene Übersetzung).
109 Dadu, in: K. N. Upadhyaya: Dadu. The Compassionate Mystic, Punjab 1997, S. 26; (eigene Übersetzung).
110 Vgl. Yoga Chudamani Upanishad
111 z.B.: Hatha Yoga Pradipika od. Gerandha Samhita
112 Yoga Chudamani Upanishad, Mantra 16-20, in: Swami Satyadharma: Yoga Chudamani Upanishad. Crown Jewel of Yoga, Bihar 2003, S. 65–86.
113 Vgl. Swami Satyananda Saraswati: A Systematic Course in the Ancient Tantric Techniques of Yoga and Kriya, Bihar 2008, S. 620.
114 Swami Satyadharma: Yoga Chudamani Upanishad. Crown Jewel of Yoga, Bihar 2003, S. 71; (eigene Übersetzung).
115 Swami Purnananda: Sat-Chakra-Nirupana, Vers 13; abgedruckt in: Arthur Avalon (Sir John Woodroffe): The Serpent Power. The Secrets of Tantric and Shaktic Yoga, New York 1974, S. 370; (eigene Übersetzung).
116 Epiktet, zit. in: J. C. Sethi: Living Meditation, Punjab 2004, S. 25; (eigene Übersetzung).
117 Swami Rama: Path of Fire and Light, Volume 2. Practical Companion to Volume 1, Honesdale 1996, S. 153; (eigene Übersetzung).
118 Yogasutra Kap. 2, Vers 15; in: Ralph Skuban: Patanjalis Yogasutra. Der Königsweg zu einem weisen Leben, München 2011, S. 101.
119 Swami Satyananda Saraswati: Kundalini Tantra, Bihar 2007, S. 153; (eigene Übersetzung).
120 Swami Satyananda Saraswati: Kundalini Tantra, Bihar 2007, S. 154; (eigene Übersetzung).

121 Zit. in: Daniel Ladinksy (Übersetzer und Herausgeber): The Gift. Poems by Hafiz The Great Sufi Master, New York 1999, S. 194; (eigene Übersetzung).
122 Zit. in: Ralph Skuban: „In diesem Gefäß erklingt das Ewige" – Kabirs Yoga des Glücks. Poetische Texte des großen indischen Mystikers, Petersberg 2013, S. 76.
123 Harish Johari: Chakras. Energy Centers of Transformation, Rochester 2000, S. 98; (eigene Übersetzung).
124 Vgl. Swami Satyananda Saraswati: Kundalini Tantra, Bihar 2007, S. 147.
125 Vgl. Rishi Vivekananda (Dr. Brian Thomson): Practical Yoga Psychology, Bihar 2008, S. 107.
126 Swami Purnananda: Sat-Chakra-Nirupana, Vers 18; abgedruckt in: Arthur Avalon (Sir John Woodroffe): The Serpent Power. The Secrets of Tantric and Shaktic Yoga, New York 1974, S. 370; (eigene Übersetzung).
127 Zit. in: J. C. Sethi: Living Meditation, Punjab 2004, S. 80; (eigene Übersetzung).
128 Gautamya Tantra, zit. in: Swami Purnananda: Sat-Chakra-Nirupana, Kommentar zu Vers 21; abgedruckt in: Arthur Avalon (Sir John Woodroffe): The Serpent Power. The Secrets of Tantric and Shaktic Yoga, New York 1974, S. 370; (eigene Übersetzung).
129 Vgl. Doc Childre & Howard Martin: Die Herz-Intelligenz-Methode. Gesundheit stärken, Probleme meistern – mit der Kraft des Herzens, Kirchzarten bei Freiburg 2012, S. 352.
130 Swami Rama: Path of Fire and Light, Volume 2. Practical Companion to Volume 1, Honesdale 1996, S. 175; (eigene Übersetzung).
131 Swami Rama: Path of Fire and Light, Volume 2. Practical Companion to Volume 1, Honesdale 1996, S. 175–176 (eigene Übersetzung).
132 Zum Beispiel: Eknath Easwaran: Meditation. A Simple 8-Point Program for Translating Spiritual Ideals into Daily Life, Tomales 2002.

133 Bhagavad Gita, Kap. 6, in: Ralph Skuban: Die Bhagavad Gita. Das Weisheitsbuch fürs 21. Jahrhundert, München 2013, S. 72.
134 Antoine de Saint-Exupéry: Der kleine Prinz, Düsseldorf 2012, S. 96.
135 Swami Satyananda Saraswati: Kundalini Tantra, Bihar 2007, S. 163; (eigene Übersetzung).
136 Mt 5,8
137 Zit. in: Daniel Ladinksy (Übersetzer und Herausgeber): The Gift. Poems by Hafiz The Great Sufi Master, New York 1999, S. 29; (eigene Übersetzung).
138 z.B. Swami Satyananda Saraswati: Kundalini Tantra, Bihar 2007, S. 239.
139 z.B. Vgl. z.B. Harish Johari: Chakras. Energy Centers of Transformation, Rochester 2000, S. 113.
140 Anonymus D'Outre-Tombe: Die großen Arkana des Tarot. Meditationen, Bamberg 1993, S. 11; (Hervorhebungen im Original).
141 Tao Te King, Vers 15. Aus der Übertragung von Jonathan Star: Tao Te Ching. The New Translation From Tao Te Ching: The Definitive Edition, New York 2008, S. 17; (eigene Übersetzung).
142 Yogasutra 3.35, in: Ralph Skuban: Patanjalis Yogasutra. Der Königsweg zu einem weisen Leben, München 2013, S. 211.
143 Dean Radin: The Conscious Universe. The Scientific Truth of Psychic Phenomena, New York 1997, S. 125; (eigene Übersetzung).
144 Vgl. Doc Childre & Howard Martin: Die HerzIntelligenz-Methode. Gesundheit stärken, Probleme meistern – mit der Kraft des Herzens, Kirchzarten bei Freiburg 2012, S. 30.
145 Doc Childre & Howard Martin: Die HerzIntelligenz-Methode. Gesundheit stärken, Probleme meistern – mit der Kraft des Herzens, Kirchzarten bei Freiburg 2012, S. 56.
146 Vgl. Dean Radin: The Conscious Universe. The Scientific Truth of Psychic Phenomena, New York 1997, S. 125 ff.
147 Swami Satyananda Saraswati: Kundalini Tantra, Bihar 2007, S. 165; (eigene Übersetzung).

148 Zit. in: Ralph Skuban: „In diesem Gefäß erklingt das Ewige“ – Kabirs Yoga des Glücks. Poetische Texte des großen indischen Mystikers, Petersberg 2013, S. 54

149 Yogasutra 1.33, in: Ralph Skuban: Patanjalis Yogasutra. Der Königsweg zu einem weisen Leben, München 2013, S. 63.

150 J. R. Madaus: Think Logically, Live Intuitively. Seeking the Balance, Charlottesville 2005, S. 136f.; (eigene Übersetzung).

151 Yogasutra 2.35, in: Ralph Skuban: Patanjalis Yogasutra. Der Königsweg zu einem weisen Leben, München 2013, S. 134.

152 Swami Purnananda: Sat-Chakra-Nirupana, Vers 27; abgedruckt in: Arthur Avalon (Sir John Woodroffe): The Serpent Power. The Secrets of Tantric and Shaktic Yoga, New York 1974, S. 381; (eigene Übersetzung).

153 Vgl. Yogasutra, Kap. 3, Vers 39.

154 Vgl. Yogasutra, Kap. 3, Vers 35.

155 Angelus Silesius: Cherubinischer Wandersmann. Erstes Buch; Stuttgart 2006, S. 29., eigene, leicht modernisierte Übertragung auf der Grundlage von Louise Gnädingers kritischer Ausgabe.

156 Angelus Silesius: Cherubinischer Wandersmann. Kritische Ausgabe, herausgegeben von Louise Gnädinger, Stuttgart 2006, S. 27; (Hervorhebung im Original).

157 Yogasutra 1.41, in: Ralph Skuban: Patanjalis Yogasutra. Der Königsweg zu einem weisen Leben, München 2013, S. 69.

158 Vgl. Swami Satyananda Saraswati: Meditations from the Tantras, Bihar 1983, S. 143.

159 Hatha Yoga Pradipika, Vers 53.

160 Thomas Evangelium, Logion 14.

161 Yogasutra 3.40, in: Ralph Skuban: Patanjalis Yogasutra. Der Königsweg zu einem weisen Leben, München 2013, S. 217.

162 Tao Te King, Vers 11. Aus der Übertragung von Jonathan Star: Tao Te Ching. The New Translation From Tao Te Ching: The Definitive Edition, New York 2008, S. 13; (eigene Übersetzung).

163 Tao Te King, Vers 21. Aus der Übertragung von Jonathan Star: Tao Te Ching. The New Translation From Tao Te Ching: The Definitive Edition, New York 2008, S. 26; (eigene Übersetzung).
164 Mirabai, zit. in: V. K. Sethi: Mira. The Divine Lover, Punjab 2009, S. 37 (eigene Übersetzung).
165 Mirabai, zit. in: V. K. Sethi: Mira. The Divine Lover, Punjab 2009, S. 38 (eigene Übersetzung).
166 Mt 6,22
167 Waldo Vieira: Projectiology. A Panorama of Experiences of the Consciousness outside the Human Body, Rio de Janeiro 2002, S. 302; Hervorhebung im Original; eigene Übersetzung.
168 Bhagavad Gita, Kap. 5, aus der Übertragung von Ralph Skuban: Die Bhagavad Gita. Das Weisheitsbuch fürs 21. Jahrhundert, München 2013, S. 87.
169 Harish Johari: Chakras. Energy Centers of Transformation, Rochester 2000, S. 139; (eigene Übersetzung).
170 Harish Johari: Chakras. Energy Centers of Transformation, Rochester 2000, S. 139; (eigene Übersetzung).
171 Yogasutra 3.38, in: Ralph Skuban: Patanjalis Yogasutra. Der Königsweg zu einem weisen Leben, München 2013, S. 215.
172 Mirabai: Der Schwan vom Kristallsee, zit. in: V. K. Sethi: Mira. The Divine Lover, Punjab 2009, S. 92f.; (eigene Überstzung).
173 Swami Satyananda Saraswati: A Systematic Course in the Ancient Tantric Techniques of Yoga and Kriya, Bihar 2008, S. 723; (eigene Übersetzung).
174 Swami Rama: Path of Fire and Light, Volume 2. Practical Companion to Volume 1, Honesdale 1996, S. 159; (eigene Übersetzung).
175 Swami Satyananda Saraswati: A Systematic Course in the Ancient Tantric Techniques of Yoga and Kriya, Bihar 2008, S. 723; (eigene Übersetzung).
176 Tirumular: Tirumantiram, Tantra 9, Vers 2961; übersetzt aus dem Tamilischen von: B. Natarajan: Tirumantiram. A Tamil Scriptural Classic, Mylapore 1991, S. 89; (eigene Übersetzung).

Glossar

Abhrakasha	der Raum zwischen den physischen Objekten
Abhinivesha	Festhalten am physischen Leben, Angst vor dem Tod
Adhara	Abstützung, Substrat
Adharma	das aus spiritueller Perspektive nicht Hilfreiche, das Negative, Böse; siehe auch: Dharma
Advaita	Nicht-Zwei, das Eine ohne ein Zweites; die Denkschule, die sagt, dass am Grunde des Seins nicht-duale Einheit ist.
Ahamkara	wörtl. „Ich-Macher"; Ego; das Gefühl, ein vom Ganzen des Seins getrenntes Individuum zu sein.
Aham Brahmasmi	„Ich bin Gott"; Ausdruck für die grundlegende Einheit von Individuum und Gott.
Ahimsa	Nicht-Verletzen, Gewaltlosigkeit; siehe Yama
Airavata	Name des grauen Elefanten, der Muladhara-Chakra symbolisiert.
Ajna-Chakra	sechstes Energiezentrum, „Drittes Auge"; liegt eigentlich im Zentrum des Schädels, wird aber meist mit dem Augenbrauenzentrum in eins gesetzt.
Akasha	Raum, Äther; zu den Raum-Konzepten des Yoga siehe auch: Abhrakasha, Jaladkasha, Gatakasha, Patakasha, Mahakasha und Shunya
Akashvani	Klang des Raumes; synonym für Nada Yoga.
Amrita	Nektar der Unsterblichkeit; Synonyme: Soma, Madya, Ambrosia.
Anahad-Nada	wörtl. der „nicht gespielte Klang"; unbeschreibliche Klangerfahrung in tiefer Meditation, die immer wieder von verwirklichten Meistern beschrieben wurde.
Anahata-Chakra	viertes Energiezentrum, Herz-Chakra
Ananda	Glückseligkeit
Anandamaya-Kosha	Glückseligkeitskörper; siehe Kosha
Annamaya-Kosha	wörtl. „Nahrungskörper"; physischer Körper; siehe Kosha

Apana-Vayu	eines der Lebensenergiefelder; siehe Vayu.
Aparigraha	Nicht-Greifen; siehe Yama
Asmita	„Ich-Gefühl"; synonym für Ahamkara
Asteya	Nicht-Raffen, ohne Gier sein; siehe Yama
Atman	inneres Licht, spirituelle Essenz, Selbst; synonym für Purusha.
Atma-Shakti	Energie, die in Sushumna, dem Zentralkanal, fließt: synonym für Kundalini
Avyakta-Prakriti	Begriff aus der Sankhya-Philosophie: die nicht-manifeste Welt, das Potenzial, aus dem durch Einwirkung des Purusha die Schöpfung sich entfaltet. Siehe auch: Viyakta-Prakriti
Avidya	wörtl. Nicht-Sehen, Blindheit, Verblendung; Nichtwissen um die spirituelle Essenz
Bhagavad Gita	wörtl. „Gesang Gottes"; Teil des großen Epos Mahabharata; das „heilige Buch" Indiens: Ein Dialog zwischen dem Krieger Arjuna und seinem Lehrer Krishna im Angesicht einer Krise über zentrale Fragen des Lebens.
Bhakti	liebende Hingabe
Bhakti-Yoga	der spirituelle Weg der liebenden Hingabe zu Gott
Bandha	„Verschluss"; Yogatechnik, um den Energiefluss zu beeinflussen. Es gibt drei Bandhas: Mulabandha (im Perineum), Uddhiyanabandha (Bauchdecke) und Jalandharabandha (Hals).
Bharata-Sthana	Sprachzentrum; Bezeichnung für Vishuddha-Chakra
Bhuta	grobstoffliches Element; siehe Mahabhuta.
Bija	Same
Bija-Mantra	der Grundklang, der den Energiezentren oder Chakras zugeordnet wird. Es existieren sechs Bija-Mantras (Lam, Vam, Ram, Yam, Ham und OM), die für die sechs Energiezentren von Muladhara- bis Ajna-Chakra stehen.. Sahasrara, das siebte Zentrum, ist ohne Bija-Mantra.
Brahma	Gott in seinem Schöpfungsaspekt; einer von drei Aspekten Brahmans, der absoluten Wirklichkeit.
Brahmacharya	Leben im Bewusstsein um die Quelle, von der wir kommen; siehe Yama
Brahma-Granthi	siehe Granthi

Brahma-Nadi	siehe Sushumna-Nadi
Brahman	wörtl.: das Höchste oder Größte; absolute, intellektuell nicht fassbare oder beschreibbare Wirklichkeit, jenseits all dessen, was sich benennen lässt; reines Bewusstsein; die Quelle, deren Energie den Schöpfungsprozess auslöst.
Brahmari	„Bienensummen“; Technik des Pranayama
Brahma-Vihara	„die vier Unermesslichen“; Gebet aus der buddhistischen Tradition
Bhrumadya	Augenbrauenzentrum; siehe auch Ajna-Chakra
Chakra	wörtl. Rad, Strudel; Energiezentrum
Chandra	Mond; u.a. ein Symbol für Manas-Shakti, die Energie, die in Ida-Nadi fließt.
Chidakasha	wörtl. „Raum des Geistes“; der schwarze Raum vor dem Inneren unserer geschlossenen Augen; der innere Raum des Bewusstseins
Chitta	wörtl.: das Gesehene; individ. Geist, Bewusstsein; der gesamte Inhalt des individuellen Bewusstseins; die Gesamtheit der mentalen Aspekte, die eine Person zu der Person machen, die sie ist; auch: Unbewusstes.
Chitta-Vritti-Nirodha	das Zur-Ruhe-Kommen der mentalen Muster; Patanjalis Definition des Bewusstseinszustandes, den man Yoga nennt.
Chitrini-Nadi	siehe Sushumna-Nadi
Chitta-Shakti	siehe Manas-Shakti
Devadatta-Vayu	eines von fünf untergeordneten Lebens-Energiefeldern od. Upapranas; siehe Vayu
Dhananjaya-Vayu	eines von fünf untergeordneten Lebens-Energiefeldern od. Upapranas; siehe Vayu
Dharana	wörtl. binden; Konzentration, mentaler Fokus: den Geist an ein Objekt binden
Dharma	der im spirituellen Sinne richtige Weg, das Gute, Hilfreiche; das, was in Übereinstimmung steht mit den kosmischen Gesetzen
Dhatu	Körpersubstanz
Dhukha	Leid, Schmerz
Dhun	Lied; synonym für Nada Yoga

Dhyana	Meditation
Divya Chakshu	„göttliches Auge“; Bezeichnung für Ajna-Chakra
Dvesha	Nichthabenwollen, Ablehnung; siehe auch Raga
Ganges	heiliger Fluss; Symbol für Ida-Nadi
Gatakasha	Hohlraum; die Leere im Inneren von Gefäßen
Granthi	Knoten; Symbol für Anhaftungen an das Materielle (Brahma-Granthi), Emotionale (Vishnu-Granthi) oder Mentale (Rudra-Granthi). Die Granthis sind lokalisiert im Muladhara-, Anahata- und Ajna-Chakra.
Guna	Qualität; Grundbaustein; Modalität, Seinsweise; Grundqualität alles Geschaffenen; Die gesamte Schöpfung (Prakriti) ist aus Gunas gestaltet. Ihre Mischung prägt die Eigenschaften der Objekte. Die drei Gunas sind: Tamas, Rajas und Sattva. Sie repräsentieren die Grundqualitäten des menschlichen Bewusstseins: Tamas steht für Trägheit, Dunkelheit, Negativität, und Schwere, Rajas für Ruhelosigkeit, Rastlosigkeit, Bewegung und Sattva für Lichtheit, Klarheit, Leichtigkeit und generell positive Eigenschaften. Yoga versucht, ein sattvisches Gemüt zu entwickeln. Das Wechselspiel der Gunas ist verantwortlich für den Wandel in der Welt.
Guru Chakra	Bezeichnung für Ajna-Chakra
Hatha Yoga Pradipika	wichtigste Schrift zum körperorientierten Weg des Yoga
Hridaya	Herz
Hridayakasha	Raum des Herzens
Ida-Nadi	energetisches Netzwerk, das die linke Seite des Körpers und die rechte Seite des Gehirns steuert.
Ishvara-Pranidhana	Hingabe an das Höchste oder Gott; siehe Niyama
Jaladkasha	der weite Raum des Ozeans, die „Leere“ des Wassers
Jalandhara-Bandha	Halsverschluss; Technik im Kontext von Pranayama; siehe auch: Bandha.
Jatharagni	„Verdauungsfeuer“; synonym für Samana-Vayu; siehe Vayu
Jamuna	heiliger Fluss; Symbol für Pingala-Nadi

Jnana	Verstehen, Erkennen; Hören; Bewusstsein; höheres Wissen, das in Meditation bzw. innerer Erfahrung gewonnen wird; Erkenntnis, Weisheit, Intellekt
Jnanendriya	Wahrnehmungssinne. Es gibt fünf Jnanendriyas: Riechen, Schmecken, Sehen, Fühlen, Hören. Dies sind mentale (feinstoffliche) Fähigkeiten, denen auf der grobstofflichen Ebene unseres Seins die Sinnesorgane Nase, Zunge, Augen, Haut und Ohren entsprechen.
Kaivalya	wörtl. Alleinsein, Für-sich-sein; Zustand des Losgelöstseins, spirituelle Befreiung, Selbst-Erkenntnis.
Kalpa-Vriksha	der wunscherfüllende Baum; Symbol, das zum Anahata-Chakra gehört.
Karma	Ursache und Wirkung
Karma Yoga	der Weg des Handelns
Kama	Begehren; zugleich eine Bezeichnung für den vierblättrigen Lotos, der Muladhara-Chakra symbolisiert.
Karana-Sharira	Kausalkörper; entspricht Anandamaya-Kosha, dem Glückseligkeitskörper.
Karmendriya	Aktionsorgan. Es gibt fünf Karmendriyas: Berühren, Gehen, Sprechen, Fortpflanzung und Ausscheidung; dies sind mental veranlagte Fähigkeiten, denen auf der grobstofflichen Ebene Hände, Beine, Mund, Geschlechtsorgane und Anus entsprechen.
Katha-Upanishad	Vedischer Text, in welchem Yama, der Gott des Todes, Nachiketa, einen Jungen, das Geheimnis der Unsterblichkeit lehrt.
Kosha	wörtl. Hülle oder Schicht. Die Upanishaden lehren, dass der Mensch aus fünf Hüllen (Pancha Kosha) aufgebaut ist: Physischer Körper od. Annamaya-Kosha, Energiekörper od. Pranamaya-Kosha, Mentalkörper od. Manomaya-Kosha, Weisheitskörper od. Vijnanamaya-Kosha und Glückseligkeitskörper od. Anandamaya-Kosha. Im Zentrum ruht Purusha oder Atman, unsere spirituelle Essenz.
Krikara-Vayu	eines von fünf untergeordneten Lebens-Energiefeldern od. Upapranas; siehe Vayu
Kriya	Reinigungstechnik im Yoga
Kshetram	Triggerpunkt, über den man ein Chakra ansprechen oder aktivieren kann.

Kumbhaka Atemanhalten während der Praxis des Pranayama

Kunda Feuerstelle

Kundala aufgerollt

Kundalini spirituelle Energie; nicht aktivierte Lebensenergie, die im Muladhara-Chakra, dem Wurzel-Chakra ruht.

Kundalini Shakti siehe Kundalini

Kurma-Vayu eines von fünf untergeordneten Lebens-Energiefeldern od. Upapranas; siehe Vayu

Kurukshetra wörtl. das Feld der Kurus, das Schlachtfeld, auf dem die Bhagavad Gita spielt; zugleich ein Bild für das Feld unserer Erfahrung: Körper, Sinne, Geist, Ego und äußere Welt.

Lila „Kosmisches Spiel", das die Illusion auslöst, die Schöpfung sei real in einem absoluten Sinne

Lingam Phallus; Symbol im Muladhara-Chakra, um das die Kundalini, symbolisiert durch eine Schlange, sich dreieinhalb mal windet (die Windungen repräsentieren die vier Bewusstseinszustände Vaishnavara, Taijasa, Prajna und Turiya).

Madya synonym für Amrita

Mahabhuta grobstoffliches Element, auch: Bhuta. Die fünf Mahabhutas (Raum, Luft, Feuer, Wasser, Erde), entwickeln sich aus fünf feinstofflichen Elementen oder Tanmatras (Klang, Berührung, Form, Geschmack, Geruch).

Mahakasha „Großer Raum", absolute, höchste „Leere" (Shunya), die zugleich absolute Fülle ist

Maha-Maya „Große Täuschung"; die äußere Manifestation der Schöpfung, die vergängliche Existenz, die im Kern „unwirklich" ist (im Sinne von: nicht absolut); synonym für Maha-Prana und Maha-Shakti; synonym auch für Prakriti.

Maha-Nadi wörtl. „Großer Strom"; energetische Verbindung zwischen Augenbrauenzentrum (Bhrumadya) und Ajna-Chakra

Maha-Prana „Großes Prana"; kosmische Energie, Energie „an sich"; synonym für Maha-Maya und Maha-Shakti; synonym auch für: Prakriti.

Maha-Shakti „Große Kraft“; kosmische Energie, Energie „an sich“; synonym für Maha-Prana und Maha-Maya; synonym auch für: Prakriti.

Maha-Videha das „Große Sein ohne Körper“; außerkörperlicher Zustand

Manas Mind; Aspekt des Geistes, der für Wahrnehmung, Denken, Emotionen und Reaktionen verantwortlich ist; mentale „Schnittstelle“ zwischen äußerer und innerer Welt.

Manas-Shakti auch Chitta-Shakti; wörtl. „Mentalkraft“; fließt in Ida-Nadi, dem energetischen Netzwerk, das die linke Seite des Körpers steuert.

Mandukya-Upanishad Schrift, welche sich mit der Urschwingung AUM (OM) auseinandersetzt.

Manipura-Chakra drittes Energiezentrum, Nabel-Chakra.

Moksha spirituelle Befreiung; Selbst-Erkenntnis

Mukta-Triveni Ströme der Befreiung; Bezeichnung für das Zusammenfließen von Ida, Pingala und Sushumna im Ajna-Chakra.

Mula Wurzel, Basis

Mula-Bandha muskulärer Verschluss im Beckenboden während verschiedener Praktiken des Yoga, v.a. im Pranayama; siehe auch: Bandha.

Muladhara-Chakra erstes Energiezentrum oder Wurzel-Chakra.

Nabhi-Chakra Nabelchakra; Bezeichnung für Manipura-Chakra

Nada wörtl. Fluss oder Strom; innere Klangwelt, die in Meditation wahrgenommen werden kann.

Nada Yoga Weg der Meditation, die den Fokus auf das innere Klanguniversum legt.

Nadi feinstoffliche Bahnen oder Ströme, entlang derer sich Prana bewegt; die drei wichtigsten Nadis sind Ida, Pingala und Sushumna.

Nadi-Shodana Wechselatmung; Technik des Pranayama

Naga-Vayu eines von fünf untergeordneten Lebens-Energiefeldern od. Upapranas; siehe Vayu

Nam	Name des Höchsten oder Gottes, der im Nada- oder Surat-Shabd-Yoga auf dem Weg des inneren Hörens erfahren werden kann.
Nivritti	der innere Weg des Menschen, der Weg des spirituellen „Aufstiegs“, der jenseits der aus Gunas gemachten Welt liegt. Siehe auch: Pravritti.
Niyama	Regel für den Umgang mit uns selbst; die fünf Niyamas, wie sie im Yogasutra erwähnt werden, sind: Saucha (Reinheit), Santosha (Zufriedenheit), Tapas (Bemühung), Svadhyayah (Selbsterforschung) und Ishvarapranidhana (Hingabe).
Pancha Vayu	fünf Felder von Prana oder Lebensenergie; siehe Vayu
Para-Kaya-Pravesha	das bewusste Ablegen des Körpers; willentlich herbeigeführte außerkörperliche Erfahrung
Para-Nada	Klang, der nichtphysischer Natur ist und während der Praxis des Nada-Yoga vernommen werden kann.
Patakasha	die Leere zwischen zwei Vibrationen; die Stille zwischen zwei Klangschwingungen
Patanjali	Verfasser des Yogasutra
Pingala-Nadi	energetisches Netzwerk, das die rechte Seite des Körpers und die linke Seite des Gehirns steuert.
Prajna	traumloser Tiefschlaf
Prakriti	die geschaffene Natur, zusammengesetzt aus Gunas; alles, was nicht Atman oder Purusha ist.
Prana	(Lebens-)Energie
Pranava	Bezeichnung für die Urschwingung AUM (oder OM); siehe auch: Setu.
Pranamaya-Kosha	Energiekörper; siehe Kosha
Prana-Shakti	wörtl. „Vitalkraft“; fließt in Pingala-Nadi, dem energetischen Netzwerk, das die rechte Seite des Körpers steuert.
Prana-Shuddhi	mental durchgeführte Wechselatmung; Meditationsmethode
Prana-Vayu	eines der Lebensenergiefelder; siehe Vayu
Prana-Vidya	Sehen, Erkennen oder Spüren der Lebensenergie
Pranayama	Atemarbeit im Yoga zur Ausweitung und Kontrolle von Lebensenergie

Prani	Lebewesen
Pratyahara	„Einziehen“ der Sinne zur Meditation; Loslassen, nach innen gehen; tiefe Entspannung
Pravritti	äußerer Weg des Menschen, sein „Gefangensein“ in der aus Gunas gemachten Welt. Sie auch: Nivritti
Puraka	Einatmung; Phase des Pranayama
Purusha	wörtl.: das, was in uns wohnt; inneres Licht, spirituelle Essenz; Selbst; synonym für Atman; auch Mensch
Raga	Habenwollen, Gier; auch Schmerz; siehe auch Dvesha
Rajas	siehe Guna
Rechaka	Ausatmung; Phase des Pranayama
Rigveda	ältester Text der Veden
Rishi	Seher
Rudra-Granthi	siehe Granthi
Sadhana	spirituelle Übungspraxis
Sadharana	Ich-Fixiertheit; selbstbezogene Form der Liebe; siehe auch Samanjasa und Samartha
Sahasrara-Chakra	siebtes Energiezentrum, Kronen-Chakra
Samadhi	meditative Gipfelerfahrung; das Zusammenfallen (Samapatti) von Subjekt, Objekt und dem Prozess, der beide verbindet, nämlich die Beobachtung, Wahrnehmung oder Ausrichtung. Selbsterkenntnis; Ziel des Yoga; siehe auch Turiya
Samana-Vayu	eines der Lebensenergiefelder; siehe Vayu
Samanjasa	Form der Liebe, die auf Gegenseitigkeit angewiesen ist; siehe auch Sadharana und Samartha
Samartha	selbstlose, bedingungslose Liebe; siehe auch Sadharana und Samanjasa
Samsara	Kreislauf aus Geburt, Leben, Tod und Wiedergeburt
Samskara	Eindruck im Bewusstsein od. Chitta; Samskaras gruppieren sich zu Vasanas und formen in ihrer Gesamtheit die Persönlichkeit, die wir sind.
Sankhya Karika	wichtigste Schrift des Sankhya
Saraswati	legendärer unterirdischer Fluss; Symbol für Sushumna
Sat-Chakra-Nirupana	tantrische Schrift, welche die Chakras zum Gegenstand hat.

Sat-Chit-Ananda	Sein, Bewusstsein und Glückseligkeit, die im Zustand von Turiya oder Samadhi erfahren werden.
Satya	Aufrichtigkeit; siehe Yama
Sankhya	wörtl. Aufzählung; Philosophie des Yoga; ältestes der sechs philosophischen Systeme Indiens, ca. 600 v. Chr.; wird dem Weisen Kapila zugeschrieben. Alle anderen Philosophies-Systeme Indiens haben daraus geschöpft. Besonders eng ist die Verbindung zum Yoga, mit dem Sankhya in der Bhagavad Gita sogar gleichgesetzt wird. Sankhya lehrt das Zusammenwirken von reinem Bewusstsein (Purusha) und Energie/Materie (Prakriti), das die Schöpfung antreibt.
Santosha	Zufriedenheit; siehe Niyama
Sattva	siehe Guna
Saucha	Reinheit; siehe Niyama
Saundarya	Schönheit
Setu	Brücke; eine der Bezeichnungen für den Klang AUM: Die Brücke, die reines Bewusstsein mit der äußeren Welt verbindet.
Shakti	Kraft, Energie; Gegenpol zu Shiva, dem reinen Bewusstsein; synonym für Prakriti
Shavasana	„Totenhaltung“; das Liegen auf dem Rücken während bestimmter meditativer Praktiken.
Shavayatra	„Reise durch den Körper“; Meditationsmethode
Shiva	Gott in seinem Aspekt der Auflösung oder Zerstörung; einer von drei Aspekten Brahmans, der absoluten Wirklichkeit; auch synonym für das reine Bewusstsein oder Brahman selbst (denn auch ein Teil des Unendlichen oder Absoluten ist unendlich und absolut, weil das Unendliche sich nicht teilen lässt); Gegenpol zu Shakti: Shiva als reines Bewusstsein und Shakti als die Energie oder der Ausdruck dieses reinen Bewusstseins; synonym für Purusha oder Atman.
Shiva Samhita	wichtige tantrische Schrift
Siddhi	paranormale Fähigkeit als Folge intensiver Yogapraxis; synonym für Vibhuti
Shunya	siehe Mahakasha

Soma	synonym für Amrita; auch: Bezeichnung für den Mond (Chandra)
Spandan	die erste Vibration; Gottes Wille, der uranfängliche energetische Ausdruck reinen Bewusstseins, der die Schöpfung auslöst.
Sri-Vijnana-Bhairava-Tantra	tantrische Schrift mit 112 Meditationsanleitungen
Sthula-Prana	„grobes Prana"; synonym für Prana-Vayu; siehe Vayu
Sthula-Sharira	grobstofflicher Körper; synonym für Annamaya-Kosha
Sukshma-Sharira	feinstofflicher Körper; synonym für die Dreiheit von Pranamaya-, Manomaya- und Vijnanamaya-Kosha.
Surya	Sonne; ein Symbol für Prana-Shakti, den energetischen Strom, der in Pingala-Nadi fließt.
Sushumna-Nadi	energetischer Strom im Zentrum der Wirbelsäule; im Inneren von Sushumna sind weitere Ströme (Vajrini-, Chitrini- und Brahma-Nadi).
Svadhishthana-Chakra	zweites Energiezentrum od. Sex-Chakra
Svadhyayah	Selbsterforschung; siehe Niyama
Svayambhu-Lingam	Symbol für Muladhara-Chakra; wörtl.: „aus sich selbst geboren"
Tanmatra	feinstoffliches Element oder Prinzip. Es gibt fünf Tanmatras (Klang, Berührung, Form, Geschmack und Geruch), aus denen sich in der Schöpfungslehre des Sankhya die fünf Bhutas oder Mahabhutas oder grobstofflichen Elemente (Raum, Luft, Feuer, Wasser, Erde) entwickeln.
Tamas	siehe Guna
Tapas	Hitze; Bemühung, Anstrengung; auch: Schmerz; siehe Niyama
Taijasa	Traumzustand
Taittiriya-Upanishad	legt u.a. die Lehre von den Koshas dar
Tat Tvam Asi	Das bist Du; Ausdruck der Einheit von Gott und Individuum; die Essenz der Upanishaden

Trataka	„Starren“; eine Meditationsmethode des Yoga; gewöhnlich blickt man dabei in ein Kerzenlicht; eigentlich eine Reinigungstechnik (Kriya) zur Reinigung der Tränenkanäle der Augen; erhöht den mentalen Fokus.
Trikaladarshi	ein fortgeschrittener Yogi, einer, der um Vergangenheit, Gegenwart und Zukunft weiß.
Trikuti	Drittes Auge; Bezeichnung für Ajna-Chakra
Tripura	drei Welten (physisch, astral, kausal); Bezeichnung für das Dreieck-Symbol in Muladhara-Chakra
Triveni	wörtl. „Zusammenfluss der drei Ströme“; Bezeichnung für Ajna-Chakra.
Turiya	wörtl. „der Vierte“; meditativer Gipfelzustand, Zustand des erleuchteten Geistes, jenseits der uns vertrauten drei Bewusstseinszustände des Wachens, Träumens und traumlosen Tiefschlafs; Selbsterkenntnis; ultimatives Ziel des Yoga; siehe auch Samadhi.
Udana-Vayu	eines der Lebens-Energiefelder; siehe Vayu
Uddhiyana-Bandha	muskulärer Verschluss im Bereich der Bauchdecke während verschiedener Praktiken des Yoga, v.a. im Pranayama; siehe auch: Bandha.
Upanishaden	wörtl. in etwa: „nahe (beim spirituellen Lehrer) sitzen (und zuhören)“. Die klassische Lehr- und Lernsituation im alten Indien, daher sind die alten Schriften zumeist als Dialog zwischen Lehrer und Schüler verfasst; philosophischer Teil der Veden (Vedanta), dem es um die Beziehung von Natur/Mensch und Gott geht; Quellentexte des Vedanta, Yoga und Sankhya.
Ujjayi-Pranayama	Atemtechnik, die den Atemstrom durch gezielte Verengung der Glottis hinsichtlich Länge und Feinheit steuert; dabei entsteht ein sanftes und beruhigend wirkendes „Reibegeräusch“.
Upapranas	untergeordnete Felder von Lebensenergie; siehe Vayu.
Vaishvanara	Wachzustand
Vajrini-Nadi	siehe Sushumna-Nadi
Vasana	Persönlichkeitszug, Tendenz, Gewohnheit; die Gesamtheit von Eindrücken od. Samskaras

Vayu	Luft, Wind, Atem; Lebensatem; Ausdrucksform oder Funktion von Prana. Es gibt fünf Haupttypen von Prana od. Vayu beim Menschen, sowie fünf untergeordnete Typen (Upaprana). Die Haupttypen und ihre groben Lokalisierungen bzw. Funktionen sind: Prana Vayu (Thorax; Absorbtion), Samana Vayu (Abdomen; Assimilation), Apana Vayu (Unterleib; Exkretion), Udana Vayu (Kopf und Gliedmaße; Reaktion) und Viyana Vayu (Koordination und Reservekraft der anderen Vayus). Die fünf Upapranas (untergerdnete Vayus) sind: Krikara, Devadatta, Dhananjaya, Naga, Kurma (zuständig für die Aktivitäten Niesen, Gähnen, Ausscheiden, Rülpsen und Augenzwinkern).
Veda	auch: die Veden; (vid = sehen, erkennen); (heiliges) Wissen, Erkenntnis; Sammelbegriff für das älteste Schrifttum Indiens; ca. 5000 v. Chr.; Offenbarungen, die Seher (Rishis) in tiefer Meditation empfangen haben.
Vedanta	wörtl. „der letzte Teil der Veden"; synonym ür die Upanishaden; Lehre des letzten Zieles der Veden: die Gottverwirklichung; spirituelle und philosophische Grundlage fast aller wichtigen Denkschulen Indiens.
Veden	siehe Veda.
Vibhuti	paranormale Fähigkeit als Folge intensiver Yogapraxis; synonym für Siddhi
Vijnanamaya-Koha	Weisheitskörper; siehe Kosha.
Vishuddhi-Chakra	fünftes Energiezentrum, Hals-Chakra
Viyakta-Prakriti	Begriff aus der Sankhya-Philosophie: die manifeste, geschaffene Welt, beginnend mit den Elementen des Geistes (Buddhi, Ahamkara und Manas) und sich ausdifferenzierend bis hin zur grobstofflichen Welt der fünf Elemente (Raum, Luft, Feuer, Wasser, Erde). Sie auch: Avyakta-Prakriti.
Viyana-Vayu	eines der Lebensenergiefelder; siehe Vayu.
Vishnu	Gott in seinem Erhaltungsaspekt, einer von drei Aspekten Brahmans, der absoluten Wirklichkeit.
Vishnu-Granth	siehe Granthi

Yama	wörtl.: Kontrolle; im Yogasutra gibt es fünf Yamas oder Regeln für den Umgang mit unserem persönlichen Umfeld: Ahimsa (Nicht-Verletzen), Satya (Aufrichtigkeit), Asteya (Nicht-Stehlen), Brahmacharya (Leben im Bewusstsein um die Quelle , aus der wir kommen) und Aparigraha (Nicht-Greifen); siehe auch: Niyama
Yantra	geometrisches Symbol, das ein Energiezentrum repräsentiert
Yoga	Verbindung mit dem Höchsten, Gott, dem inneren Licht, der spirituellen Essenz.
Yoga Chudamani Upanishad	wichtige grundlegende Schrift des Yoga.
Yoga Nidra	besondere Technik der Tiefenentspannung
Yogasutra	von Patanjali verfasste grundlegende Schrift des Yoga.
Yoni	Vagina; auch eine Bezeichung für das Dreieck in Muladhara-Chakra

Übersicht: Praktische Übungen

Literatur

Anagarika Govinda: Grundlagen tibetischer Mystik, Grafing 2010.

Angelus Silesius: Cherubinischer Wandersmann. Erstes Buch; eigene, leicht modernisierte Übertragung auf der Grundlage von Louise Gnädingers kritischer Ausgabe, Stuttgart 2006.

Anonymus D'Outre-Tombe: Die großen Arkana des Tarot. Meditationen, Bamberg 1993.

Barnstone, Willis and Meyer, Marvin (Hg.): The Gnostic Bible. Revised Edition, Boston und London 2009.

Böhme, Jakob: Aurora oder Morgenröte im Aufgang; Herausgeber: Michael Holzinger, Berliner Ausgabe 2013.

Buddhananda, Swami: Moola Bandha. The Master Key, Bihar 2009.

Childre, Doc & Martin, Howard: Die Herz-Intelligenz-Methode. Gesundheit stärken, Probleme meistern – mit der Kraft des Herzens, Kirchzarten bei Freiburg 2012.

Dürr, Hans-Peter: Physik und Transzendenz. Die großen Physiker unserer Zeit über ihre Begegnung mit dem Wunderbaren, Ibbenbühren 2012.

Easwaran, Eknath: Meditation. A Simple 8-Point Program for Translating Spiritual Ideals into Daily Life, Tomales 2002.

Gichtel, J. G. & Graber, J. G.: Theosophica Practica. Die Verwandlung des mikrokosmischen Menschen bis zu seiner Wiedergeburt nach Seele, Geist und Körper, Basel 2010.

Grof, Stanislav: Impossible – Wenn Unglaubliches passiert. Das Abenteuer außergewöhnlicher Bewusstseinserfahrungen, München 2008.

Hujs, Peter: Gnosis. Ströme des Lichtes in Europa, Birnbach 2005.

Johari, Harish: Chakras. Energy Centers of Transformation, Rochester 2000.

Ladinksy, Daniel: The Gift. Poems by Hafiz The Great Sufi Master, New York 1999.

Ladinsky, Daniel: I Heard God Laughing. Poems of Hope and Joy, New York 2006.

Lauterwasser, Alexander: WasserMusik. Geheimnis und Schönheit im Zusammenspiel von Wasser- und Klangwellen, Baden und München 2005.

Lipton, Bruce H.: Intelligente Zellen. Wie Erfahrungen unsere Gene steuern (Amerikan. Originaltitel: Biology of Beliefs), Burgrain 2007.

Madaus, J. R.: Think Logically, Live Intuitively. Seeking the Balance, Charlottesville 2005.

Muktibodhananda, Swami: Hatha Yoga Pradipika. Light on Hatha Yoga, Bihar 2009.

Natarajan, B.: Tirumantiram. A Tamil Scriptural Classic, Mylapore 1991.

Nikhilananda, Swami: The Upanishads. A New Translation, Vol I, New York 2003.

Nikhilananda, Swami: The Upanishads. A New Translation, Vol IV, New York 2008.

Niranjanananda Saraswati, Swami: Prana and Pranayama, Bihar 2009.

Porete, Margareta: Der Spiegel der einfachen Seelen. Mystik der Freiheit, herausgegeben und übersetzt von Louise Gnädinger, Kevelaer 2010.

Purnananda, Swami: Sat-Cakra-Nirupana, Vers 1; abgedruckt in: Arthur Avalon (Sir John Woodroffe): The Serpent Power. The Secrets of Tantric and Shaktic Yoga, New York 1974.

Radin, Dean: The Conscious Universe. The Scientific Truth of Psychic Phenomena, New York 1997.

Rama, Swami: Path of Fire and Light, Volume 2. Practical Companion to Volume 1, Honesdale 1996.

Rama, Swami: OM – The Eternal Witness. Secrets of the Mandukya Upanishad, Dehradun 2007.

Saint-Exupéry, Antoine de: Der kleine Prinz, Düsseldorf 2012.

Satyadharma, Swami: Yoga Chudamani Upanishad. Crown Jewel of Yoga, Bihar 2003.

Satyananda Saraswati, Swami: Nine Principal Upanishads, Munger, Bihar, 2. Auflage 2004.

Satyananda Saraswati, Swami: Meditations from the Tantras, Bihar 2005.

Satyananda Saraswati, Swami: Kundalini Tantra, Bihar 2007.

Satyananda Saraswati, Swami: A Systematic Course in the Ancient Tantric Techniques of Yoga and Kriya, Bihar 2008.

Satyasangananda Saraswati, Swami: Sri Vijnana Bhairava Tantra. The Ascent, Bihar 2006.

Schrödinger, Erwin: Brief an Franz Theodor Csokor, datiert Alpbach, 17. September 1960, zitiert in: Mein Leben, meine Weltansicht, Zürich 1989.

Schrödinger, Erwin: Das arithmetische Paradoxon – Die Einheit des Bewusstseins, in: Hans-Peter Dürr (Hg.): Physik und Transzendenz. Die großen Physiker unserer Zeit über ihre Begegnung mit dem Wunderbaren, Ibbenbühren 2012.

Sethi, Jagdish Chander: Kabir. The Weaver of Gods Name, Punjab 1998.

Sethi, Jagdish Chander: Living Meditation, Punjab 2004.

Sethi, V. K.: Mira. The Divine Lover, Punjab 2009.

Shankara: Atmabodha, Vers 15; in: Swami Nikhilananda: Self-Knowledge (Atmabodha), New York 2005.

Skuban, Ralph: Patanjalis Yogasutra. Der Königsweg zu einem weisen Leben, München 2011.

Skuban, Ralph: Yoga Nidra. Tiefenentspannung und geistige Klarheit, München 2012.

Skuban, Ralph: „In diesem Gefäß erklingt das Ewige“ – Kabirs Yoga des Glücks. Poetische Texte des großen inidschen Mystikers, Petersberg 2013.

Skuban, Ralph: Die Bhagavad Gita. Das Weisheitsbuch des 21. Jahrhunderts, München 2013.

Skuban, Ralph: Die Psychiologie des Yoga, München 2014.

Sri Ramakrishna Math (Hg.): Thus Spake Sri Ramakrishna, Chennai (ohne Jahresangabe).

Star, Jonathan: Rumi. In the Arms of the Beloved, New York 1997.

Star, Jonathan: Tao Te Ching. The New Translation From Tao Te Ching: The Definitive Edition, New York 2008.

Star, Mirabai: Saint John of the Cross. Devotions, Prayers and Living Wisdom, Boulder 2008.

Thomson, Brian (Rishi Vivekananda): Practical Yoga Psychology, Bihar 2008.

Upadhyaya, K. N.: Dadu. The Compassionate Mystic, Punjab 1997.

Vieira, Waldo: Projectiology. A Panorama of Experiences of the Consciousness outside the Human Body, Rio de Janeiro 2002.

Woodroffe, John (Arthur Avalon): The Serpent Power. The Secrets of Tantric and Shaktic Yoga, New York 1974.

Zhuangzi: Das Buch der Spontaneität. Über den Nutzen der Nutzlosigkeit und die Kultur

der Langsamkeit. Das klassische Buch daoistischer Weisheit, herausgegeben von:

Victor H. Mair, Aitrang 2008.

ZUM AUTOR:

Ralph Skuban leitete fünfundzwanzig Jahre eine Einrichtung für Demenzkranke. Berufsbegleitend studierte er Politikwissenschaften in München und promovierte über Europäische Sozialpolitik.

Die intensiven Begegnungen mit Alter und Krankheit, dem zerfallenden Geist und Tod des Menschen führten ihn zur Mystik des Ostens, insbesondere zur Philosophie und Atemarbeit des Yoga, sowie zu modernen atemtherapeutischen Ansätzen. Zu diesen Themen hat er eine ganze Reihe von Büchern veröffentlicht, die heute zur Standardliteratur vieler Yoga-Ausbildungen gehören.

Neben seiner Lehrtätigkeit bei den Ausbildungen und Workshops der Skuban-Akademie führt Ralph Skuban therapeutische Buteyko-Atemtrainings durch. In Verbindung mit der Expertise in yogischer Atempraxis wächst so ein Erfahrungspool, der wiederum in die Atemarbeit im Kontext der Ausbildungen einfließt.

www.skuban-akademie.de

Weitere lieferbare Titel des Autors:

Die Buteyko-Methode	978-3-86191-120-3
Yoga-Nidra	978-3-89427-922-6
Yoga-Meditation	978-3-89427-971-4
Leben, Tod und Unsterblichkeit	978-3-89427-936-3
Das Thomas-Evangelium	978-3-89427-947-9
Pranayama	978-3-89427-793-2
Das Paradies ist ganz anders	978-3-89427-843-4